Caro aluno, seja bem-vindo!

A partir de agora, você tem a oportunidade de estudar com uma coleção didática da SM que integra um conjunto de recursos educacionais impressos e digitais desenhados especialmente para auxiliar os seus estudos.

Para acessar os recursos digitais integrantes deste projeto, cadastre-se no *site* da SM e ative sua conta.

Veja como ativar sua conta SM:

1. Acesse o *site* <**www.edicoessm.com.br**>.
2. Se você não possui um cadastro, basta clicar em "Login/Cadastre-se" e, depois, clicar em "Quero me cadastrar" e seguir as instruções.
3. Se você já possui um cadastro, digite seu *e-mail* e sua senha para acessar.
4. Após acessar o *site* da SM, entre na área "Ativar recursos digitais" e insira o código indicado abaixo:

AJPOR-A532J-WPT35-TBZCT

Você terá acesso aos recursos digitais por 12 meses, a partir da data de ativação desse código.

Ressaltamos que o código de ativação somente poderá ser utilizado uma vez, conforme descrito no "Termo de Responsabilidade do Usuário dos Recursos Digitais SM", localizado na área de ativação do código no *site* da SM.

Em caso de dúvida, entre em contato com nosso **Atendimento**, pelo telefone **0800 72 54876** ou pelo *e-mail* atendimento@grupo-sm.com ou pela internet <www.edicoessm.com.br>.

Desejamos muito sucesso nos seus estudos!

Requisitos mínimos recomendados para uso dos conteúdos digitais SM

Computador	Tablet	Navegador
PC Windows • Windows XP ou superior • Processador dual-core • 1 GB de memória RAM *PC Linux* • Ubuntu 9.x, Fedora Core 12 ou OpenSUSE 11.x • 1 GB de memória RAM *Macintosh* • MAC OS 10.x • Processador dual-core • 1 GB de memória RAM	*Tablet IPAD IOS* • IOS versão 7.x ou mais recente • Armazenamento mínimo: 8GB • Tela com tamanho de 10" *Outros fabricantes* • Sistema operacional Android versão 3.0 (Honeycomb) ou mais recente • Armazenamento mínimo: 8GB • 512 MB de memória RAM • Processador dual-core	*Internet Explorer 10* *Google Chrome 20* ou mais recente *Mozilla Firefox 20* ou mais recente Recomendado o uso do Google Chrome Você precisará ter o programa Adobe Acrobat instalado, *kit* multimídia e conexão à internet com, no mínimo, 1Mb

Aprender juntos

PORTUGUÊS 5

ENSINO FUNDAMENTAL
5º ANO

São Paulo,
5ª edição
2016

ADSON VASCONCELOS
- Licenciado em Letras pela Universidade Camilo Castelo Branco.
- Professor de Língua Portuguesa e coordenador de área em escolas da rede pública e particular.
- Mestrando em Linguística pela Universidade Cruzeiro do Sul.

Aprender Juntos – Português 5
© Edições SM Ltda.
Todos os direitos reservados

Direção editorial	Juliane Matsubara Barroso
Gerência editorial	José Luiz Carvalho da Cruz
Gerência de *design* e produção	Marisa Iniesta Martin
Coordenação pedagógica	Regina de Mello Mattos Averoldi
Edição executiva	Isadora Pileggi Perassollo
	Edição: Cláudia Letícia Vendrame Santos, Eloiza Mendes Lopes, Isadora Pileggi Perassollo, Millyane M. Moura Moreira, Rosemeire Carbonari
	Assistência editorial: Christiane Angelotti
Coordenação de controle editorial	Flavia Casellato
	Suporte editorial: Alzira Bertholim, Camila Cunha, Giselle Marangon, Mônica Rocha, Talita Vieira, Silvana Siqueira, Fernanda D'Angelo
Coordenação de revisão	Cláudia Rodrigues do Espírito Santo
	Preparação e revisão: Carmem Sílvia Félix Ventura, Sâmia Rios, Valéria Cristina Borsanelli
Coordenação de *design*	Rafael Vianna Leal
	Apoio: Didier Dias de Moraes
	***Design*:** Leika Yatsunami, Tiago Stéfano
Coordenação de arte	Ulisses Pires
	Edição executiva de arte: Melissa Steiner
	Edição de arte: Andressa Fiorio, Daniel Campos Souza
	Diagramação: Marcos Dorado
Coordenação de iconografia	Josiane Laurentino
	Pesquisa iconográfica: Bianca Fanelli, Susan Eiko, Thaisi Lima
	Tratamento de imagem: Marcelo Casaro
Capa	Estúdio Insólito e Rafael Vianna Leal sobre ilustração de Carlo Giovani
Projeto gráfico	Estúdio Insólito
Papertoys	Ilustração e planificação: O Silva
	Apoio para orientações pedagógicas: Ana Paula Barranco e Maria Viana
Editoração eletrônica	Typegraphic editoração eletrônica
Ilustrações	Alex Rodrigues, Allmaps, Andrea Vilela, Bruna Ishihara, Cecilia Esteves, Duo Dinâmico, Érika Onodera, Estúdio Mil, Guilherme Vianna, Ilustra Cartoon, Jótah Produções, Leandro Lassmar, Leninha Lacerda, Lettera Studio, Lie A. Kobayashi, Marco Vogt, Mariângela Haddad, Marina Ueno, Marjorie Aun, Mirella Spinelli, Pepe Casals, Petra Elster, Priscila Sanson, Roberto Zoellner, Rodrigo Rosa, Vanessa Alexandre
Fabricação	Alexander Maeda
Impressão	EGB-Editora Gráfica Bernardi Ltda

Dados Internacionais de Catalogação na Publicação (CIP)
(Câmara Brasileira do Livro, SP, Brasil)

Vasconcelos, Adson
   Aprender juntos português, 5º ano : ensino fundamental /
Adson Vasconcelos. – 5. ed. – São Paulo : Edições SM,
2016. – (Aprender juntos)

   Suplementado pelo Guia Didático.
   Vários ilustradores.
   Bibliografia.
   ISBN 978-85-418-1508-6 (aluno)
   ISBN 978-85-418-1510-9 (professor)

   1. Português (Ensino fundamental) I. Título. II. Série.

16-04004   CDD-372.6

Índices para catálogo sistemático:
1. Português : Ensino fundamental 372.6

5ª edição, 2016
2ª impressão, 2017

Edições SM Ltda.
Rua Tenente Lycurgo Lopes da Cruz, 55
Água Branca 05036-120 São Paulo SP Brasil
Tel. 11 2111-7400
edicoessm@grupo-sm.com
www.edicoessm.com.br

Apresentação

Caro aluno,

Este livro foi cuidadosamente pensado para ajudá-lo a construir uma aprendizagem sólida e cheia de significados que lhe sejam úteis não somente hoje, mas também no futuro. Nele, você vai encontrar estímulos para criar, expressar ideias e pensamentos, refletir sobre o que aprende, trocar experiências e conhecimentos.

Os temas, os textos, as imagens e as atividades propostos neste livro oferecem oportunidades para que você se desenvolva como estudante e como cidadão, cultivando valores universais como responsabilidade, respeito, solidariedade, liberdade e justiça.

Acreditamos que é por meio de atitudes positivas e construtivas que se conquistam autonomia e capacidade para tomar decisões acertadas, resolver problemas e superar conflitos.

Esperamos que este material didático contribua para o seu desenvolvimento e para a sua formação.

Bons estudos!

Equipe editorial

Conheça seu livro

Conhecer seu livro didático vai ajudar você a aproveitar melhor as oportunidades de aprendizagem que ele oferece.

Este volume contém quatro unidades, cada uma delas com três capítulos. Veja como cada unidade está organizada.

Abertura de unidade

Nestas páginas, você observará uma cena e realizará atividades relacionadas aos assuntos que vai estudar.

Abertura de capítulo

As páginas iniciais de cada capítulo apresentam textos e imagens especialmente selecionados para motivar você e os colegas a trocar ideias, informações e opiniões a respeito do assunto que é tratado no capítulo, por meio de uma **roda de conversa**.

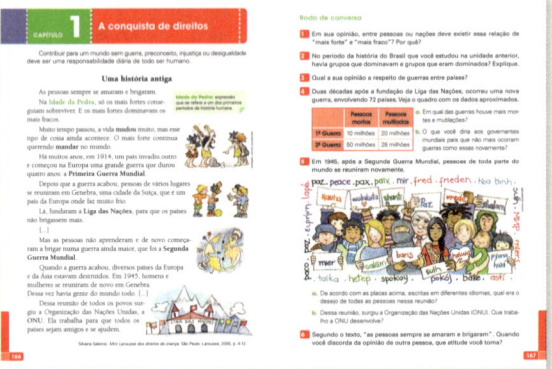

Hora da leitura

Nos variados textos desta seção, você encontrará um mundo de informação, novidade, diversão, emoção, fantasia, etc.

Linha e entrelinha

Nesta seção, você fará várias descobertas, explorando os recursos, as ideias e os sentidos do texto lido.

Produção de texto

Momento do capítulo em que você elaborará seus próprios textos, desenvolvendo ainda mais sua criatividade e imaginação.

Nossa língua

Nas páginas desta seção, você estudará alguns recursos de nossa língua para aplicá-los na escrita do dia a dia.

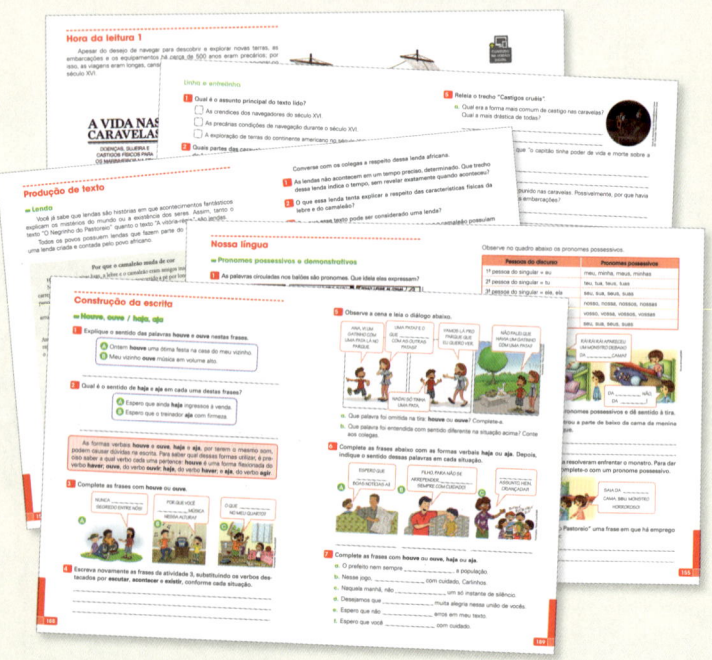

Construção da escrita

Nesta seção, você refletirá sobre alguns aspectos de nossa língua para conhecer e dominar melhor a escrita. Também resolverá atividades que o ajudarão a escrever com maior correção.

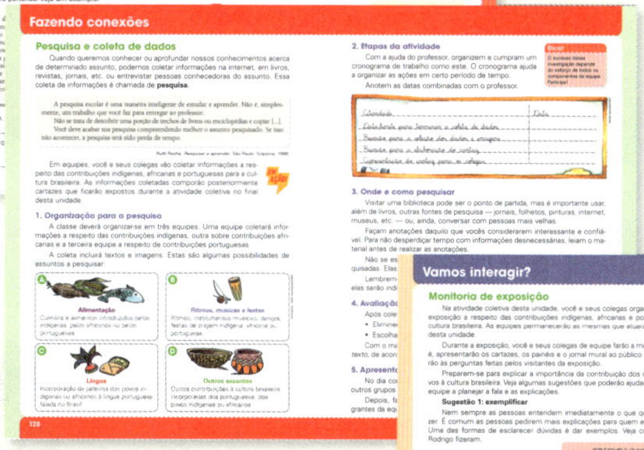

Usos do dicionário

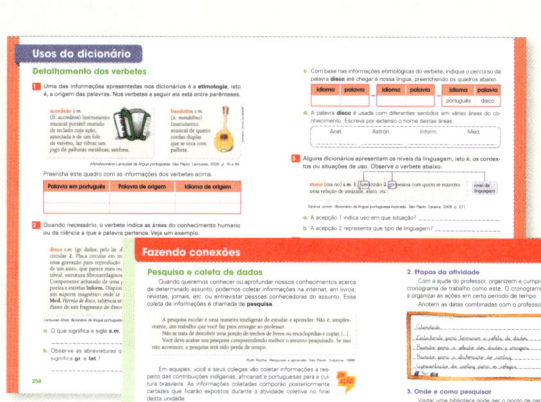

Momento de aprender a explorar os recursos do dicionário, um parceiro indispensável para conhecer os sentidos das palavras e para escrever ou entender melhor os textos.

Fazendo conexões

Nesta seção, você realizará conexões entre conteúdos, temas ou gêneros e ampliará algum aspecto dos assuntos estudados no capítulo.

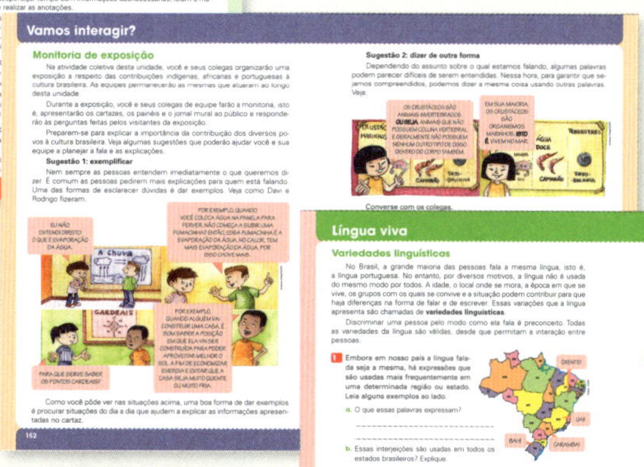

Vamos interagir?

Nesta seção, você irá se expressar oralmente, interagindo com os colegas e participando de diversas práticas orais que circulam na sociedade.

Língua viva

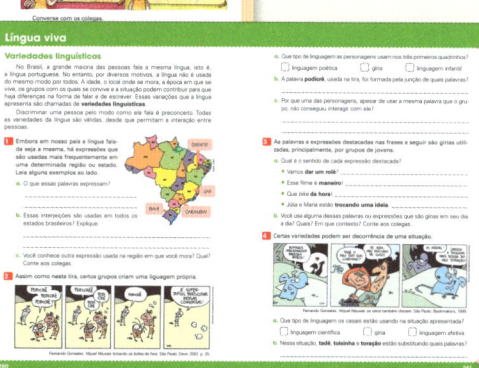

Nesta seção, você verá que a linguagem é uma troca dinâmica entre pessoas. Também participará de eventos em que se usa a linguagem oral.

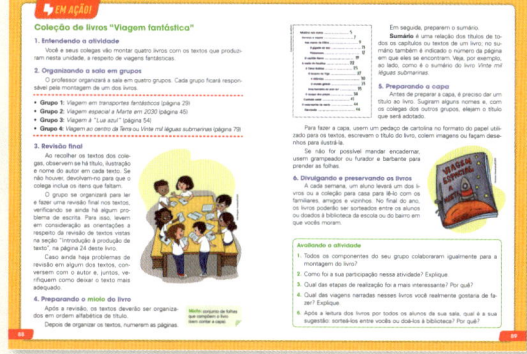

Em ação!

Em cada unidade, uma atividade coletiva mobilizará você e seus colegas, resultando em um produto final e na realização de apresentações públicas, valorizando o trabalho colaborativo em equipe.

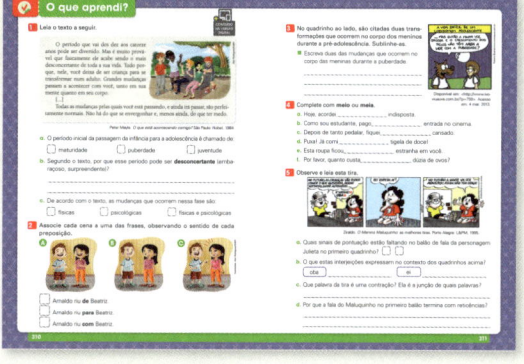

O que aprendi?

Momento final da unidade, em que você revisará alguns dos conteúdos estudados nos capítulos e poderá avaliar o quanto aprendeu.

Ícones usados no livro

Em ação!
Este ícone indica que o texto produzido fará parte da atividade coletiva que ocorrerá na seção *Em ação!*, no final de cada unidade.

Saber ser
Este ícone indica atividades que promovem reflexão a respeito de suas ações no dia a dia e de seu convívio com o outro, ajudando a construir valores éticos, indispensáveis à sua atuação no mundo.

OED
Este ícone indica que há um Objeto Educacional Digital a ser explorado no livro digital.

5

Sumário

UNIDADE 1 — O desejo humano de explorar

CAPÍTULO 1 — Mar tenebroso › 10

Hora da leitura 1
A vida nas caravelas..., Revista *Aventuras na História* › 12
Hora da leitura 2
Dez anos no mar, Família Schurmann › 18
Introdução à produção de texto
Produção e revisão de texto › 24
Produção de texto
Relato de viagem › 26
Nossa língua
Variação do substantivo: gênero e número › 30
Construção da escrita
Mau, mal, más, mas, mais › 34

CAPÍTULO 2 — Rumo ao espaço › 36

Hora da leitura 1
A saga espacial do homem entre a Lua e Marte, Jornal *O Povo* › 38
Produção de texto
Diário de bordo › 44
Hora da leitura 2
Os três cosmonautas, Umberto Eco › 46
Produção de texto
Conto de ficção espacial › 52
Usos do dicionário
A página do dicionário › 56
Nossa língua
Variação do substantivo: grau › 58
Construção da escrita
Onde, aonde › 62

CAPÍTULO 3 — Nas trilhas de Verne › 64

Hora da leitura 1
Desespero e escuridão, Júlio Verne › 66
Hora da leitura 2
O ataque dos polvos, Júlio Verne › 72
Produção de texto
Episódio de ficção científica › 78
Vamos interagir?
Expondo a sinopse de uma obra › 80
Língua viva
Língua portuguesa ou língua brasileira? › 82
Nossa língua
Variação do adjetivo: gênero e número › 84
Construção da escrita
As palavras **obrigado**, **mesmo**, **próprio** › 86

EM AÇÃO!
Coleção de livros "Viagem fantástica" › 88

O QUE APRENDI? › 90

UNIDADE 2 — Histórias de nossa história

CAPÍTULO 1 — Pindorama ou Brasil? › 94

Hora da leitura 1
Pindorama, Sandra Peres e Paulo Tatit › 96
Hora da leitura 2
Velas no mar, Erico Verissimo › 102
Produção de texto
Texto para publicação em jornal › 106
Usos do dicionário
Localizando verbetes › 108
Nossa língua
Variação do adjetivo: grau › 110
Construção da escrita
As palavras **a**, **há** › 112

CAPÍTULO 2 — O Brasil africano › 114

Hora da leitura 1
Os africanos e seus descendentes no Brasil, Alfredo Boulos Júnior › 116
Hora da leitura 2
Heróis da resistência, Miguel Castro Cerezo e outros › 122
Fazendo conexões
Pesquisa e coleta de dados › 128
Produção de texto
Cartaz › 130
Língua viva
Contribuições ao português › 132
Nossa língua
Pronomes pessoais e de tratamento › 134
Construção da escrita
Para eu ou **para mim**? › 138

CAPÍTULO 3 — Histórias do Brasil › 140

Hora da leitura 1
O Negrinho do Pastoreio, Raquel Teles Yehezkel › 142
Hora da leitura 2
A vitória-régia, Theobaldo Miranda Santos › 146
Produção de texto
Lenda › 150
Vamos interagir?
Monitoria de exposição › 152
Nossa língua
Pronomes possessivos e demonstrativos › 154
Construção da escrita
As palavras **seção**, **sessão** › 158

EM AÇÃO!
Exposição cultural: "Histórias de nossa história" › 160

O QUE APRENDI? › 162

UNIDADE 3 — Fica decretado que...

CAPÍTULO 1
A conquista de direitos › 166

Hora da leitura 1
Declaração Universal dos Direitos Humanos, adaptação de Ruth Rocha e Otávio Roth › **168**
Hora da leitura 2
Os estatutos do homem, Thiago de Mello › **173**
Produção de texto
Estatuto dos animais › **178**
Usos do dicionário
Consultando um dicionário › **180**
Nossa língua
Verbos (revisão) › **182**
Construção da escrita
Houve, ouve / haja, aja › **188**

CAPÍTULO 2
Tempo de brincar e de aprender › 190

Hora da leitura 1
Meninos carvoeiros, Manuel Bandeira › **192**
Produção de texto
Texto de opinião › **196**
Vamos interagir?
Colóquio › **198**
Hora da leitura 2
Declaração dos Direitos da Criança, Unicef › **200**
Por que a gente é um número?, Fernando Bonassi › **201**
Produção de texto
Panfleto informativo › **204**
Nossa língua
Verbo e construção de sentidos › **206**
Construção da escrita
Uso de **por que, por quê, porque** e **porquê** › **210**

CAPÍTULO 3
Contribuir › 212

Hora da leitura 1
Pedro compra tudo, Maria de Lourdes Coelho › **214**
Produção de texto
História em quadrinhos › **219**
Hora da leitura 2
Na sala de aula, Lygia Bojunga › **224**
Língua viva
Marcas da oralidade no texto escrito › **231**
Nossa língua
Advérbios › **233**
Construção da escrita
Escreva em duas palavras › **236**

EM AÇÃO!
Colóquio: direito e cidadania › **238**

O QUE APRENDI? › 240

UNIDADE 4 — Entrando na pré-adolescência...

CAPÍTULO 1
Saindo da infância › 244

Hora da leitura 1
Passagem para a vida adulta, Folha de S.Paulo › **246**
Hora da leitura 2
O mistério dos brinquedos desaparecidos, Folha de S.Paulo › **252**
Produção de texto
Entrevista › **256**
Usos do dicionário
Detalhamento dos verbetes › **258**
Nossa língua
Numeral › **260**
Construção da escrita
As palavras **meio, meia** › **264**

CAPÍTULO 2
O que está acontecendo? › 266

Hora da leitura 1
Complicados e perfeitinhos, Folha de S.Paulo › **268**
Hora da leitura 2
A agenda de Carol, Inês Stanisieri › **272**
Produção de texto
Diário pessoal › **278**
Língua viva
Variedades linguísticas › **280**
Nossa língua
Preposição › **282**
Construção da escrita
Pontuação › **285**

CAPÍTULO 3
Novas emoções › 288

Hora da leitura 1
O que é namoro, Marta Suplicy › **290**
Hora da leitura 2
Todo mundo namora menos eu, Alex Cousseau › **294**
Produção de texto
Carta do leitor › **298**
Nossa língua
Interjeição › **302**
Construção da escrita
Acentuação e produção de sentido › **306**

EM AÇÃO!
Exposição de murais "Nem criança nem adolescente: pré-adolescente" › **308**

O QUE APRENDI? › 310

MATERIAL PARA CONSULTA › 312

BIBLIOGRAFIA › 320

UNIDADE 1
O desejo humano de explorar

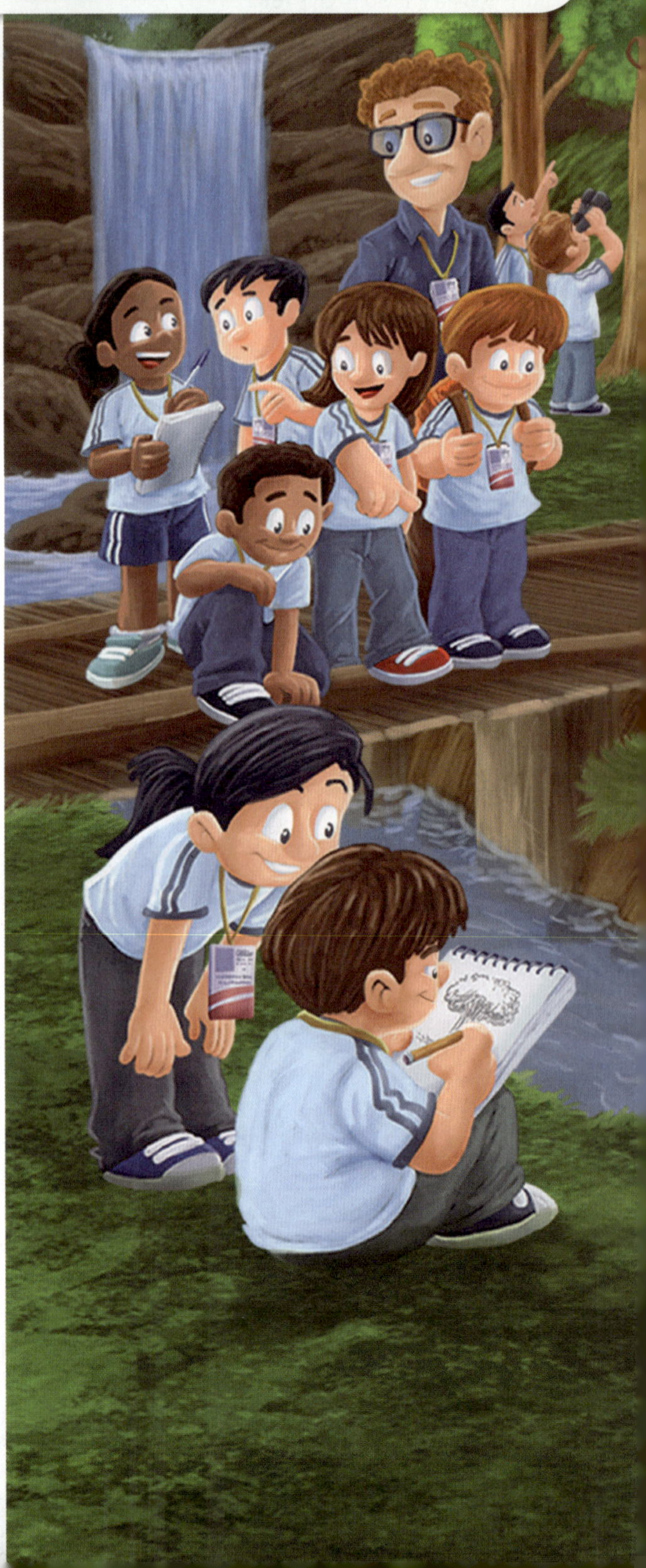

Explorar lugares desconhecidos sempre causou fascínio nos seres humanos.

- Esses alunos do 5º ano estão realizando um estudo do meio. Como é o local onde eles estão?

- Neste local, há uma construção feita pelos seres humanos. Qual?

- Provavelmente, qual é o objetivo de realizar um passeio como esse?

- O que as crianças que estão abraçando a árvore demonstram?

- Quem são os adultos que acompanham as crianças? O que eles estão fazendo?

- As crianças levaram sacos de lixo para recolher qualquer lixo do local. Por que essa atitude é importante?

Saber Ser

- Circule uma criança que está usando um binóculo. O que ela está observando?

- Monte o *toy* de um binóculo que está no início do livro e divirta-se.

CAPÍTULO 1 — Mar tenebroso

Cerca de 600 anos atrás, os europeus se questionavam sobre o que poderia haver do outro lado do oceano. Era grande o desejo de aventurar-se no mar e descobrir novas terras, mas maior ainda era o medo de afastar-se da terra firme e navegar em **alto-mar**.

Alto-mar: parte do mar muito afastada da costa.

Nessa época, os europeus chamavam o oceano Atlântico de **mar tenebroso**, pois imaginavam que os mares eram povoados por monstros terríveis, prontos para destruir as embarcações e devorar os marinheiros.

Veja nesta gravura, elaborada em 1544, a representação de alguns monstros marinhos, da forma como as pessoas os imaginavam.

Gravura de Sebastian Münster, elaborada no século XVI, a respeito do imaginário de monstros marinhos. Biblioteca Britânica, Londres.

Roda de conversa

1 Os monstros representados na gravura parecem assustadores para você? Por quê?

2 Além dos monstros marinhos, o que mais aparece na gravura?

3 Os monstros ilustrados na gravura parecem oferecer algum perigo aos navegantes? Explique.

4 Que detalhe do corpo de alguns monstros pode reforçar a ideia de que a maior parte deles se alimenta de carne?

      o focinho   o formato da boca   os dentes afiados

5 De acordo com o que está representado na gravura, as pessoas acreditavam que esses monstros atacavam apenas embarcações? Explique.

6 Em sua opinião, a cena retratada na gravura realmente aconteceu? Por quê?

7 Imagine que esses monstros sejam reais. Se você fosse uma das pessoas que estão nas embarcações, o que você faria nesse momento de perigo?

8 Se você vivesse na época em que essa gravura foi elaborada e acreditasse na existência desses monstros, você teria coragem de navegar pelo mar? Por quê?

9 O artista se baseou em animais reais para desenhar os monstros marinhos na gravura. Com quais animais eles se parecem?

10 Os monstros eram imaginários, mas havia perigos reais durante as viagens. Indique pelo menos um fenômeno da natureza que poderia colocar os marujos em perigo durante a navegação.

11 Em sua opinião, por que atualmente não se acredita mais na existência de monstros marinhos?

Para refletir!

    Conhecido como Mar Tenebroso, o oceano Atlântico aguçava a imaginação dos europeus. Falava-se em monstros marinhos e homens deformados que comiam outros homens. As superstições entre os marujos eram as mais variadas. Dizia-se que **zarpar** numa sexta-feira dava azar. Muito mais arriscado, no entanto, seria olhar fixamente para as ondas do mar à meia-noite: haveria o risco de ser encantado por sereias lindas e arrastado até a morte nas águas frias e salgadas do oceano.

Zarpar: levantar âncora de uma embarcação e partir.

Marcelo Abreu. Revista *Ciência Hoje das Crianças*, Rio de Janeiro, SBPC, n. 101, abr. 2000.

Hora da leitura 1

Apesar do desejo de navegar para descobrir e explorar novas terras, as embarcações e os equipamentos há cerca de 500 anos eram precários; por isso, as viagens eram longas, cansativas e perigosas. Veja como era navegar no século XVI.

> **Caravela:** pequena embarcação movida à força dos ventos, usada nos séculos XV e XVI, especialmente pelos portugueses, nas viagens marítimas.

A VIDA NAS CARAVELAS

DOENÇAS, SUJEIRA E CASTIGOS FÍSICOS PARA OS MARINHEIROS NA ERA DOS DESCOBRIMENTOS

BISCOITOS DO MAR

Item fundamental nas provisões, os biscoitos eram uma massa de farinha de trigo e água assada quatro vezes, o que os deixavam tão secos e duros a ponto de resistir por anos sem deteriorar. Para comê-los era preciso umedecê-los com água do mar. O prato do dia a dia era composto de charque, peixe e biscoitos do mar. Era comum racionar alimentos.

Apesar de ter sido embarcados nelas que os navegadores do século 16 fizeram a civilização ocidental crescer até o tamanho que tem hoje, pouco se sabe sobre como eram as caravelas que cruzaram o Atlântico até as Américas. O certo é que eram barcos bem menores do que costumamos imaginar e que a tripulação enfrentava um dia a dia de trabalho exaustivo, comia mal, dormia ao relento e convivia com ratos, baratas e um porão alagado e poluído com dejetos humanos.

TRABALHO INFANTIL

O cargo mais baixo era o dos auxiliares, ou pajens. Tinham entre 8 e 15 anos. Lavavam o convés, recolhiam restos das refeições e faziam trabalhos gerais. Os auxiliares de origem pobre faziam trabalhos mais duros e não tinham perspectiva de progredir; os de "boas famílias" eram protegidos do capitão e tinham a vida mais leve.

ESCORBUTO

A mais mortal doença a bordo. Os sintomas eram cansaço, manchas na pele e sangramento nas mucosas e gengivas, que inchavam e cheiravam mal. Os dentes caíam. O doente tornava-se cada vez mais fraco, não conseguia andar e morria com grande sofrimento.

CASTIGOS CRUÉIS

O capitão tinha poder de vida e morte sobre a tripulação. As punições eram duras. O mais comum eram chicotadas. Roubar comida rendia 99 golpes. Havia penas maiores: o "strappado", em que a pessoa era dependurada no teto pelos pulsos, com os braços para trás; a "toca" consistia em cobrir a boca com um pano e jogar água sobre a cabeça da vítima, que se sentia afogar. Motins eram punidos com a morte.

25 METROS

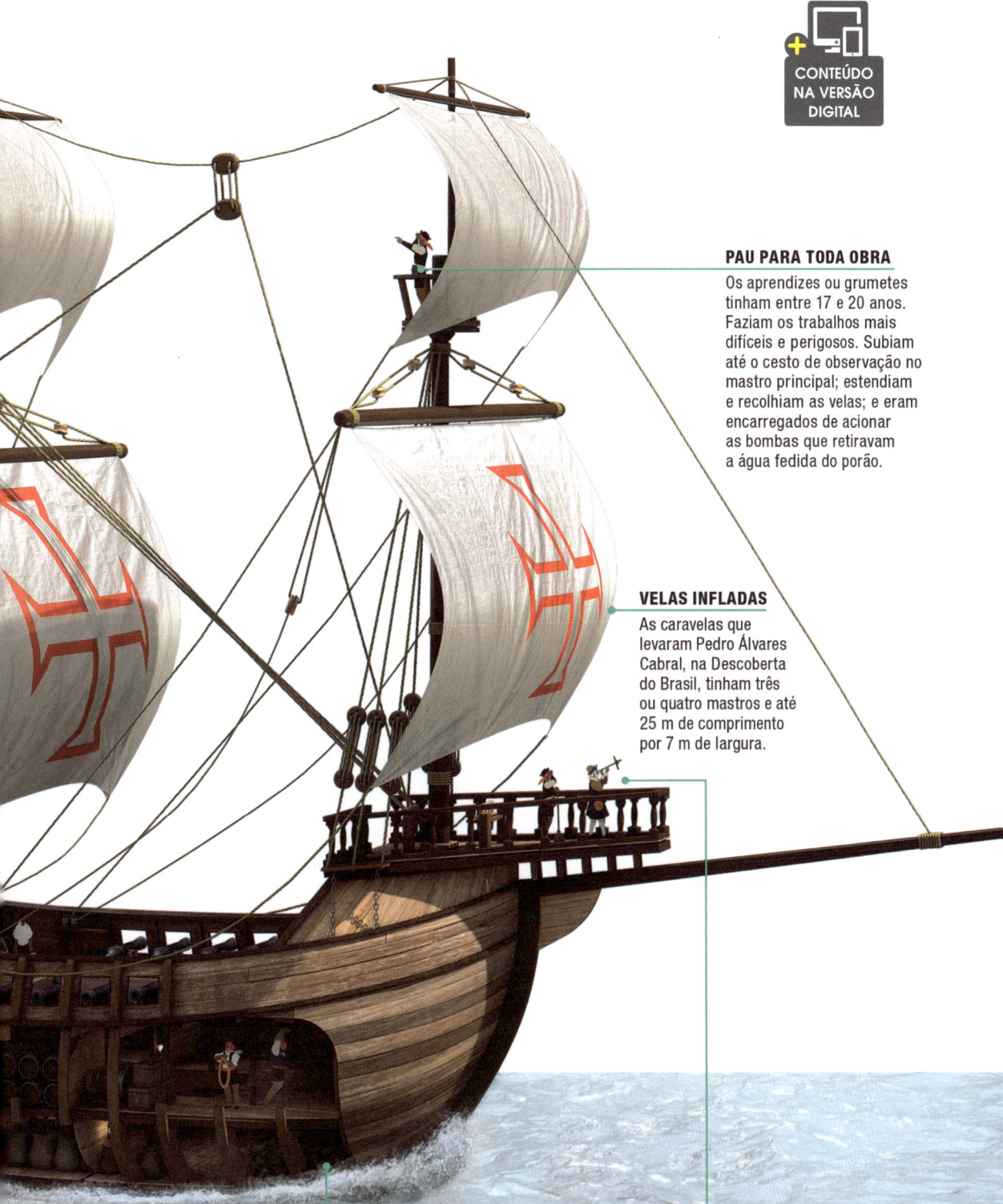

PAU PARA TODA OBRA
Os aprendizes ou grumetes tinham entre 17 e 20 anos. Faziam os trabalhos mais difíceis e perigosos. Subiam até o cesto de observação no mastro principal; estendiam e recolhiam as velas; e eram encarregados de acionar as bombas que retiravam a água fedida do porão.

VELAS INFLADAS
As caravelas que levaram Pedro Álvares Cabral, na Descoberta do Brasil, tinham três ou quatro mastros e até 25 m de comprimento por 7 m de largura.

VAZAMENTO CONSTANTE
Como toda embarcação da época, as caravelas estavam sempre fazendo água. Para evitar o naufrágio, a água era constantemente retirada por bombas manuais, acionadas sem interrupção. Era o trabalho mais exaustivo a bordo.

PORÃO NOJENTO
À água estagnada no porão se misturavam fezes, urina e vômito dos tripulantes, que sofriam com enjoos e, enfraquecidos, não tinham forças para subir até o convés. Piolhos, ratos e baratas completavam o cenário. O cheiro, contam as crônicas da época, era repugnante.

JORNADA EXAUSTIVA
O trabalho da tripulação – levantar e baixar velas, vigiar o horizonte, bombear água do porão, pescar, vigiar o tempo, sol e estrelas – era dividido em turnos, em geral de quatro horas. Dormia-se pouco, portanto.

Revista *Aventuras na história*, São Paulo, Caras, n. 12, ano 11, jan. 2015.

Linha e entrelinha

1 Qual é o assunto principal do texto lido?

☐ As crendices dos navegadores do século XVI.

☐ As precárias condições de navegação durante o século XVI.

☐ A exploração de terras do continente americano no século XVI.

2 Quais partes das caravelas eram imprescindíveis para o aproveitamento da força dos ventos?

_____

3 Explique o objetivo do uso do recurso ao lado no texto lido.

_____

_____

Texto de Aventuras na História/Editora Caras S/A.
Ilustração: Fabricio Sousa/Editora Caras

4 Um dos subtítulos do texto é "Porão nojento".

a. Por que o porão das caravelas era nojento?

_____

_____

b. Qual era a consequência disso para os tripulantes?

_____

c. Como era feita a retirada da água do porão? Sob quais subtítulos do texto essas informações aparecem mais claramente?

_____

_____

_____

_____

d. Quem realizava essa atividade? Comprove com um trecho do texto.

_____

_____

_____

5 Releia o trecho "Castigos cruéis".

a. Qual era a forma mais comum de castigo nas caravelas? Qual a mais drástica de todas?

_____
_____

b. O que significa dizer que "o capitão tinha poder de vida e morte sobre a tripulação"?

_____
_____

c. O roubo de comida era punido nas caravelas. Possivelmente, por que havia roubo de comida nessas embarcações?

_____
_____

d. Nas caravelas, motins eram punidos com morte. O que é um **motim**? Se precisar, consulte um dicionário.

_____
_____

6 Releia o trecho "Biscoitos do mar".

a. Por que os biscoitos se constituíam em uma opção de alimento nas caravelas por todo o tempo da viagem?

_____
_____

b. Por que, além do biscoito do mar, outro alimento básico nas caravelas era o charque?

_____
_____

c. O terceiro alimento básico nas embarcações era o peixe. Nesse caso, o alimento era fresco ou mantido em conserva? Explique.

_____
_____

7 Releia o trecho "Escorbuto" do texto "A vida nas caravelas" e compare com as informações a seguir.

> **Mal das gengivas**
> Os primeiros doentes de escorbuto surgiam após dois meses em alto-mar. Por falta de vitamina C, as gengivas inchavam, os doentes sangravam, muitas vezes até morrer. [...] Em alguns casos, morriam de seis a nove pessoas por dia, que eram lançadas ao mar.

Ricardo Prado. Os achados do descobrimento. Revista *Nova Escola*, São Paulo, Abril, n. 127, p. 13, nov. 1999.

a. De acordo com o texto "A vida nas caravelas", o escorbuto era "a mais mortal doença a bordo". O que isso significa?

b. Sublinhe no texto acima o trecho que comprova sua resposta ao item **a**.

c. Qual é a causa e quais são os sintomas dessa doença?

d. A vitamina C pode ser encontrada em alguns vegetais, como laranja e tomate. Por que vegetais como esses não eram consumidos durante toda a viagem?

8 Um dos subtítulos do texto lido é "Pau para toda obra".

a. Qual é o significado dessa expressão?

b. A quais tripulantes essa expressão se refere no texto?

c. Por que essa expressão foi usada para se referir a esses tripulantes?

9 Retome o trecho "Trabalho infantil" do texto lido.

a. Por que o título desse trecho é "Trabalho infantil"?

_____
_____
_____

b. Por que, no trecho, a expressão "boas famílias" aparece entre aspas? Explique o significado dessa expressão no contexto de uso.

_____
_____
_____
_____

c. Que modo de tratamento diferenciado havia nas caravelas para os trabalhadores infantis de famílias mais pobres?

_____
_____
_____
_____

10 Converse com os colegas.

a. Por que é inadequado discriminar as pessoas pela classe social a que pertencem, como ocorria nas caravelas?

b. Embora proibido por lei, o trabalho infantil ocorre ainda hoje. O que você diria às pessoas que usam crianças como mão de obra para convencê-las a não explorar o trabalho infantil?

Sugestão de leitura

***Nuno descobre o Brasil*, de José Roberto Torero e Marcus Aurelius Pimenta. Editora Alfaguara.**

O cotidiano a bordo de uma caravela é contado sob a perspectiva de um menino que trabalhava como grumete em uma das caravelas da esquadra de Cabral que desembarcou nas terras que hoje se denominam Brasil.

Hora da leitura 2

Navegar pelos oceanos é ainda motivo de fascínio para muitas pessoas. Foi o que aconteceu aos brasileiros Vilfredo e Heloisa Schurmann, que durante muito tempo alimentaram o desejo de dar a volta ao mundo a bordo de um veleiro. Após anos de planejamento, acompanhados dos três filhos, eles realizaram a viagem marítima com que tanto sonharam.

- O que você imagina que a família Schurmann fez para transformar em realidade o sonho de dar a volta ao mundo a bordo de um veleiro?

- A família Schurmann ficou dez anos navegando no mar. Como será que os filhos do casal fizeram para estudar?

Dez anos no mar

Florianópolis, 14 de abril de 1984.

Após abandonar casa, carro, trabalho, escola e o conforto da vida em terra firme, Vilfredo e Heloisa Schurmann — acompanhados dos filhos Wilhelm, David e Pierre, à época com 7, 10 e 15 anos de idade — zarpam para realizar o sonho de suas vidas: dar a volta ao mundo a bordo de um veleiro.

Para tornar o sonho possível, a preparação foi longa e exigiu sacrifícios. Eles dedicaram um ano de planejamento para cada ano passado no mar. Antes de partir, venderam bens no Brasil. E, durante a aventura, sempre que as economias ameaçavam acabar, a família Schurmann arregaçava as mangas e trabalhava. Eles fizeram um pouco de tudo: promoveram *charters* com o veleiro; os meninos deram aulas de **windsurfe** e mergulho; Heloisa escreveu artigos para revistas e publicações especializadas.

O esforço valeu a pena! Em sua primeira grande aventura, a família Schurmann passou dez anos no mar. Eles **singraram** os oceanos Atlântico, Pacífico e Índico. E conheceram lugares como Barbados, Galápagos, Bora Bora, Ilhas Fiji, Madagascar e Cidade do Cabo, entrando em contato com uma riquíssima diversidade paisagística, cultural e humana.

Charter: passeio com turistas.
Windsurfe: esporte derivado do surfe em que se usa prancha com vela.
Singrar: navegar.

Wilhelm e David eram apenas crianças quando saíram do Brasil. Pierre, adolescente. Os três cresceram a bordo. Estudaram por correspondência. Em 1994, a experiência de viver no mar havia contribuído para transformá-los em jovens saudáveis e bem-informados, preparados para enfrentar a vida de maneira ética e responsável, com determinação para atingir seus objetivos, sempre respeitando o ser humano e o meio ambiente.

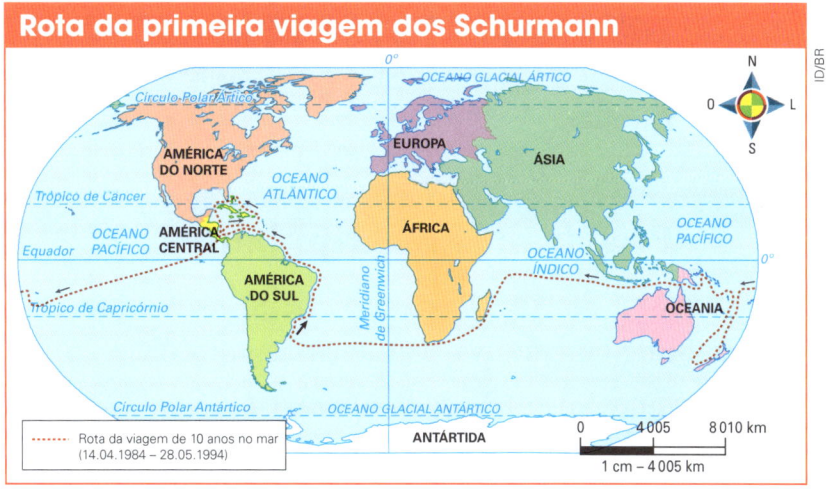

Fontes de pesquisa: Família Schurmann. Disponível em: <http://linkte.me/y41z4>. Acesso em: 6 jul. 2016; IBGE. *Atlas geográfico escolar*. Rio de Janeiro: IBGE, 2012.

Wilhelm foi o único dos filhos que permaneceu dez anos ininterruptos a bordo. Em 1988, Pierre decidiu estudar administração de empresas nos Estados Unidos, onde morou até 1994. Em 1991, David aproveitou uma temporada da família na Nova Zelândia e por lá ficou, graduando-se em cinema e televisão. Só voltou ao Brasil em 1999, após trabalhar com audiovisual na Nova Zelândia e nos Estados Unidos.

Os Schurmann foram a primeira família brasileira a completar uma volta ao mundo a bordo de um veleiro. Mais importante que a fascinante oportunidade de conhecer o mundo, a convivência permitiu a Vilfredo, Heloisa, Wilhelm, David e Pierre Schurmann o privilégio de compartilhar em família a grande aventura da vida.

Família Schurmann reunida no veleiro, no litoral de Itajaí, SC, em maio de 2014, durante os preparativos para a Expedição Oriente. Da esquerda para a direita e de baixo para cima: Vilfredo, Heloisa, David, Wilhelm e Pierre.

Disponível em: <http://www.schurmann.com.br/familiaaventura/a_10anosdeaventuras.asp>. Acesso em: 19 fev. 2013.

Leia o que Heloisa Schurmann escreveu no dia 1º de abril de 2014 no **blogue** que mantém no *site* da família.

Blogue: página pessoal na internet com textos e fotos, parecida com um diário.

ID/BR

Arquivo Editar Exibir Favoritos Ferramentas Ajuda

Endereço http://linkte.me/p77o5

Preparando os tripulantes

Desde que nasceram, Pierre, David e Wilhelm escutaram uma canção de ninar muito especial que eu cantava para eles dormirem:

"Um dia no mar vamos viver / Num barquinho a velejar / Marinheiros hão de ser / Para conosco navegar"

Imagine os 3 crescendo na nossa casa de madeira em Santo Antônio de Lisboa. Abriam o portão da praia e iam brincar no quintal deles: o mar...

A primeira opção na preparação de nossa viagem foi que eles aprendessem a nadar. Com 2 anos, eles começaram as aulas de natação e aos 5, aprenderam a velejar de Optimist (barco de aprendizado para crianças).

Pierre, David e Wilhelm, além de participar de regatas, fizeram do barquinho seu meio de transporte. À medida que cresciam, participavam cada vez mais das manobras do barco.

Em casa, nossos livros eram sobre histórias de aventuras, explorações, viagens, astronomia, piratas e os oceanos. Aos poucos conseguimos transmitir a eles o entusiasmo de nosso sonho, e eles acabaram envolvidos e sonhando também com as aventuras que viveriam um dia no mar.

Família Schurmann. Disponível em: <http://linkte.me/p77o5>. Acesso em: 6 jul. 2016.

Além da aventura de passar dez anos no mar, a família Schurmann realizou outra importante viagem. Em novembro de 1997, os Schurmann lançaram-se novamente ao mar em uma Expedição chamada de "Magalhães Global Adventure". A família percorreu a mesma rota que o navegador português Fernão de Magalhães (1480-1521), que, no século XVI, circum-navegou o mundo provando que o planeta é redondo. Nessa viagem a família visitou os cinco continentes. O retorno deu-se no dia 22 de abril de 2000, para que a família participasse das comemorações de 500 anos do Brasil.

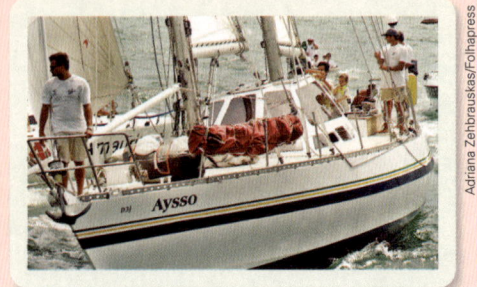

Adriana Zehbrauskas/Folhapress

Família Schurmann a bordo do veleiro Aysso, no início da segunda viagem ao redor da Terra, em 1997.

Linha e entrelinha

1 Qual é o objetivo do texto "Dez anos no mar"?

---

2 Releia este trecho do texto "Dez anos no mar".

> Após abandonar casa, carro, trabalho, escola e o conforto da vida em terra firme, Vilfredo e Heloisa Schurmann — acompanhados dos filhos Wilhelm, David e Pierre [...] — zarpam para realizar o sonho de suas vidas: dar a volta ao mundo a bordo de um veleiro.

a. O que significa a expressão **terra firme**?

---

b. Com qual sentido a palavra **zarpar** foi usada no texto?

---

c. O que o casal Schurmann precisou fazer para realizar o sonho que tinha?

---

d. O que é realizar um **sonho de vida**?

---

e. Qual é o sentido de **a bordo** neste trecho?

---

3 A família Schurmann deu a volta ao mundo a bordo de um veleiro.

a. De qual palavra deriva o termo **veleiro**?

---

b. Para mover um veleiro, que elemento da natureza é aproveitado pelas velas?

---

4 Segundo o texto, por quanto tempo a família Schurmann planejou a primeira viagem? Como você descobriu a resposta?

Arquivo Família Schurmann/Acervo da família

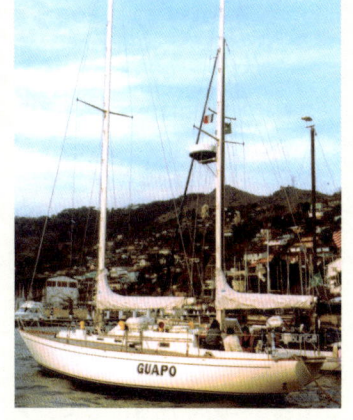

Guapo, veleiro da família Schurmann usado na primeira viagem de volta ao mundo, entre 1984 e 1994.

5 Leia o que Heloisa Schurmann escreveu no dia 15 de abril de 2010, no diário de bordo, no *site* da família Schurmann.

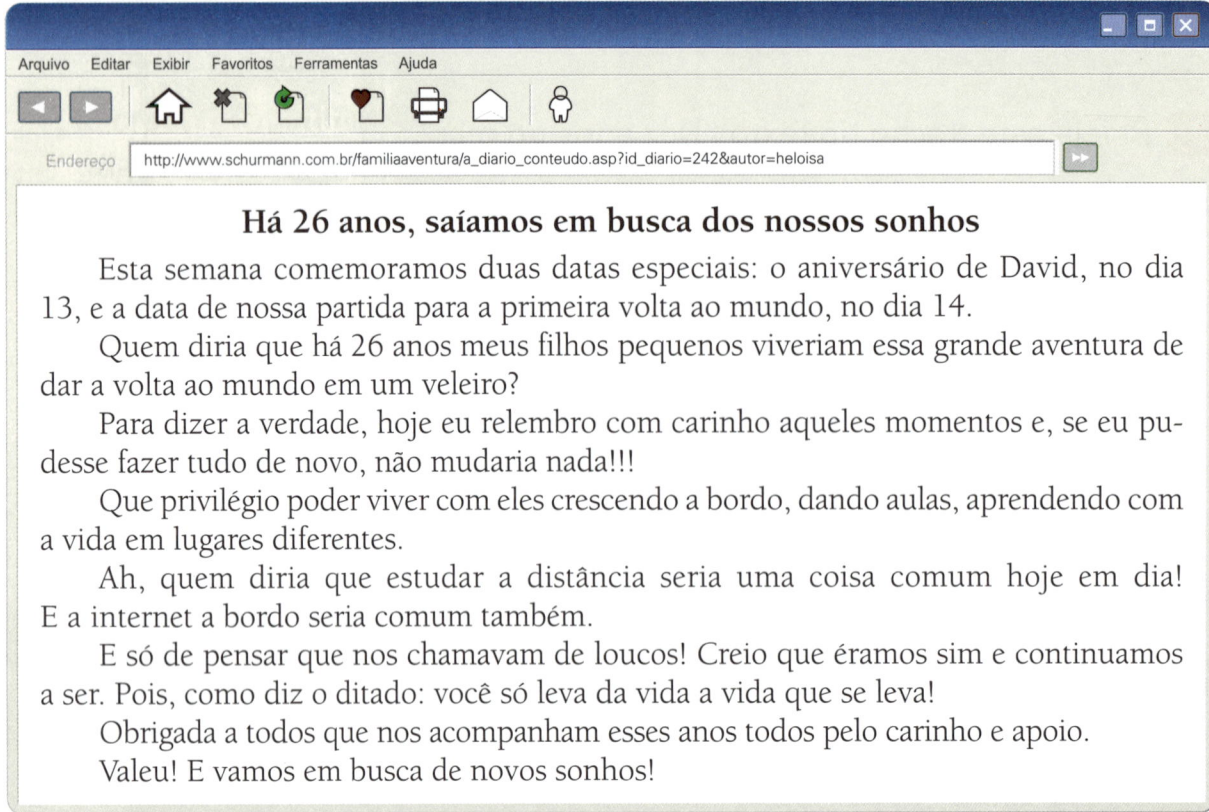

Há 26 anos, saíamos em busca dos nossos sonhos

Esta semana comemoramos duas datas especiais: o aniversário de David, no dia 13, e a data de nossa partida para a primeira volta ao mundo, no dia 14.

Quem diria que há 26 anos meus filhos pequenos viveriam essa grande aventura de dar a volta ao mundo em um veleiro?

Para dizer a verdade, hoje eu relembro com carinho aqueles momentos e, se eu pudesse fazer tudo de novo, não mudaria nada!!!

Que privilégio poder viver com eles crescendo a bordo, dando aulas, aprendendo com a vida em lugares diferentes.

Ah, quem diria que estudar a distância seria uma coisa comum hoje em dia! E a internet a bordo seria comum também.

E só de pensar que nos chamavam de loucos! Creio que éramos sim e continuamos a ser. Pois, como diz o ditado: você só leva da vida a vida que se leva!

Obrigada a todos que nos acompanham esses anos todos pelo carinho e apoio.

Valeu! E vamos em busca de novos sonhos!

Disponível em: <http://www.schurmann.com.br/familiaaventura/a_diario_conteudo.asp?id_diario=242&autor=heloisa>. Acesso em: 19 fev. 2013.

a. Em que data a família Schurmann iniciou sua primeira volta ao mundo?

b. Se Heloisa tivesse escrito esse texto em 15 de abril deste ano, como ficaria a indicação de tempo transcorrido, no início do segundo parágrafo?

c. Sublinhe a expressão do segundo parágrafo com a qual Heloisa define a viagem que os Schurmann fizeram.

d. Durante a viagem, Pierre, David e Wilhelm estudaram por correspondência, isto é, usando o correio nas paradas. Se a viagem fosse realizada atualmente, que meios de comunicação eles poderiam usar?

e. Explique aos colegas o que você entendeu do ditado (provérbio) citado por Heloisa.

6 Que atitudes você imagina que são adequadas ao convívio dentro de um veleiro por tanto tempo? Conte aos colegas.

7 Em 2014, a família Schurmann deu início a uma nova expedição. Veja no mapa as rotas das expedições realizadas pelos Schurmann.

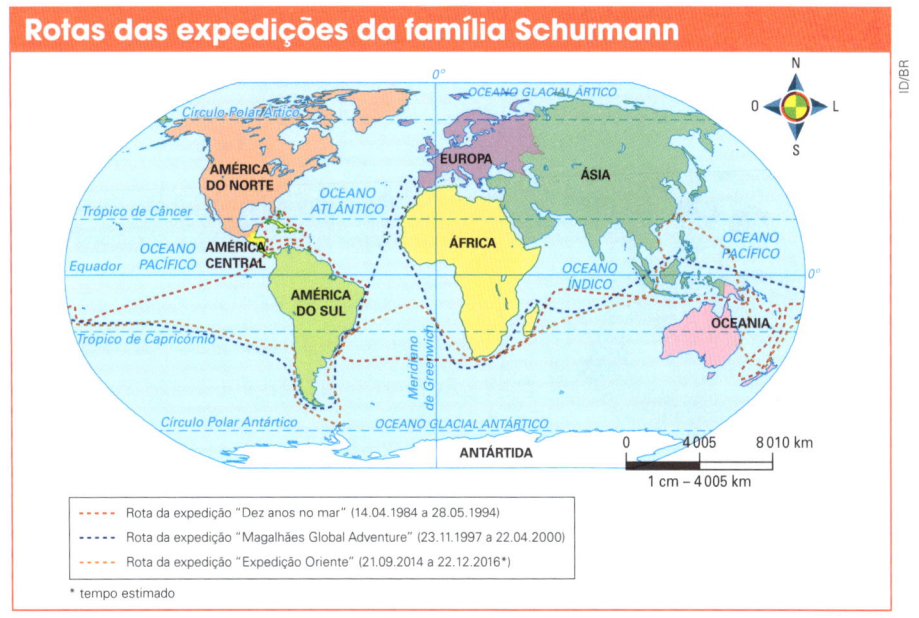

Fontes de pesquisa: Família Schurmann. Disponível em: <http://linkte.me/y41z4>. Acesso em: 6 jul. 2016; IBGE. *Atlas geográfico escolar*. Rio de Janeiro: IBGE, 2012.

a. Qual cor no mapa representa a expedição mais recente da família Schurmann?

_____

b. Por quais oceanos os Schurmann navegaram em cada viagem?

_____

c. Quantos continentes foram visitados na segunda viagem?

_____

d. Quanto tempo durou a segunda viagem? _____

e. Troque cada letra pela letra anterior do alfabeto e descubra um dos principais destinos da Expedição Oriente.

D	I	J	O	B

Sugestão de leitura

***O beijo da palavrinha*, de Mia Couto.
Editora Língua Geral.**

História emocionante de uma menina que morava com a mãe e o irmão em uma aldeia africana e jamais tinha visto o mar. Certo dia a menina adoece, e a cura talvez pudesse ser alcançada se ela realizasse o intenso desejo de conhecer o mar.

Introdução à produção de texto

▰ Produção e revisão de texto

Você já notou que, em diversas situações do dia a dia, escrevemos textos com uma finalidade específica? Veja um exemplo de uma dessas situações.

Hoje é domingo e os pais de Mariana foram dormir um pouco após o almoço.

Mariana vai brincar na praça, mas não quer acordá-los. Por isso, ela resolveu escrever um texto para eles.

Mariana sabe que escrever um texto não é apenas encher de palavras a folha ou a tela do computador. Para escrever um texto apropriado a uma situação, com linguagem adequada ao leitor, é preciso considerar estes aspectos:

Gênero textual
O que vou escrever?
Uma carta, um bilhete, um depoimento, uma lista, um *e-mail*, etc.

Interlocutor
Para quem vou escrever?
A pessoa é conhecida ou desconhecida? Está ausente ou distante? Qual a idade dela?

Objetivo
Qual é a finalidade do texto?
Anotar, solicitar, informar, divertir, contar algo, etc.

1 Preencha o quadro com base no texto que Mariana deve escrever.

Gênero textual mais apropriado	
Interlocutores do texto	
Objetivo do texto	

2 Marque o texto que apresenta a linguagem mais apropriada aos interlocutores de Mariana. Qual problema você vê nos outros dois textos? Converse com os colegas.

A Caros progenitores, Comunico-lhes que estarei na praça durante o período vespertino. Grata pela compreensão, Mariana Santos Ribeiro

B Mamãe e papai, Resolvi brincar na praça, mas não quis acordá-los. Volto no final da tarde. Beijos, Mariana

C Galera, O negócio é o seguinte: fui dar um rolê lá na praça pra ficar de boa na vida. Falou? Eu

24

Revisar os textos que produzimos é um cuidado que devemos ter. Geralmente, o texto não fica pronto na primeira vez que escrevemos. É preciso reler e verificar se há algum aspecto a ser melhorado. Ao revisar um texto, verifique se:

- o gênero textual (carta, *e-mail*, bilhete, etc.) está apropriado à situação;
- as informações estão claras para o leitor;
- a linguagem é adequada à situação e ao leitor;
- há coerência (ligação) entre todas as partes do texto;
- a grafia das palavras está correta, se for o caso, consulte um dicionário;
- o texto está escrito com letra legível e sem borrões.

3 Cláudio recebeu este bilhete, mas teve dificuldade para entendê-lo. Por que isso aconteceu?

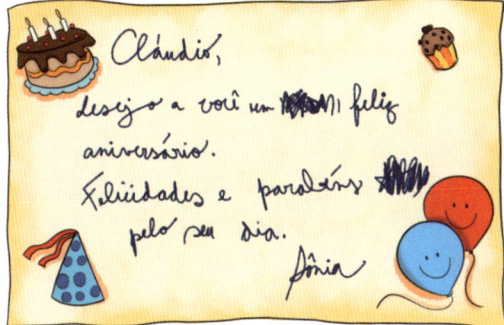

4 Leia esta **sinopse**.

Sinopse: texto que apresenta informações resumidas sobre uma obra (livro, filme, etc.).

Este livro, intitulado *Pé na estrada*, de autoria de José Paulo Ferrer, é uma obra deveras cômica na qual se narra a história de dois sapatos surrados que viviam em disputa. Um dia, fizeram um acordo e resolveram viajar para conhecer novos lugares. Vossa senhoria vai adorar esta aventura.

a. Para quem, provavelmente, foi escrito esse livro?

b. Qual é o objetivo da sinopse que está ao lado da capa?

c. A linguagem da sinopse está adequada ao público do livro? Por quê?

Produção de texto

Relato de viagem

Desde 1984, o brasileiro Amyr Klink vem realizando grandes proezas em suas expedições ao atravessar os oceanos sozinho em sua embarcação.

Klink também comandou expedições à Antártica, sendo acompanhado pela família a partir de 2006. Os acontecimentos dessas expedições em família foram relatados no livro *Férias na Antártica* pelas filhas do navegante: Marininha, que tinha 6 anos quando embarcou pela primeira vez, e as gêmeas Laura e Tamara, que tinham 9 anos. Leia um trecho do livro.

Férias na Antártica

Para viajar para a Antártica, é muito importante estar preparado. Como é um lugar muito longe de qualquer cidade, não podemos contar com a ajuda de outras pessoas. Não sabemos muito bem o que vamos encontrar pela frente, porque existem lugares que ainda não estão nos mapas. Um barco pode afundar ou ser muito danificado por rochas **submersas**. Então temos de nos preparar muito bem e confiar nas pessoas que estão viajando com a gente.

Um dia, estávamos preparando a festa de aniversário do Flávio (**tripulante** do barco), fazendo o bolo e os brigadeiros, quando, de repente, os talheres foram jogados para longe. Ouvimos o barulho da barriga do barco raspando em pedras. O barco começou a tremer e a balançar. Corremos para ver o que tinha acontecido.

Estávamos encalhados a 30 centímetros de profundidade da água. Que sorte nosso barco ser de alumínio! Só pelo barulho, um barco com casco de madeira já estaria no fundo do mar. O esforço para sairmos de lá

A Antártica é um continente pouco explorado, isolado, deserto, coberto por gelo, montanhoso, seco e onde venta muito. É o lugar mais frio do mundo; no verão, a temperatura atinge, no máximo, 10 graus.

Submerso: que está coberto por água.
Tripulante: pessoa que trabalha em uma embarcação durante uma viagem.

foi grande. Nosso pai manobrava a "nossa casa", e o Flávio, um bote. Os dois faziam de tudo para sairmos das pedras que não estavam nas cartas náuticas. As ondas ajudavam a empurrar o barco para um lado e para o outro. O barco tombou e ficou meio de lado, e então caiu estrondosamente na água, formando ondas no mar. Depois de muito tempo conseguimos sair dali.

Carta náutica: mapa marítimo que delimita áreas adequadas para navegação.

Veleiro PARATII-2, de Amyr Klink. Fotografia de 2002.

Laura, Tamara e Marininha Klink. *Férias na Antártica*. São Paulo: Grão Editora, 2010. p. 56.

Converse com os colegas.

1. No texto, quem faz o relato dos acontecimentos?

2. Dê um título que represente, de forma resumida, os fatos contados no texto.

3. Por que no texto foram usadas aspas na expressão "nossa casa"?

4. O texto das irmãs Klink é um **relato de viagem**. Em sua opinião, com que finalidade os relatos de viagem são escritos?

5. Depois de ter lido esse trecho do relato, como você definiria a viagem realizada pelas irmãs Klink?

6. Você gostaria de realizar uma viagem emocionante como fizeram as crianças da família Schurmann e as da família Klink? Por quê?

Imagine se uma viagem misturasse realidade e fantasia ao mesmo tempo. Certamente, traria ainda mais aventura e emoção.

Leia os textos a seguir e veja alguns exemplos de meios de transporte imaginários que poderiam ser usados para uma viagem fantástica, mágica e sobrenatural.

Transportes fantásticos

De olho no relógio

Que tal viajar a bordo de uma abóbora? Parece impossível? Não na história da Cinderela. Para ir ao baile, ela pede a ajuda de sua fada madrinha. Além de vesti-la como uma princesa, a fada transforma uma abóbora em uma linda carruagem, puxada por cavalos brancos, que na verdade são ratinhos. Mas magia tem prazo de validade: a garota tem de voltar para casa antes da meia-noite, quando o feitiço se desfaz.

Todos a bordo

Muito antes de surgirem os aviões e as naves espaciais, heróis viajavam em tapetes. Uma história antiga conta que o lendário rei Salomão tinha um imenso tapete verde de seda que voava. O rei usava o tapete para viajar e ainda transportar seus tesouros, seu exército e até seus **súditos**! Salomão só tinha de dizer aos ventos para onde queria ir e... Vrummm... Lá ia o tapete. Mas esse tipo de veículo ficou famoso mesmo com os contos do livro *As mil e uma noites*, sobre as aventuras mágicas de príncipes e heróis. [...]

Súdito: pessoa que deve obedecer a um rei ou imperador.

Nos trilhos da imaginação

Trens de verdade podem fazer longas travessias. Mas, no mundo da fantasia, eles vão ainda mais longe. Um dos trens mágicos mais conhecidos é o Expresso de Hogwarts, da série Harry Potter, que leva os alunos até a Escola de Magia. Outra viagem legal pode ser feita com o Expresso Polar, trem encantado que leva passageiros até o Polo Norte para encontrar Papai Noel.

Velocidade máxima

Um dos viajantes mais apressados do mundo mágico é Papai Noel. Em pouco tempo, ele precisa atravessar o planeta e fazer suas entregas. Para não se atrasar, viaja pelo céu a bordo de um trenó puxado por renas voadoras. Não se sabe ao certo se são oito ou nove renas mágicas, mas elas são mais velozes que qualquer motor e nunca erram o caminho.

Disponível em: <http://recreionline.abril.com.br/recreioDigital/digital_425.html>. Acesso em: 30 nov. 2010.

Assim como as crianças da família Klink, você também produzirá um relato de viagem, mas, nesse caso, será uma viagem imaginária.

Relato de viagem é um gênero textual composto de anotações a respeito de uma viagem, nas quais são narrados os fatos que aconteceram, o que foi visto, os locais visitados, etc.

O relato fará parte de um dos livros de uma coleção sobre viagens fantásticas que será montada no final desta unidade e terá diversos leitores. Faça assim:

Planejar e produzir

1 Escolha um meio de transporte diferenciado para realizar essa viagem. Pode ser uma vassoura voadora, um trenó com renas voadoras, um barco ou trem encantado, uma carruagem mágica, um tapete voador ou outro meio de sua preferência.

2 Decida se a viagem será feita apenas por você ou por mais pessoas.

3 Defina o local para onde você viajará.

4 Escreva o relato contando como era o local da viagem, o meio de transporte utilizado, quem estava com você, etc.

5 Relate também os acontecimentos vividos durante a viagem e as coisas vistas, como era a paisagem do caminho e dos lugares visitados, as sensações que teve usando o meio de transporte escolhido, as emoções que você viveu no local para onde viajou, etc.

6 Ao terminar, leia o texto e revise o que escreveu. Verifique se o relato está interessante e se a grafia e a pontuação estão corretas.

Revisar, avaliar e reescrever

Itens a avaliar	Sim	Não
1. Você apresentou o meio de transporte utilizado?		
2. Você indicou o local para onde viajou?		
3. Os principais fatos vividos na viagem foram relatados?		
4. O texto está sem erros de grafia e de pontuação?		

Quando o professor solicitar, leia o seu relato de viagem para os colegas.

Nossa língua

▬ Variação do substantivo: gênero e número

Leia um trecho de uma reportagem sobre a viagem das irmãs Klink à Antártica.

Marininha, ou Nina, é praticamente a comandante do grupo. Caçula entre as irmãs, fala firme e costuma fazer panelinha com a Tamara quando o assunto é escolher um jogo. Também adora lavar louça e deixar o barco organizado.

Laura é gêmea de Tamara. Ela é bem tranquila. No barco, costuma ajudar a tripulação quando não está enjoada. É também a fotógrafa do grupo, mesmo quando sua mãe, profissional no assunto, está por perto.

Tamara acha os animais da Antártica a coisa mais especial das expedições, mas topa ficar dentro do barco se for para cozinhar. É ela quem mais se arrisca na cozinha.

Férias flutuantes. *O Estado de S. Paulo*, São Paulo, 21 ago. 2010. Suplemento infantil Estadinho, p. 4-5.

1 Quais palavras do texto são nomes próprios? Circule-as.

2 Anote qual palavra do texto nomeia:

   a. uma atividade recreativa para divertir e passar o tempo. _____

   b. conjunto de pratos, xícaras, etc. _____

   c. conjunto de pessoas que trabalham na embarcação. _____

   d. uma embarcação. _____

As palavras que você apresentou nas atividades **1** e **2** são **substantivos**.

> **Substantivo** é a forma como classificamos as palavras que têm a função de nomear seres, objetos, locais, estados, ações, sentimentos, etc.
> Os substantivos podem ser do gênero masculino ou feminino (exemplos: **irmão**, **irmã**) e estar no singular ou no plural (exemplos: **irmã**, **irmãs**).

3 Escreva qual é o gênero de cada substantivo das respostas da atividade **2**.

_____

4 Sublinhe os substantivos do texto que estão no plural.

5 Qual o singular dos substantivos que você sublinhou no texto?

_____

6 Em qual dos substantivos apresentados nas atividades **4** e **5** o plural foi formado apenas com o acréscimo de **-s**?

_____

Substantivo: variação de número

> O plural dos substantivos varia conforme a terminação da palavra no singular. De modo geral, palavras terminadas em **vogais** têm o plural formado pelo acréscimo de **-s**. Palavras terminadas em **consoantes** têm regras especiais para a formação do plural. Para conhecê-las, consulte a página 312 deste livro.

7 Dê o plural destes substantivos.

- **a.** gás _____
- **b.** jornal _____
- **c.** barril _____
- **d.** trem _____
- **e.** míssil _____
- **f.** ator _____
- **g.** cruz _____
- **h.** anzol _____
- **i.** pastel _____
- **j.** quintal _____
- **k.** réptil _____
- **l.** país _____
- **m.** batom _____
- **n.** girassol _____
- **o.** canil _____

A formação do plural dos substantivos terminados em **-ão** pode ocorrer de três formas diferentes (**-ãos, -ões, -ães**). Veja:

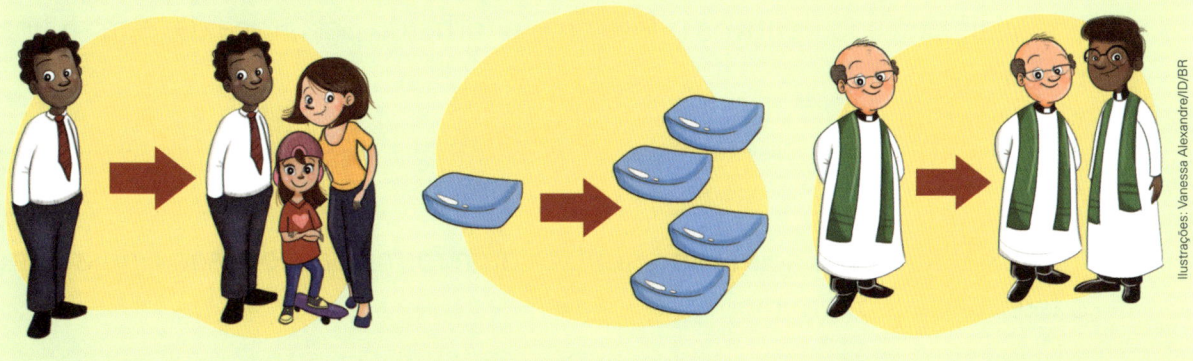

cidad**ão** → cidad**ãos**   sab**ão** → sab**ões**   sacrist**ão** → sacrist**ães**

8 Apresente o plural destas palavras.

a. botão _____
b. órgão _____
c. pão _____
d. limão _____
e. capitão _____
f. estação _____
g. balão _____
h. cão _____
i. cristão _____
j. porão _____

Substantivo: variação de gênero

A formação do feminino ocorre de diferentes modos: acréscimo de **-a** (cantor ⟶ cantor**a**), pela troca do **-o** final por **-a** (lob**o** ⟶ lob**a**) ou troca do radical (genro ⟶ nora), contudo existem diversas outras formas. Consulte a página 313 e verifique quais são essas formas.

9 Em cada caso, apresente o feminino correspondente.

- 2 bois e 5 _____
- 2 bodes e 3 _____
- 2 porcos e 5 _____
- 1 galo e 3 _____
- 2 carneiros e 4 _____
- 1 ema macho e 1 _____
- 2 cachorros e 5 _____
- 2 cavalos e 6 _____

a. Por que no substantivo **ema** foi preciso usar as palavras **macho** ou **fêmea**?
_____
_____

b. Em quais destes outros substantivos não seria necessário usar os termos **macho** e **fêmea** para indicar o gênero?

☐ formiga   ☐ onça   ☐ baleia   ☐ coelho   ☐ borboleta

c. Em quais dos substantivos o feminino é formado pela troca da letra **-o** final por **-a**?
_____
_____

d. Quais substantivos acima apresentam uma forma para o masculino e outra diferente para o feminino?
_____
_____

10 Leia os substantivos masculinos que nomeiam os animais abaixo.

PATO MARRECO GATO ZANGÃO CAMELO

_____ _____ _____ _____ _____

a. Escreva acima o feminino de cada um desses animais.

b. Qual deles não tem o feminino formado pela troca de **-o** final por **-a**?

_____

> Alguns substantivos formam o feminino de forma especial, não obedecendo a uma regra específica. Exemplos:
>
> pardal ⟶ pardoca ou pardaloca   rapaz ⟶ rapariga

11 Os substantivos a seguir formam o feminino de modo especial. Dê o feminino de cada um deles.

a. avô _____

b. ladrão _____

c. herói _____

d. mau _____

e. diácono _____

f. rei _____

g. réu _____

h. namorador _____

i. imperador _____

j. judeu _____

k. barão _____

l. ator _____

12 A palavra **embaixador** admite duas formas de feminino: **embaixadora** e **embaixatriz**. Consulte um dicionário e anote os diferentes sentidos dessas palavras.

a. Embaixadora:

_____

_____

b. Embaixatriz:

_____

_____

Construção da escrita

▬ Mau, mal, más, mas, mais

1 Reescreva estas frases, substituindo cada palavra destacada por outra de sentido oposto (antônimo).

a. O lobo **mau** queria fazer o **mal** aos porquinhos.

_____

b. O texto daquele cartaz foi muito **mal** escrito.

_____

c. Ele é **mau**, pois costuma fazer o **mal** para todos.

_____

d. Estou me sentindo **mal**.

_____

> A palavra **mau** é o mesmo que *cruel*, *ruim*.
>
> A palavra **mal** apresenta diversos sentidos, que são determinados pelo contexto de uso.

2 Com base nas respostas da atividade **1**, anote:

a. o antônimo da palavra **mau**: _____

b. o antônimo da palavra **mal**: _____

Lembre-se!
Antônimo é uma palavra que tem significado contrário ao de outra.

3 Escreva em quais frases da atividade **1** a palavra **mal** significa:

a. saúde debilitada _____

b. prática de crueldade _____

c. de modo imperfeito _____

> A palavra **mal** também pode indicar uma circunstância de tempo. É o que acontece na frase abaixo:
> **Mal** chegou à festa, já começou a dançar.
> ↳ **Assim** que chegou à festa...
>   **Quando** chegou à festa...
>   **Tão logo** chegou à festa...

4 Indique o sentido da palavra **mal** em cada frase, conforme a legenda.

1 de modo imperfeito **2** assim que **3** doença ou saúde debilitada

- [ ] **Mal** abriu a porta, sentiu o vento no rosto.
- [ ] Comida em excesso faz **mal**.
- [ ] **Mal** retornou e já viajou novamente.
- [ ] Após a aula, meu irmão passou **mal**.
- [ ] Para este **mal**, não há remédio.
- [ ] A equipe de vôlei jogou muito **mal**.
- [ ] O sarampo é um **mal** que está sendo combatido.
- [ ] Durante o treino, ele sentiu-se **mal**.

5 A palavra **mau** é um adjetivo e também pode ser flexionada. Complete as frases com o feminino de **mau**.

A A madrasta de Cinderela era uma mulher muito _____.

B Nas histórias infantis, há diversas madrastas _____.

> Não confunda as palavras **más**, **mas** e **mais**:
> **más** = é o plural de **má** (malvada, cruel)
> **mas** = significa **porém**
> **mais** = é o antônimo de **menos**

6 Complete as frases com as palavras **más**, **mas** ou **mais**.

a. Meu irmão tem _____ brinquedos que eu.

b. Nos contos de fadas, há personagens boas e personagens _____.

c. Eu expliquei, _____ ele não entendeu.

d. Isso é tão certo quanto dois _____ dois são quatro.

e. Ele experimentou o suco, _____ não gostou do sabor.

CAPÍTULO 2 — Rumo ao espaço

O fascínio por explorar lugares desconhecidos tem levado os seres humanos cada vez mais longe.

Leia uma história em quadrinhos (HQ) relacionada a essa vontade humana de explorar e de descobrir novos lugares.

RATOS, SEMPRE RATOS: ESTOU FARTA DE RATOS!

Quino. *Deixe-me inventar*. São Paulo: Martins Fontes, 2005. p. 7.

Roda de conversa

1. Em sua opinião, onde o astronauta da HQ estava? O que você observou para responder?

2. O que o astronauta foi fazer fora da nave?

3. Por que o astronauta usa uma roupa especial?

4. Que título você daria a essa história?

5. Observe a cena reproduzida ao lado. O que você imagina que o astronauta estava pensando nesse momento?

6. Ao caminhar pelo túnel, o astronauta deparou-se com uma espécie viva. Com o que ela se parece?

7. No último quadrinho, aparece uma personagem diferente.

   a. Que personagem é essa?

   b. Quais objetos usados por essa personagem são invenções humanas?

   c. Quais aspectos físicos dela chamam mais a sua atenção?

8. Observe atentamente as cenas reproduzidas a seguir.

   a. Com o que se parece o lugar por onde o astronauta saiu?

   b. Com qual animal o astronauta foi confundido?

9. O que aconteceu com o astronauta depois que saiu do túnel?

10. Essa HQ refere-se à atividade humana de exploração **espacial**, **aérea**, **terrestre** ou **marítima**? Que elementos comprovam isso?

11. Em sua opinião, o final da história é surpreendente? Por quê?

Hora da leitura 1

Explorar o espaço era um antigo sonho dos seres humanos. Depois de muitos experimentos e descobertas, esse sonho foi, aos poucos, tornando-se realidade.

Até a década de 1950, a exploração espacial foi marcada pelas tentativas de colocar em órbita foguetes espaciais. Apesar das falhas iniciais, essas tentativas promoveram avanços e deram origem a satélites e naves espaciais.

■ Você imagina qual foi o primeiro ser vivo a viajar para o espaço?

■ Você sabe quando o ser humano pisou na Lua pela primeira vez?

A saga espacial do homem entre a Lua e Marte

LUA

DÉCADA DE 1950

1957
A URSS lança o Sputnik 1, o primeiro satélite artificial a entrar em órbita. Uma semana depois, é lançado o Sputnik 2, com a cadela Laika, o primeiro ser vivo a ir para o espaço.

1958
EUA criam a National Aeronautics & Space Administration (Nasa). É lançado o primeiro satélite artificial americano, o Explorer 1.

DÉCADA DE 1960

1961
A URSS lança o Vostok 1. Iuri Gagarin comanda o primeiro voo tripulado. A viagem durou uma hora e 48 minutos e percorreu cerca de 40 mil quilômetros em volta da Terra numa única órbita.

1962
Os EUA enviam o astronauta John Glenn para o espaço.

1969
No dia 20 de julho de 1969 a nave Apollo 11 pousa na Lua. Neil Armstrong, ao pisar o solo lunar, fala a frase histórica: "Um pequeno passo para o homem, mas um grande passo para a Humanidade".

DÉCADA DE 1970

1971
Em 19 de abril a União Soviética lança a estação espacial Salyut para a realização de vários estudos sobre a ausência da gravidade.

1973
Em maio, os EUA lançam a Skylab. [...]

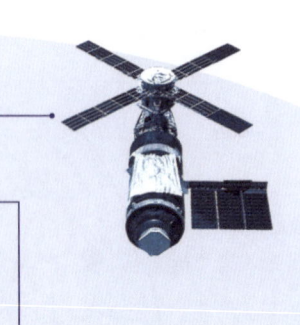

380 000 km

MARTE

DÉCADA DE 1960

1962
A URSS lança a Marte 1, mas a nave perdeu contato com a Terra no caminho.

1964
Os EUA lançam a Mariner 3, sem sucesso, e a Mariner 4, que orbitou a 9 920 km de Marte e enviou 22 fotografias.

DÉCADA DE 1970

1971
A Rússia lança a Marte 2, destruída por uma tempestade de areia após pousar em solo marciano. É lançada a Marte 3, que envia informações por apenas 20 segundos.

1971
A sonda Mariner 9 mapeia 85% da superfície marciana.

Guabiras e Pedro Turano/Jornal O Povo/Adaptado

Essas são apenas algumas das primeiras missões ao espaço. A exploração espacial não parou por aí. O ser humano continua a explorar o Universo e a realizar pesquisas, estudos, testes e viagens para além de nosso planeta.

URSS: sigla da União das Repúblicas Socialistas Soviéticas, ou simplesmente União Soviética, que se organizou na Europa e na Ásia de 1922 a 1991. Foi um grande bloco de países, liderado pela Rússia.
Satélite: corpo que gira ao redor de um planeta.
Órbita: trajetória que um planeta ou satélite faz em torno de um astro.
EUA: sigla dos Estados Unidos da América.

Nasa: sigla em inglês para Administração Nacional de Aeronáutica e Espaço, dos Estados Unidos, responsável pela pesquisa e pelo desenvolvimento de tecnologias e programas de exploração espacial.
Gravidade: força que atrai as coisas em direção ao chão.
Sonda: equipamento que explora o espaço.
Guerra Fria: período histórico em que os EUA e a URSS ameaçavam entrar em guerra.
Neat: sigla em inglês para Programas de Rastreamento de Asteroides Próximos da Terra.

1977
A sonda americana Voyager 1 foi a Júpiter e a Saturno, e a Voyager 2, lançada no mesmo ano, visitou Júpiter, Saturno, Urano e Netuno.

Outros projetos espaciais relevantes foram realizados após a Guerra Fria: o Telescópio Espacial Hubble, a nave Galileu, a Estação Espacial Internacional Alpha, a exploração de Marte e o Neat.

DÉCADA DE 1980 E 1990
Os ônibus espaciais entraram em órbita na década de 80. Em resposta ao norte-americano Space Shuttle, da Nasa, a Rússia lançou o Buran.

1989
Foi lançada a nave Galileu, que passou pelas órbitas da Terra, da Lua e de Vênus até chegar a Júpiter em dezembro de 1995.

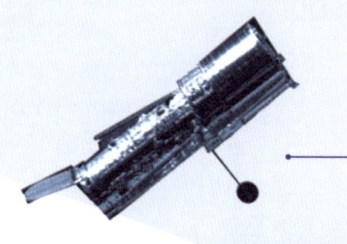

1975
Os americanos lançaram a Viking 1, que pousou em Marte e enviou 26 mil imagens. É lançada a Viking 2.

DÉCADA DE 1980 E 1990
1988
É lançada a Fobos 1.

1996
É enviada a sonda norte-americana Mars Global Surveyour. As imagens só chegaram em 1997.

1997
A Pathfinder pousa em solo marciano com o jipinho Sojourner.

2000 A 2016
No século XXI, diversas missões não tripuladas chegaram e continuam chegando a Marte. Algumas falharam e outras obtiveram êxito. O objetivo dessas missões é explorar o solo e o clima e verificar se há água ou vida microscópica nesse planeta.

Guaribas e Pedro Turano. Jornal *O Povo*, Fortaleza, 18 jul. 2009. Adaptado.

Linha e entrelinha

> **Infográfico:** é um gênero composto de elementos gráficos e visuais (imagens) integrados a textos sucintos.

1 O texto que você leu é um **infográfico**.

    a. De que palavra você supõe que vem a parte "info" da palavra **infográfico**?

    _____

    b. O que são textos **sucintos**?

    _____

    c. Que texto do capítulo anterior também é um infográfico?

    _____

2 Releia o título do texto.

    a. A palavra **saga** significa uma sucessão de episódios aventurosos. Por que essa palavra foi usada no título?

    _____

    _____

    b. Sabendo que mulheres também já foram ao espaço, reescreva o título substituindo a palavra **homem** por uma palavra ou expressão mais abrangente.

    _____

    _____

A russa Valentina Tereshkova foi a primeira mulher a realizar uma viagem espacial, em 1963. Ela permaneceu cerca de 78 horas em órbita e deu 48 voltas em torno da Terra.

    c. O texto aborda a exploração humana da Lua e de Marte. Até a data de publicação do texto, quais desses lugares nenhum ser humano havia visitado ainda: a Lua ou Marte? _____

3 As conquistas espaciais realizadas entre o final da década de 1950 e o início da década de 1990 estão relacionadas a disputas tecnológicas entre os Estados Unidos e a antiga União Soviética. Esse período é chamado de Guerra Fria.

    a. Circule no texto as siglas que identificam os Estados Unidos e a União Soviética.

    b. Qual dessas nações obteve as primeiras vitórias na exploração espacial? Explique.

    _____

    _____

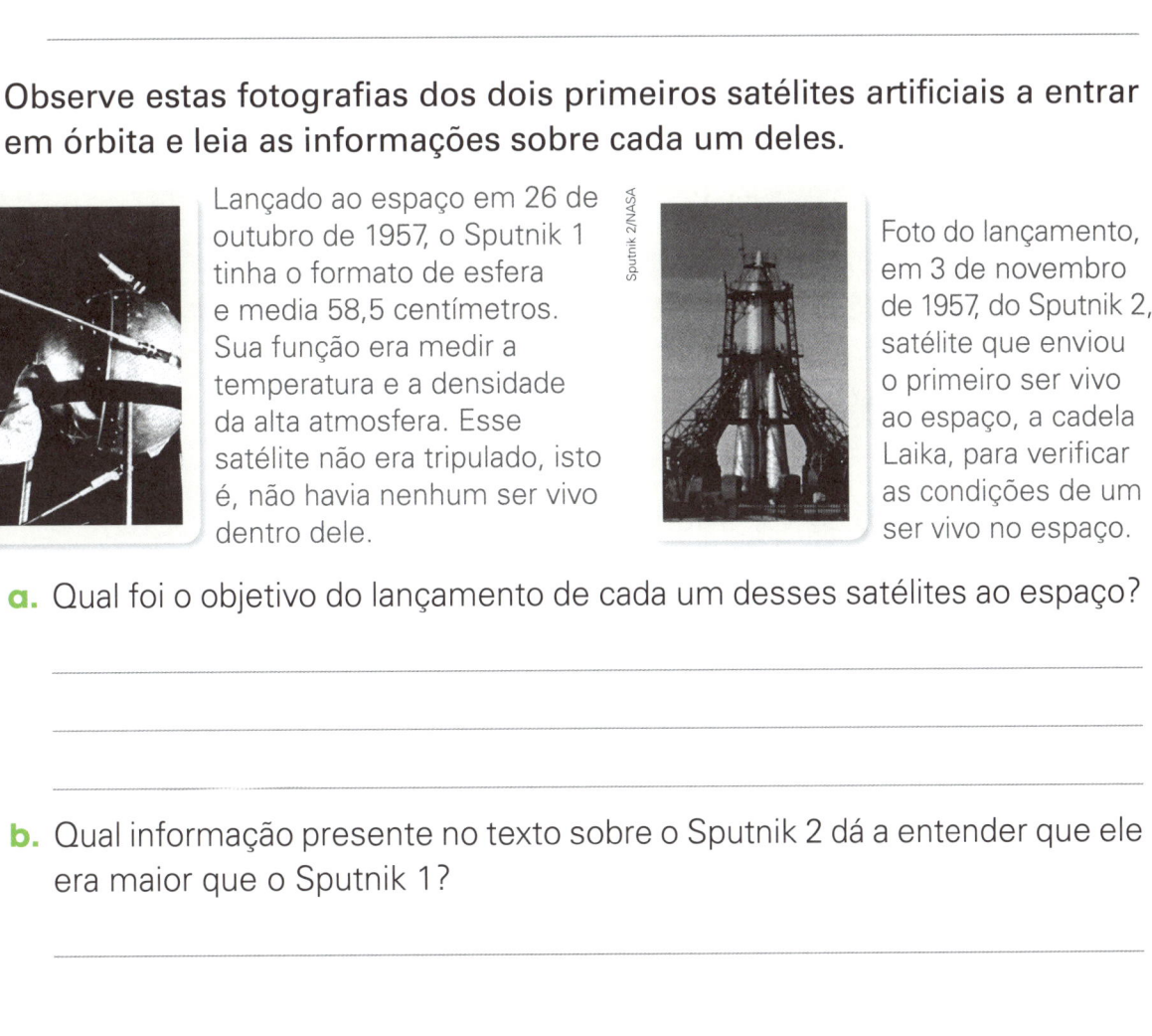

4 Os satélites podem ser artificiais ou naturais.

> **satélite** (sa.té.li.te)
> 1. Corpo celeste que gira em volta de um planeta bem maior do que ele. [...] ☐
> 2. Aparelho que gira em volta de um planeta e transmite sinais para a superfície. [...] ☐
>
> Saraiva Júnior: dicionário da língua portuguesa ilustrado. São Paulo: Saraiva, 2009. p. 370.

a. Anote acima **SN** para o sentido que se refere a satélite natural e **SA** para o que se refere a satélite artificial.

b. Com base nas informações do verbete, assinale o satélite natural da Terra.

☐ Sol   ☐ nuvens   ☐ Lua   ☐ Marte

c. Os satélites artificiais:

☐ surgem por si sós.   ☐ são construídos pelos seres humanos.
☐ são planetas.   ☐ são elementos da natureza.

d. Quais meios de comunicação você imagina que fazem uso dos satélites artificiais para transmitir ou retransmitir sinais?

_____

5 Observe estas fotografias dos dois primeiros satélites artificiais a entrar em órbita e leia as informações sobre cada um deles.

Sputnik 1/NASA

Lançado ao espaço em 26 de outubro de 1957, o Sputnik 1 tinha o formato de esfera e media 58,5 centímetros. Sua função era medir a temperatura e a densidade da alta atmosfera. Esse satélite não era tripulado, isto é, não havia nenhum ser vivo dentro dele.

Sputnik 2/NASA

Foto do lançamento, em 3 de novembro de 1957, do Sputnik 2, satélite que enviou o primeiro ser vivo ao espaço, a cadela Laika, para verificar as condições de um ser vivo no espaço.

a. Qual foi o objetivo do lançamento de cada um desses satélites ao espaço?

_____
_____

b. Qual informação presente no texto sobre o Sputnik 2 dá a entender que ele era maior que o Sputnik 1?

_____

6 Conforme o texto, o primeiro ser vivo a viajar pelo espaço foi uma cadela. Converse com os colegas.

   a. Por que um animal foi enviado ao espaço antes de um ser humano?

   b. Qual é a sua opinião a respeito de experiências científicas que usam animais como cobaias?

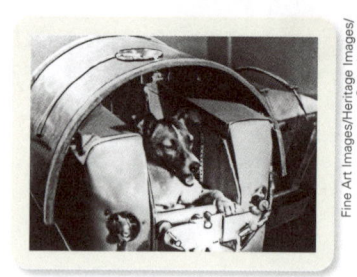

A cadela Kudriavka, da raça Laika, a bordo do Sputnik 2, antes do lançamento.

7 Na década de 1960, pela primeira vez, o ser humano foi ao espaço. Veja como isso aconteceu.

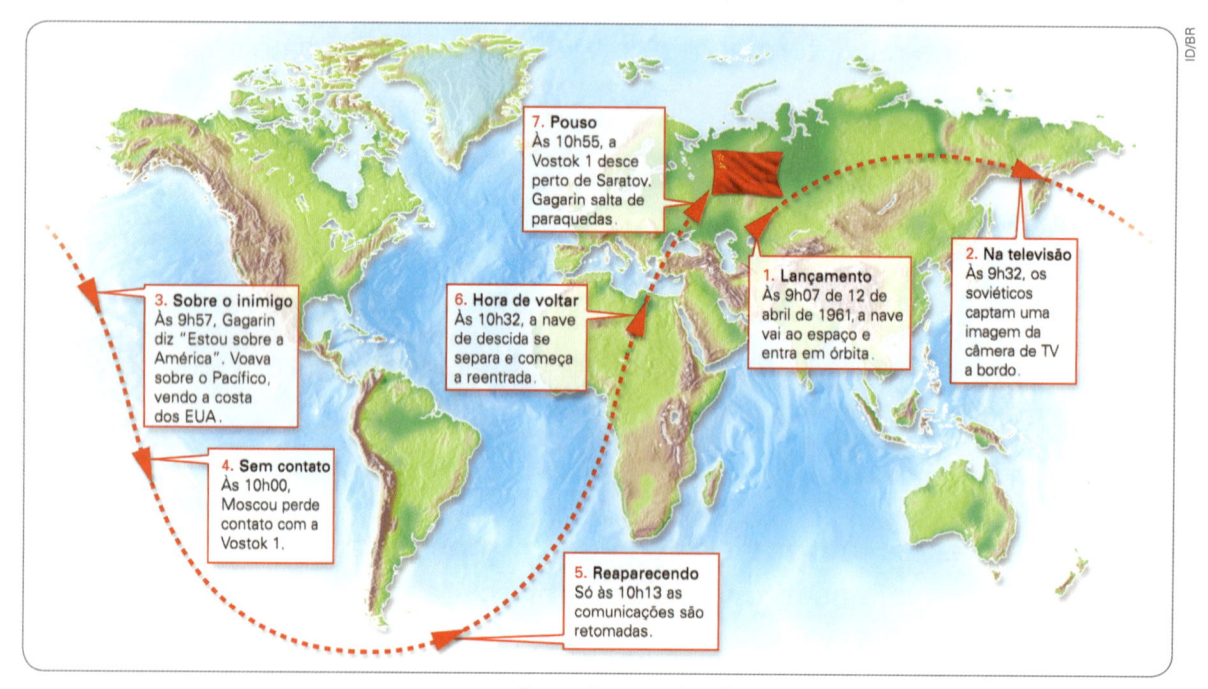

1. Lançamento Às 9h07 de 12 de abril de 1961, a nave vai ao espaço e entra em órbita.

2. Na televisão Às 9h32, os soviéticos captam uma imagem da câmera de TV a bordo.

3. Sobre o inimigo Às 9h57, Gagarin diz "Estou sobre a América". Voava sobre o Pacífico, vendo a costa dos EUA.

4. Sem contato Às 10h00, Moscou perde contato com a Vostok 1.

5. Reaparecendo Só às 10h13 as comunicações são retomadas.

6. Hora de voltar Às 10h32, a nave de descida se separa e começa a reentrada.

7. Pouso Às 10h55, a Vostok 1 desce perto de Saratov. Gagarin salta de paraquedas.

Fonte de pesquisa: Revista *Galileu*, São Paulo, Globo, abr. 2001.

   a. Segundo o infográfico lido, a bordo de qual nave Iuri Gagarin realizou o primeiro voo do ser humano ao espaço? Essa foi uma conquista dos soviéticos ou dos estadunidenses?

   b. Nesse voo, ao ver a Terra do espaço, Gagarin disse: "A Terra é azul!". Você imagina por que, vista do espaço, a Terra parece azul? Conte para os colegas.

   c. Nessa viagem, quanto tempo Gagarin permaneceu no espaço? Por quanto tempo a nave ficou sem contato com a Terra?

   d. O impacto da nave com o solo seria muito forte. De acordo com o infográfico, que cuidado foi tomado para evitar que o astronauta se machucasse?

8 Leia este texto e converse com os colegas.

> Depois de Gagarin, outros astronautas partiram em diferentes missões espaciais. Além de carregar na bagagem **coragem**, **determinação**, **autoconfiança** e **companheirismo**, todos precisaram ser preparados para viver e trabalhar longe de casa.

Sarita Coelho. Revista Ciência Hoje das Crianças, Rio de Janeiro, SBPC, abr. 2002.

a. Por que os astronautas têm de "carregar na bagagem coragem, determinação, autoconfiança e companheirismo"?

b. Na sua opinião, de quais características Iuri Gagarin mais precisou quando perdeu a comunicação com a Terra?

9 No século passado, pela primeira vez, um ser humano pisou na Lua.

a. Quem chegou primeiro à Lua: estadunidenses ou soviéticos?

b. Em que data isso ocorreu e que meio de transporte foi usado?

c. Explique a frase que o astronauta Neil Armstrong disse ao pisar na Lua.

d. O que representa a fita métrica que aparece no infográfico?

10 Para respirar na Lua e andar fora da nave, os astronautas usaram um traje especial. Descubra o nome do traje, decifrando o código abaixo. Pista: são duas palavras.

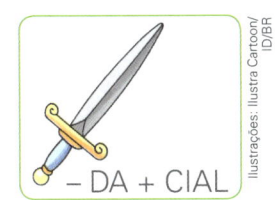

[escada] − DA + [boneca] − TOCHE + [dragão] − AGÃ + [espada] − DA + CIAL

11 Imagine que, numa viagem espacial, você encontrou um extraterrestre e está contando a ele como são os terráqueos. Apresente aos colegas três pontos positivos e três pontos negativos dos seres humanos que você contaria a ele.

Produção de texto

▄ Diário de bordo

O texto que você vai ler foi retirado do livro cuja capa está reproduzida ao lado. Nele, é contada a história de Etevaldo, um extraterrestre colorido que parte do planeta Zeta-7 em direção ao planeta Terra, vivendo grandes aventuras durante a viagem espacial. Leia o trecho abaixo e veja como foi a partida de Etevaldo. Depois converse com os colegas.

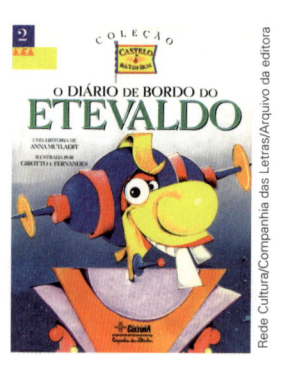

> [...] Etevaldo se despediu, entrou na nave e ligou os motores. Quando estava quase partindo, sua mãe apareceu na janelinha e lhe deu de presente um pequeno caderno de capa dura.
> — Isto é para você escrever o seu diário de bordo.
> — E o que é diário de bordo? — perguntou o Etevaldo.
> — É onde você vai escrever tudo o que acontece com você.
> — E para que eu vou escrever tudo o que acontece comigo?
> — Para você poder contar para a gente!

Anna Muylaert. *O diário de bordo do Etevaldo*. São Paulo: Companhia das Letrinhas, 1997.

1 Por que o diário que Etevaldo ganhou é "de bordo"?

2 Com qual finalidade Etevaldo deve escrever no diário de bordo?

3 Um diário de bordo é mais apropriado para viagens longas ou curtas?

Agora, leia um trecho das anotações que Etevaldo fez no diário de bordo.

> **Querido diário,**
> Depois de anos-luz sem ver nada, finalmente avistei um planeta... [...]
> Trata-se realmente de um planeta nunca antes visto! Luzes e raios coloridos partem em todas as direções, castelos dourados povoam os vales e as montanhas, cheias de giroias de todos os tamanhos...

Anna Muylaert. *O diário de bordo do Etevaldo*. São Paulo: Companhia das Letrinhas, 1997.

Giroia: bichinho gelatinoso típico do planeta de Etevaldo.

Em um **diário de bordo** são feitos registros dos acontecimentos mais importantes de uma viagem, o que o torna, mais tarde, um ótimo instrumento de consulta e de recordação.

Você já sabe que as naves atuais que vão a Marte ainda não levam seres humanos, pois as características desse planeta ainda estão sendo estudadas e exploradas, como se pode constatar no texto a seguir.

Naves invadem solo marciano

Marte recentemente foi invadido por uma frota de naves enviadas da Terra. É um esforço conduzido principalmente por cientistas americanos e europeus para tentar decifrar os segredos do planeta vermelho.

Árido e enferrujado, o solo marciano tem o mesmo tamanho que os continentes da Terra juntos. No Sistema Solar, é o planeta mais parecido com o nosso. Ainda assim, não é um bom lugar para se viver.

Faz muito frio e em pouquíssimas ocasiões a temperatura fica acima de zero. O planeta é muito seco e a atmosfera, irrespirável. Você decerto não gostaria de morar lá.

Salvador Nogueira. *Folha de S.Paulo*, São Paulo, 7 fev. 2004. Suplemento infantil Folhinha.

EM AÇÃO!

Imagine que estamos no ano 2030. Você se tornou um astronauta e participou da primeira missão tripulada ao planeta Marte. Escreva os acontecimentos referentes a um dia dessa viagem em seu diário de bordo. Seu texto fará parte de um dos livros da coleção que você e seus colegas vão montar no final desta unidade.

Planejar e produzir

1 No início da página, escreva a data e a forma como você se referirá ao diário ("caro diário", "querido diário", etc.). Não se esqueça de que o ano é 2030.

2 Decida sobre o que você contará: o dia da chegada a Marte, uma das explorações que fez no planeta, o encontro ou não com marcianos, etc.

3 Conte com detalhes o acontecimento escolhido: a hora em que ocorreu, a emoção sentida, a reação de outros tripulantes da nave, etc.

4 Escreva em primeira pessoa, isto é, você será o narrador. Revise seu texto e, depois, faça um desenho para ilustrá-lo.

Revisar, avaliar e reescrever

Itens a avaliar	Sim	Não
1. Você é o próprio narrador das ações contadas no texto?		
2. A data indicada no texto é referente ao ano 2030?		
3. Você contou fatos relevantes ocorridos em Marte?		

Leia para os colegas o texto que você produziu.

Hora da leitura 2

A seguir você lerá um trecho de um conto que narra acontecimentos fictícios acerca de uma viagem espacial tripulada a Marte realizada por três cosmonautas de diferentes nacionalidades.

- Com base na ilustração a seguir, os cosmonautas viajaram juntos ou separados? Explique.
- Observando os foguetes é possível deduzir a nacionalidade de cada cosmonauta?
- O que você imagina que os cosmonautas encontram em Marte?

Os três cosmonautas

Num belo dia, partiram da Terra, de três lugares diferentes, três foguetes.

No primeiro havia um norte-americano, assobiando um *jazz* todo contente.

No segundo havia um russo, cantando com voz profunda "Volga, Volga".

No terceiro havia um chinês, cantando uma belíssima canção, que parecia desafinada para os outros dois.

Jazz: tipo de música surgido nos Estados Unidos.
Volga: nome de um rio da Rússia.

Todos queriam chegar primeiro a Marte, para mostrar quem era o melhor. [...]

Como os três eram bons no que faziam, chegaram a Marte quase ao mesmo tempo. Desceram das suas astronaves, de capacete e roupa espacial... e encontraram uma paisagem maravilhosa e **inquietante** [...].

Os cosmonautas olhavam a paisagem, entreolhavam-se, e ficavam cada um no seu canto, um desconfiando do outro.

Depois chegou a noite.

Havia ao redor um estranho silêncio, e a Terra brilhava no céu como se fosse uma estrela distante.

Inquietante: perturbadora, excitante.

Os cosmonautas se sentiram tristes e perdidos e o americano, no escuro, chamou sua mãe.

Disse "*Mommy...*"

E o russo disse: "*Mama*".

E o chinês disse: "*Ma-ma*".

Mas logo entenderam que estavam dizendo a mesma coisa e que tinham os mesmos sentimentos. Assim sorriram um para o outro, aproximaram-se, acenderam uma bela fogueirinha juntos, e cada um cantou canções de seu país.

Então tomaram coragem e, esperando a manhã, aprenderam a se conhecer.

Enfim chegou a manhã: fazia muito frio. E de repente de um amontoado de árvores saiu um marciano. Era horrível de se ver! Era todo verde, tinha duas antenas no lugar das orelhas, uma tromba e seis braços.

Olhou para eles e disse: "GRRRR!".

Que em sua língua queria dizer: "Puxa vida, quem são estes seres horríveis?!".

Mas os terrestres não entenderam e acharam que fosse um rugido de guerra.

Ele era tão diferente, que eles não eram capazes de entendê-lo e amá-lo. Logo chegaram a um acordo e se juntaram contra ele.

Diante daquele monstro suas pequenas diferenças desapareciam. O que importava se eles falavam idiomas diferentes? Entenderam que eram, os três, seres humanos.

O outro não. Era feio demais e os terrestres pensavam que quem é feio, também é malvado.

Então decidiram matá-lo com seus **desintegradores** atômicos.

Mas de repente, naquela manhã gelada, um passarinho marciano, que só podia ter fugido do seu ninho, caiu no chão tremendo de frio e medo.

Desintegrador: máquina que faz algo desaparecer.

[...]

Então aconteceu uma coisa estranha. O marciano também se aproximou do passarinho, olhou para ele e deixou escapar dois fios de fumaça da tromba.

E os terrestres de repente compreenderam que o marciano estava chorando. Do jeito dele, como fazem os marcianos.

Umberto Eco. *Três contos*. São Paulo: Berlendis & Vertecchia, 2007.

Este não é o desfecho da história. No livro de onde foi extraído o conto, as ações continuam. Como você as imagina? Converse com os colegas.

- O que demonstra a ação do marciano?
- Em sua opinião, o que irá acontecer na sequência do texto?
- Para você, os cosmonautas estão agindo corretamente?

Linha e entrelinha

1 As personagens do texto são chamadas de **cosmonautas**. Observe como essa palavra foi formada.

> **cosmo** (do grego *kosmos*) Universo, espaço.
>
> +
>
> **nauta** (do latim *nauta*) Que conduz um navio, uma embarcação; navegante, marinheiro.

a. A palavra **cosmonauta** foi criada a partir da união de termos de quais idiomas?

_____

b. Com base nas explicações acima, elabore uma definição para a palavra **cosmonauta**.

_____
_____

c. Qual das palavras abaixo é sinônimo de **cosmonauta**?

☐ marinheiro   ☐ navegante   ☐ astronauta   ☐ marujo

2 Cada cosmonauta do conto representa o seu país de origem e também o povo desses países.

a. Quais países os cosmonautas representam?

_____
_____

b. O fato de serem lançadas três naves diferentes ao espaço, e não uma com os três cosmonautas, revela:

☐ solidariedade   ☐ união   ☐ individualidade   ☐ colaboração

c. Circule no texto o trecho que mostra a competição na exploração espacial entre os cosmonautas e, também, entre os povos envolvidos.

d. Inicialmente, que sentimento os cosmonautas nutriam um pelo outro?

☐ simpatia   ☐ desconfiança   ☐ amizade   ☐ compaixão

3 Pinte no texto a frase que melhor justifica o motivo de os cosmonautas terem sido escolhidos para essa viagem espacial.

4 Os cosmonautas saíram da Terra alegres, cantando e assoviando. Converse com os colegas.

   a. Por que, ao chegar a Marte, eles se sentiram tristes e perdidos?

   b. O que sugere o fato de os cosmonautas chamarem a mãe? Normalmente, quem tem esse tipo de atitude?

   c. Quando compreenderam que tinham os mesmos sentimentos e que estavam vivendo a mesma situação, o que fizeram?

   d. Cite mudanças que essa união provocou nos cosmonautas durante a noite.

5 Com o aparecimento do marciano, os cosmonautas deixaram as diferenças de lado e juntaram-se novamente.

   a. Essa união aconteceu porque os cosmonautas se sentiram:

   ☐ solitários   ☐ ameaçados   ☐ tristes

   Lembre-se!
   Onomatopeia: palavra que imita um som.

   b. Como os cosmonautas entenderam a onomatopeia "GRRRR!"? O que ela realmente significava?

   _____

   _____

   c. Os terráqueos foram pacíficos e amistosos com o marciano que estava em seu próprio planeta? Comente.

   _____

   d. Que atitudes do marciano indicam que ele era pacífico?

   _____

   e. O que no marciano equivalia ao choro e às lágrimas dos terráqueos?

   _____

6 O texto foi interrompido no momento em que o marciano se aproximou do passarinho que havia caído. Converse com os colegas.

   a. Por que o passarinho marciano estava tremendo?

   b. Em sua opinião, por que o marciano chorou?

   c. O que essa atitude do marciano revela em relação à conduta dele?

   d. Os cosmonautas foram corretos ou precipitados em planejar a morte do marciano? Comente.

7 Leia um resumo do desfecho do texto. Depois, converse com os colegas.

> O marciano recolheu o pássaro e envolveu-o nos braços tentando aquecê-lo. Ao assistir a essa cena, os cosmonautas se comoveram e perceberam que haviam julgado mal o marciano. Então, aproximaram-se dele e lhe estenderam a mão, sinalizando a amizade e a paz que deve haver entre todos os povos. Por meio de gestos, marciano e terráqueos interagiram e se comunicaram, tornando-se amigos. Os cosmonautas compreenderam que não é porque dois seres são diferentes que têm de ser inimigos.

a. Os cosmonautas achavam que "quem é feio, também é malvado". Essa é uma opinião que se baseia no que a pessoa é ou no que ela aparenta?

b. Qual é a sua opinião a respeito desse modo de pensar e de ver as pessoas? Explique.

c. Inicialmente, os cosmonautas não eram amigos um do outro e viam-se com desconfiança. Que semelhança há entre esse fato e o modo como julgaram o marciano?

d. Conforme o texto acima, no final, o que os cosmonautas compreenderam?

e. Que ensinamento podemos aprender com essa história?

Sugestão de leitura

Três contos, de Umberto Eco. Editora Berlendis & Vertecchia.

Este livro traz três contos do famoso escritor italiano Umberto Eco. Em formato de fábula, essas fantásticas histórias terminam com a exposição de um ensinamento moral. O texto é acompanhado de belas ilustrações.

Produção de texto

■ Conto de ficção espacial

Leia o trecho inicial de um conto sobre uma família de extraterrestres.

A lua azul

O pequeno Kiski já estava cheio de tomar suco e comer os sanduíches da mãe. Que mania tinha a sua família de fazer piqueniques em lugares distantes! O pai e a mãe ficavam por ali, conversando sobre coisas de um tempo antes de ele ter nascido, rindo muito e dando tanta atenção um pro outro e... Acabavam sem dar muita bola para o Kiski.

E o que é pior: nem davam muita atenção para ele, nem deixavam que ele fosse mais longe, sozinho. Para se aventurar.

Desta vez, porém, Kiski jurou que ia ser diferente: ele podia enxergar aquela imensa "lua" azul, pendurada no céu, diante da mesa de piquenique. Não era bem uma lua, como o pai tinha falado enquanto dirigia o espaçomóvel e explicava sobre o "lugar distante" que havia encontrado.

— Você vai ver, Kiski. Nós vamos ao satélite de um planeta de sol amarelo! Nós nunca fomos a um planeta de sol amarelo, não é, querida? — perguntou seu Krigon, o pai de Kiski, para a esposa Rayoma.

[...]

— Assim tão longe, não... [...]

A família de Kiski era do planeta Reptoide, lá da galáxia... Iiiiiiiiiihh, era tão longe que nem o próprio Kiski, olhando para o céu estrelado, poderia indicar a direção da sua estrela. Também, ele era um reptoidiano criança, e só quando estivesse cursando o quinto ou sexto esferoide poderia entender os mapas celestes que faziam o orgulho do seu povo.

Seu Krigon estacionou o espaçomóvel numa das **crateras** da lua daquele terceiro planeta do sol amarelo.

Cratera: espécie de buraco, uma abertura larga, geralmente circular.

Logo a mãe de Kiski montava as mesas de armar e exibia com orgulho todos os maravilhosos pratos que havia feito para aquele piquenique espacial. [...] O silêncio ali era profundo... A lua era desabitada, como tinha dito o seu Krigon. Todinha para eles e o seu piquenique...

[...] desta vez, com aquela "lua" brilhando diante dos seus quatro pares de olhos, Kiski tinha resolvido que era hora de virar um autêntico aventureiro. E, se fosse ligeiro e inteligente, ainda conseguiria partir sem que a família desconfiasse.

Primeiro pegou seu molecular e disse que ia desintegrar umas rochas, mais longe. O pai deixou. Depois guardou dois sanduíches e falou que ia comer mais tarde. A mãe deixou. Falou que voltava logo e afastou-se [...].

Deu a volta por trás da espaçonave sem que os pais percebessem. Entrou na saleta da nave-reserva, aquela que até um reptoidiano de 3 anos de idade sabia dirigir. Apertou os comandos certos e... Viva! Lá estava ele, quase na velocidade da luz, dirigindo-se para a "lua" azulada e grande, sobre a sua cabeça.

Marcia Kupstas. *Um dia do outro mundo*. São Paulo: Salesiana, 2005. p. 5-6.

Converse com os colegas.

1 No Universo, há vários sistemas solares, ou seja, vários conjuntos de planetas que giram em torno de um sol. Observe na versão simplificada do Sistema Solar onde fica a Terra.

Esta é apenas uma representação. A distância e o tamanho dos planetas não correspondem à realidade.

- Contando a partir do Sol, o primeiro planeta do nosso sistema é Mercúrio; o último planeta é Netuno. Em que posição está a Terra?

2 Releia este trecho.

> Seu Krigon estacionou o espaçomóvel numa das crateras da lua daquele terceiro planeta do sol amarelo.

a. Em que posição fica esse planeta dentro do seu sistema solar?

b. O que o planeta da lua visitada por Kiski e a Terra têm em comum?

3 Retome o item **b** da atividade 7 da página 42 e responda: O que Iuri Gagarin disse na primeira vez que viu a Terra do espaço?

4 Associe a frase dita por Iuri Gagarin ao texto "A lua azul" e responda:

a. Na sua opinião, onde, afinal, Kiski e os pais fizeram o seu piquenique?

b. Procure explicar por que o texto se chama "A lua azul".

Você vai continuar a história de Kiski, o reptoidiano, ou seja, apresentará a continuidade do conto de onde parou. O desfecho que você criar será lido numa roda de leitura e o texto fará parte do livro que será montado ao final desta unidade.

EM AÇÃO!

Planejar e produzir

Planeje um roteiro da continuação do conto.

1 Quanto tempo Kiski levou para chegar ao lugar que ele queria?

2 Que local era esse?

3 Kiski encontrou algum ser vivo? Como Kiski reagiu a esse encontro? Ficou assustado? Com medo? Feliz? Confiante? Curioso?

4 Se houve encontro, como esse ser vivo reagiu ao ver Kiski?

5 Que problemas ou dificuldades Kiski encontrou nesse lugar?

6 Como os pais de Kiski reagiram quando perceberam a fuga do filho?

7 Kiski voltou para seu planeta ou não? Como foi?

8 O que Kiski aprendeu com essa aventura?

Revisar, avaliar e reescrever

Itens a avaliar	Sim	Não
1. Você explicou quanto tempo Kiski gastou na viagem?		
2. Há indicação e descrição do local para onde ele foi?		
3. Você contou os fatos vividos por Kiski nesse local?		
4. Há situações interessantes para prender a atenção do leitor?		
5. Foram apresentadas as dificuldades enfrentadas por Kiski?		
6. As dificuldades foram superadas?		

Agora, prepare-se para participar da roda de leitura.

Vamos interagir?

Roda de leitura

Para participar da roda de leitura é necessário preparo.

1. Em casa, treine diante do espelho o modo como contará a história.
2. Escolha um tom de voz adequado e respeite as pausas do texto.
3. Se possível, treine também contando a história para um familiar.
4. No dia combinado, conte ou leia para os colegas o desfecho que você criou para a aventura de Kiski.
5. Ouça com atenção a leitura feita pelos colegas.
6. Se houver tempo, leia o diário de bordo que você criou na página 45.

Usos do dicionário

A página do dicionário

O dicionário é um importante material de consulta para conhecer ou confirmar o sentido das palavras e para resolver dúvidas quanto à forma de escrevê-las.

Para facilitar e agilizar a consulta, os verbetes (cada conjunto de informações sobre a palavra definida no dicionário) são apresentados em ordem alfabética. Veja algumas informações presentes em uma página de dicionário.

Primeiro verbete da página (palavra-guia). — astro

18 — Número da página.

atum — **Último verbete da página (palavra-guia).**

Separação silábica e a indicação da sílaba tônica.

Classe gramatical da palavra (sm = substantivo masculino).

Depois da informação gramatical, vêm os sinônimos e antônimos.

Em alguns casos, a forma feminina da palavra é apresentada.

Frases que exemplificam o uso da palavra com determinado sentido.

Quando a palavra apresenta mais de um sentido (acepção), os sentidos são separados por números.

antes de virar colônia da Espanha; *adj 2 gên* e *sm* **2.** língua falada pelos astecas; *s 2 gên* **3.** indivíduo desse povo.

astro (as.tro) *sm* **1.** *Astron* Nome comum aos corpos celestes naturais (*Astros são os planetas, as estrelas, os satélites e os cometas; os satélites artificiais não são astros.*); **2.** *fig* pessoa que se destaca nas artes ou nos esportes (*A revista mostra fotos dos astros da novela.*).

astronauta (as.tro.nau.ta) *s 2 gên* Piloto ou viajante de nave espacial (*O primeiro astronauta foi uma cachorrinha chamada Laika.*).

astronomia (as.tro.no.mi.a) *sf* Ciência que estuda o espaço sideral e os astros.

atabaque (a.ta.ba.que) *sm* Tambor pequeno, que tem uma das bocas coberta de couro e é tocado com as mãos (*O atabaque é usado para marcar o ritmo das danças de origem africana.*). Atabaque

atacar (a.ta.car) *vtd* **1.** Lutar contra algo ou alguém (*Os soldados atacaram os inimigos.*); **2.** lançar-se contra algo ou alguém (*Um vírus atacou os computadores da escola.*). Conjuga-se como **trancar**.

ataque (a.ta.que) *sm* **1.** Ato ou efeito de ir contra pessoa ou coisa com objetivo de vencer (*O ataque dos inimigos provocou muito estrago.*); **2.** posição dos jogadores para marcar pontos (*No jogo eu prefiro o ataque em vez da defesa.*); **3.** manifestação que surge de repente (sentimento, doença) (*Ataúlfo teve um ataque de riso depois de ouvir a piada.*).

até (a.té) *prep* **1.** Indica limite de tempo, espaço, ação ou quantidade (*Estudei até às 11 horas.*); *adv* **2.** também, mesmo (*Até o goleiro fazia gol.*).

atenção (a.ten.ção) *sf* **1.** Ato de manter o pensamento em alguma coisa (*A classe inteira prestou atenção à aula.*); **2.** tomar cuidado (*O eletricista não deu atenção ao sinal e cortou o fio errado.*); *interj* **3.** cuidado! (*Atenção! Cachorro bravo.*).

atender (a.ten.der) *vti* **1.** Dar atenção; *vtd* **2.** dar atenção a; **3.** responder ao telefone.

atividade (a.ti.vi.da.de) *sf* Qualquer ação, trabalho (*A atividade do treinador é orientar os jogadores.*) ou modo de vida (*As pessoas que fazem esporte têm muita atividade física.*). *Em atividade*: que está em ação (*O vulcão entrou em atividade.*).

atmosfera (at.mos.fe.ra) *sf* **1.** *Geog* Camada de gás que envolve a Terra (*O foguete espacial já saiu da atmosfera terrestre.*); **2.** o ar que respiramos (*Antes da tempestade, a atmosfera fica abafada.*).

atmosférico (at.mos.fé.ri.co) *adj* Relativo a atmosfera.

ato (a.to) *sm* Aquilo que se faz, ação, obra.

átono (á.to.no) *adj Gram* Sem acento tônico, cujo som tem pouca intensidade. *Antôn* **tônico**.

ator (a.tor) (ô) *sm* Pessoa que representa em teatro, cinema ou televisão (*Ataualpa trabalha como ator de programas infantis de televisão.*). *Fem* **atriz**.

atrair (a.tra.ir) *vtd* **1.** Trazer, puxar para si, prender (*O ímã atrai os metais.*); **2.** prender a atenção e o interesse de alguém (*A professora atraía mais e mais alunos para ouvirem histórias fantásticas.*). *Irreg* conjuga-se como **distrair**.

atrás (a.trás) *adv* **1.** Na parte posterior (*O rato se escondeu atrás da geladeira.*); **2.** anteriormente (*Arabela viajou dez dias atrás.*); **3.** à procura de (*Ana Maria foi atrás de um vestido para a festa.*). *Antôn* **adiante**.

através (a.tra.vés) *adv* **1.** De lado a lado; *loc prep* **2.** através de; por meio de (*A mensagem foi enviada através da Internet.*).

atravessar (a.tra.ves.sar) *vtd* **1.** Passar através de (*A agulha atravessou o pano e picou-lhe o dedo.*); **2.** passar além de (*O menino atravessou a ponte.*).

atual (a.tu.al) *adj 2 gên* Da época presente (*A moda atual é vestir roupa colorida.*).

atum (a.tum) *sm* Peixe de água salgada, de carne muito consumida (*Os atuns são peixes*

Saraiva Júnior: dicionário da língua portuguesa ilustrado. São Paulo: Saraiva, 2009. p. 18.

1 Na página do dicionário, de que maneira as palavras-guia auxiliam o leitor? Conte aos colegas.

2 Em um dicionário, que finalidade tem a apresentação da palavra em sílabas?

_____

3 Por que em todos os verbetes uma das sílabas foi mais destacada?

_____

4 Releia o verbete **ator** na página anterior.

  a. Após a separação silábica, aparece **(ô)**, para indicar a:

  ☐ grafia   ☐ pronúncia   ☐ separação silábica

  b. Em sua opinião, por que no verbete **ator** apareceu a forma feminina?

_____

_____

5 Para que o sentido fique ainda mais claro, o antônimo de alguns verbetes é indicado. Pinte os verbetes da página anterior em que o antônimo foi apresentado.

6 Você imagina por que o verbete **astronauta** é indicado como substantivo de dois gêneros? Converse com os colegas.

7 Antes do verbete **astro**, há um trecho do verbete anterior, iniciado na página 17 do dicionário. Leia na íntegra este verbete e converse com os colegas.

> **asteca** (as-te-ca) *adj 2 gên.* **1.** Relativo aos astecas, povo indígena que habitava o México antes de virar colônia da Espanha; *adj 2 gên. e sm.* **2.** língua falada pelos astecas; *s 2 gên.* **3.** indivíduo desse povo.

Saraiva Júnior: dicionário da língua portuguesa ilustrado. São Paulo: Saraiva, 2009. p. 17-18.

  a. Por que esse verbete não aparece como palavra-guia da página reproduzida?

  b. O verbete **atum** é uma das palavras-guia da página reproduzida. Esse verbete também é palavra-guia na página seguinte do dicionário?

  c. No dicionário cuja página foi reproduzida, o verbete **atum** tem várias acepções (significados)? Como é possível saber?

  d. Como você completaria a frase que exemplifica o uso do verbete **atum**?

Nossa língua

▪ Variação do substantivo: grau

Cada palavra abaixo expressa uma ideia de tamanho.

peixinho   peixe   peixão

> A ideia de tamanho expressa nos substantivos é chamada de **grau**. O grau do substantivo pode ser **normal** (peixe), **diminutivo** (peixinho) ou **aumentativo** (peixão).

1 Qual é o diminutivo dos substantivos **pato**, **gato** e **bola**?

_____

2 Qual é o aumentativo das palavras **livro**, **casa** e **porco**?

_____

3 Leia a sinopse do livro *Barulho, barulhinho, barulhão*, do escritor Arthur Nestrovski.

Lembre-se!
Sinopse: texto que apresenta informações resumidas sobre uma obra (livro, filme, etc.).

Pow! Smac! Zzz...

Lamber picolé faz um barulhinho, mas comer sopa faz um barulhão! E no nosso corpo tem cada barulho estranho... Já deu ouvidos à sua barriga? Existe barulho legal, barulho chato, barulho engraçado. O avião tem um barulhão. O caminhão de lixo também! O mar faz barulho o tempo todo, mas a Lua, o Sol e as estrelas vivem quietinhos... Os bichos também fazem barulhos: a galinha cacareja, o lobo uiva, o cavalo relincha. Você sabe como se chama o barulho que a cobra faz? E o pato?

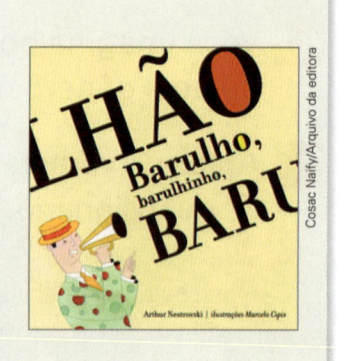

Revista *Ciência Hoje das Crianças*, Rio de Janeiro, SBPC, n. 156, p. 27, abr. 2005.

a. Pinte de vermelho a palavra do título do livro que está no diminutivo.

b. Pinte de azul a palavra do título do livro que está no aumentativo.

c. Sublinhe o adjetivo referente ao Sol e à Lua que está no diminutivo.

d. De que modo a capa do livro explora a ideia de aumentativo e diminutivo?

_____

_____

Em muitas palavras, o diminutivo é formado pelo acréscimo de **-inho** ou **-inha** no final (exemplos: **menininho, menininha**), e é muito comum o aumentativo ser formado pelo acréscimo de **-ão** (exemplo: **cadernão**).

4 Releia a sinopse do livro *Barulho, barulhinho, barulhão* e anote:

   a. uma palavra terminada em **-inha**, mas que não está no diminutivo.
   _____

   b. duas palavras terminadas em **-ão**, mas que não estão no aumentativo.
   _____

5 Leia esta piada e responda ao que se pede.

> — Juquinha, qual é o diminutivo de cachorro?
> — Não sei, professora!
> — Vou te ajudar. Se você vê um cachorro pequeno, você diz que ele é o quê?
> — Filhote, professora!

Domínio público.

   a. Que título você daria a essa piada? Anote no espaço acima.

   b. Que resposta a professora desta anedota esperava ouvir?
   _____

   c. Que palavra da anedota está no diminutivo? Qual é o grau normal dessa palavra?
   _____

6 Complete o quadro com o diminutivo e o aumentativo correspondentes.

Diminutivo	Grau normal	Aumentativo
	pato	
	casa	
	dente	
	cão	
	muro	

Dependendo do contexto, o diminutivo ou o aumentativo podem construir ideia diferente de extensão ou de tamanho. Às vezes, expressam ideia de afetividade e carinho; outras, de ironia e desprezo.

7 Leia as frases abaixo e indique qual sentido o diminutivo ou o aumentativo destacado expressa: **carinho**, **ironia** ou **desprezo**.

a. Não gostei desse **lugarzinho**, parece abandonado! _____

b. Que **servicinho** mais bem-feito, hein?! Ficou péssimo. _____

c. Meu **amigão**, que saudade de você! _____

d. Ele não vencerá a corrida com essa **bicicletinha** velha! _____

e. Você é meu **paizão** querido! _____

f. Esse **livreco** é muito ruim! _____

g. Que **povinho** estranho e ignorante! _____

h. Minha **mãezinha** é um amor. _____

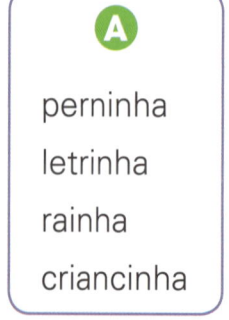

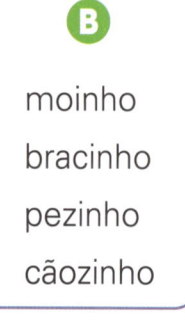

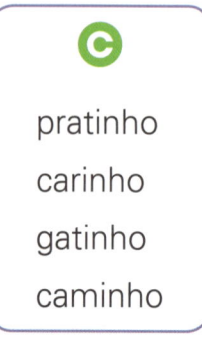

8 O que o diminutivo usado no primeiro quadrinho desta tira expressa?

Mauricio de Sousa. Turma da Mônica.

_____

9 Em cada grupo, circule a palavra que não está no grau **diminutivo**, isto é, a que está no grau **normal**.

A	B	C
perninha	moinho	pratinho
letrinha	bracinho	carinho
rainha	pezinho	gatinho
criancinha	cãozinho	caminho

10 Em cada grupo, circule a palavra que não está no grau **aumentativo**, isto é, a que está no grau **normal**.

A
peixão
narigão
sabão

B
gatão
tubarão
cachorrão

C
pezão
trovão
dedão

11 Leia estas parlendas em voz alta com seus colegas.

A
Pão, pão, pão,
é de leite, é de pão,
sapatinho branco,
meinha de algodão.

B
Passou um aviãozinho
soltando papelzinho,
pra onde é que ele foi?

C
Chove, chuva, chuvisquinho,
sua calça tem furinho,
Chove, chuva, chuvarada,
sua calça está furada!

D
A galinha do vizinho
bota ovo amarelinho
bota um, bota dois...

Maria José Nóbrega e Rosane Pamplona. *Salada, saladinha*: parlendas. São Paulo: Moderna, 2006. p. 14, 31-32.

a. Quais substantivos das parlendas estão no grau diminutivo?

_____

b. Nas parlendas, todos os substantivos terminados em **-inho** ou **-inha** estão no diminutivo? Explique.

_____

c. Em "chove, **chuva**, **chuvarada**", em que grau estão as palavras destacadas?

_____

d. Quais palavras dessas parlendas terminam em **-ão**, mas estão no grau normal e não no aumentativo?

_____

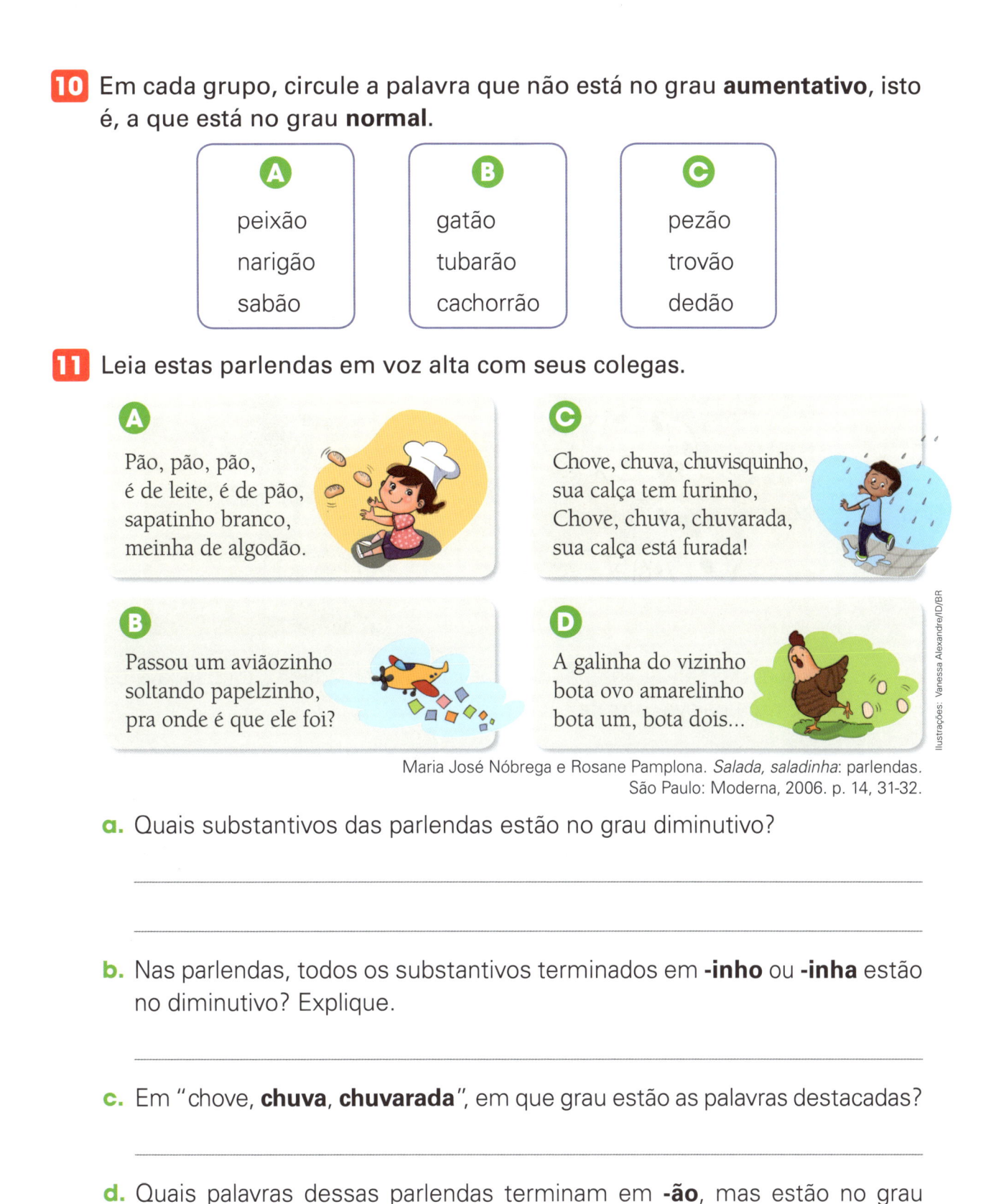

e. Nessas parlendas, há um adjetivo no diminutivo. Qual é esse adjetivo?

_____

Construção da escrita

■ Onde, aonde

1 Observe estas capas e leia o título dos livros.

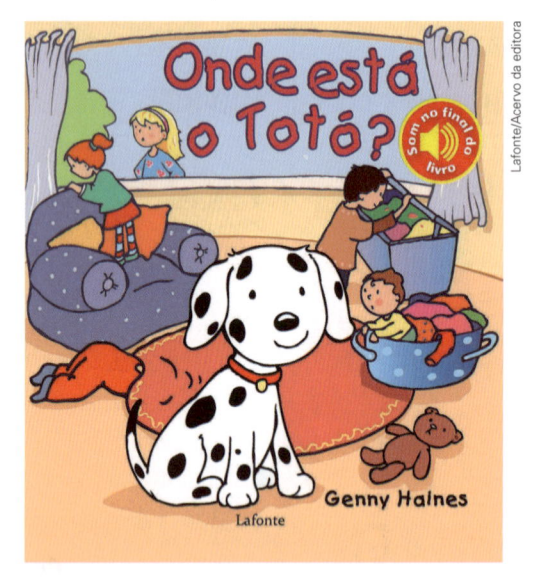

a. Em qual desses títulos há ideia de movimento? Nele, foi usada a palavra **onde** ou a palavra **aonde**?

_____

b. Em qual desses títulos há ideia de lugar físico, mas não há ideia de movimento? Que palavra foi usada: **onde** ou **aonde**?

_____

2 Com base nos títulos acima, complete com **onde** ou **aonde**.

a. A palavra _____ equivale a "a que lugar" ou "para que lugar" e é usada em situações em que há deslocamento, movimento.

b. A palavra _____ equivale a "em que lugar" e é usada para indicar locais físicos, em situações que não indicam movimento.

3 Complete as frases com **onde** ou **aonde**.

a. Não sei _____ ele foi.

b. Não sei _____ está a caneta.

c. _____ devo ir?

d. _____ você trabalha?

e. _____ está a bola?

4 Leia esta tira da personagem Calvin.

Bill Watterson. *Calvin*, 2006.

a. Que palavra foi omitida no primeiro quadrinho: **onde** ou **aonde**? Explique.

_____

b. Indique o que revela a fala da mãe de Calvin no terceiro quadrinho.

☐ dúvida   ☐ incerteza   ☐ nervosismo   ☐ ironia

c. A mãe de Calvin não entende português? Comente.

_____

_____

5 Leia esta tira. Complete os espaços com **onde** ou **aonde**.

Quadrinho 1: VOCÊ SABE _____ ESTÁ A SÔNIA? — NÃO!

Quadrinho 2: VOCÊ SABE _____ A SÔNIA FOI? — NÃO!

Quadrinho 3: POR QUE VOCÊ QUER SABER _____ A SÔNIA ESTÁ? — É QUE ESTAMOS BRINCANDO DE ESCONDE-ESCONDE!

6 Luís não está encontrando suas meias brancas. Escreva no balão de fala uma frase sobre essa situação, usando **onde** ou **aonde**.

CAPÍTULO 3 — Nas trilhas de Verne

Nas histórias de ficção científica, sempre há mundos imaginários com tecnologia mais avançada que a existente na época em que essas histórias são criadas.

Júlio Verne, escritor francês nascido em 1828, é um dos autores mais importantes desse gênero literário. Um dos aspectos extraordinários da obra de Verne é que muito da ficção criada por ele se tornou realidade vários anos mais tarde. Veja alguns exemplos.

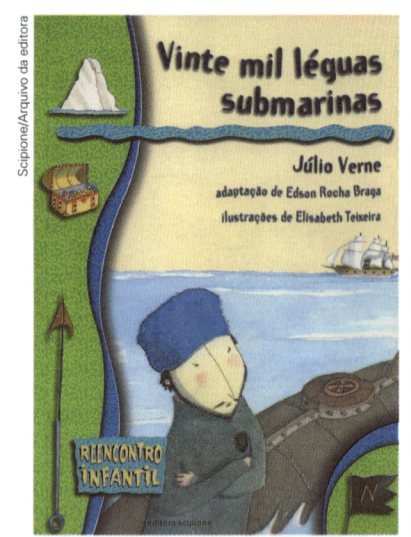

No livro *Vinte mil léguas submarinas*, publicado originalmente em 1870, Verne descreve a viagem de um submarino pelos oceanos e mares ao redor do mundo. O primeiro submarino real só foi construído vários anos depois da publicação do livro, e a viagem descrita por Verne foi feita pela primeira vez apenas em 1960, por um submarino estadunidense.

Nos livros *Da Terra à Lua* (1865) e *Viagem ao redor da Lua* (1870), Verne imaginou que a primeira expedição humana à Lua seria feita em uma nave e sairia da cidade estadunidense de Tampa. Em 1969, a viagem realmente aconteceu, e a nave foi lançada ao espaço do Cabo Canaveral, nos Estados Unidos, a apenas 30 quilômetros de Tampa.

Júlio Verne nasceu na França em 1828 e faleceu em 1905. Ele é considerado o pai da ficção científica porque foi um dos primeiros autores a escrever obras desse gênero. Muito interessado pelos avanços da ciência, previu não apenas a chegada do ser humano à Lua, mas também a criação de inventos que só viriam a ocorrer no século XX, entre eles o helicóptero, o submarino, os tanques de guerra e o ar-condicionado.

Escritor Júlio Verne. Fotografia do século XIX.

Roda de conversa

1. Você já tinha ouvido falar em Júlio Verne? Conhece algum livro ou filme com histórias criadas por ele? Qual?

2. Júlio Verne não era cientista. O que você imagina que ele fazia para entender tanto de ciência a ponto de acertar o que seria inventado no futuro?

3. Se Júlio Verne vivesse nos dias de hoje, qual invento ou viagem ele poderia imaginar para os próximos anos?

4. Dos fatos que costumam aparecer nos filmes ou livros de ficção científica, quais você gostaria que se tornassem reais?

5. Nos livros *Da Terra à Lua* e *Viagem ao redor da Lua*, personagens humanas viajam à Lua. Antes, porém, fazem um teste, enviando animais ao espaço: um esquilo e um gato.

    a. Há coincidência entre esse fato e o que aconteceu na vida real?

    b. Compare os seguintes acontecimentos dos livros de Verne sobre a ida do ser humano à Lua com os fatos reais a respeito da nave estadunidense Apollo 11, que pousou na Lua em 1969.

Acontecimentos	Livros de Verne (1865 / 1870)	Nave Apollo 11 (1969)
Número de tripulantes	Três tripulantes	Três tripulantes
Retorno à Terra	Nave cairia no oceano	Nave desceu no oceano
Forma de resgate	Por navios estadunidenses	Por navios estadunidenses

- De acordo com a tabela acima, quais dos acontecimentos dos livros de Verne se concretizaram?

6. No livro **Paris no século XX**, Verne previu edifícios de vidro altíssimos, veículos a gás, trens velozes.

    a. Essa previsão se concretizou? Comente.

    b. Nesse livro, Verne também previu que, no século XX, haveria uma rede mundial de comunicação. Isso ocorreu? Explique.

Paris no século XX: esse livro de 1863 só foi publicado em 1989. Na época, o livro foi rejeitado pela editora, pois se acreditava que os acontecimentos nele descritos nunca se tornariam reais.

Museu do Louvre em Paris, França, em 2015.

Hora da leitura 1

Você lerá a seguir trechos de dois capítulos do livro *Viagem ao centro da Terra*, de Júlio Verne.

Esse livro conta a história do professor Otto Lidenbrock. Lendo um antigo pergaminho, ele descobre que, pela cratera de um **vulcão** extinto, sem atividade, localizado na Islândia, seria possível chegar ao centro da Terra.

Vulcão: abertura na superfície terrestre, geralmente com a forma de um monte, por onde são lançados gases, cinzas e lava vindos do interior da Terra.

O professor e seu sobrinho Axel partem, então, da Alemanha rumo à Islândia. Lá se juntam a Hans, um guia islandês, e, em 23 de junho de 1863, iniciam uma expedição pelo interior do vulcão.

- Como você imagina que seria uma viagem ao centro da Terra?
- O que o título abaixo sugere que vai acontecer nessa história?
- Em sua opinião, qual personagem aparece na cena abaixo?

Desespero e escuridão

Tudo corria bem, até que algo muito grave aconteceu comigo. Foi assim: no dia 7 de agosto, atingimos um trecho do túnel que era um pouco mais inclinado. Eu ia na frente, seguido por meu tio. De repente, ao me virar, estava sozinho. Talvez tivesse andado muito depressa e resolvi voltar para alcançar meus companheiros. Andei durante quinze minutos e não os encontrei. Chamei por eles e não obtive resposta. Andei mais meia hora. Um silêncio medonho reinava na **galeria**. Lembrei-me do riacho. Bastaria voltar, acompanhando seu curso, e certamente encontraria a pista de meus companheiros. Abaixei-me para tocar a água e descobri que estava tudo seco. O córrego havia sumido!

Entrei em desespero. Morreria de sede e fome! O córrego devia ter seguido outro caminho. Não havia uma única pista para poder voltar. Eu estava perdido nas entranhas da Terra!

Galeria: corredor ou caminho subterrâneo.

Tentei pensar em outras coisas, como a nossa casa em Hamburgo, minha querida Grauben, meu tio, que a essa altura devia estar desesperado à minha procura. Rezei para encontrar uma saída.

Eu ainda tinha alimento e água para três dias. Precisava fazer alguma coisa, mas não sabia se devia subir ou descer. Resolvi subir. Precisava encontrar o córrego.

Subi, mas não reconheci o caminho. Tive certeza de que aquela galeria não me levaria a lugar nenhum. Desesperado, sem enxergar direito e muito nervoso, bati contra uma parede e caí.

Algum tempo depois, acordei perdido num labirinto de curvas. Minha lanterna estava amassada, com a luz fraca. A qualquer momento, poderia se apagar. Meu desespero aumentou. Comecei a correr naquele labirinto sem saída, chamando, gritando, uivando, batendo contra as rochas. Depois de algumas horas, caí novamente e perdi a consciência.

Quando recobrei os sentidos, percebi que estava machucado. Nunca senti uma solidão tão grande em toda a minha vida. Ia desmaiar novamente, quando ouvi um ruído forte em algum lugar daquele abismo. Talvez fosse a explosão de algum gás ou uma pedra caindo. Depois, o silêncio voltou a reinar.

Encostei o ouvido na muralha e escutei palavras incompreensíveis ao longe. Seria uma alucinação? Prestei atenção e ouvi novamente um murmúrio. Eram vozes humanas!

Só podiam ser de meu tio e Hans. Se eu os ouvia, certamente eles me ouviriam também.

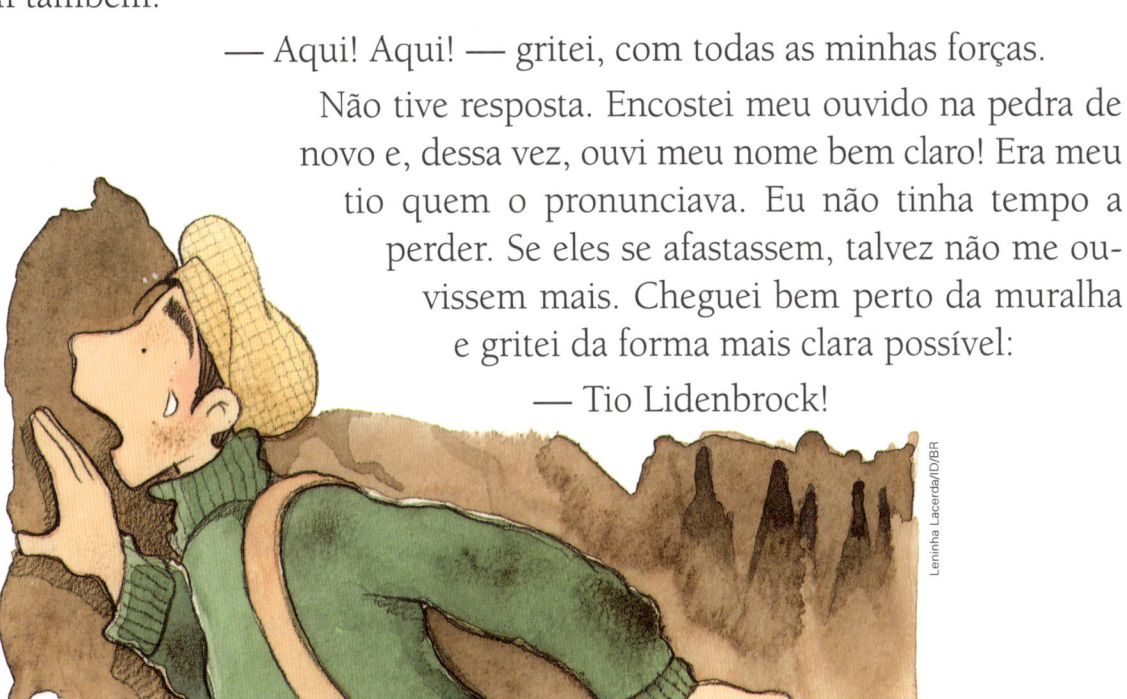

— Aqui! Aqui! — gritei, com todas as minhas forças.

Não tive resposta. Encostei meu ouvido na pedra de novo e, dessa vez, ouvi meu nome bem claro! Era meu tio quem o pronunciava. Eu não tinha tempo a perder. Se eles se afastassem, talvez não me ouvissem mais. Cheguei bem perto da muralha e gritei da forma mais clara possível:

— Tio Lidenbrock!

Passaram-se alguns segundos, que pareciam séculos, e então ouvi:

— Axel, Axel! É você?

— Sim, sou eu — respondi.

— Onde você está?

— Perdido, na mais completa escuridão! Minha lanterna quebrou e o córrego desapareceu.

— Tenha coragem! Não se desespere, Axel!

Calculando o tempo que o som levava para ser ouvido, descobrimos a distância que nos separava. Segundo meu tio, que estava numa enorme caverna, da qual partiam diversas galerias, eu deveria descer para encontrá-los.

— Ande, se for preciso arraste-se, escorregue pelas rampas e você vai nos encontrar no fim do caminho. Venha, meu filho, venha!

Essas palavras me reanimaram. Parti ao encontro deles cheio de esperança. Minhas forças estavam no fim. Eu só conseguia me arrastar. A galeria inclinada me conduziu a uma velocidade assustadora. Escorreguei pelas pedras, sem poder me segurar em parte alguma, até bater a cabeça em uma rocha e perder os sentidos mais uma vez.

A recuperação de Axel

Quando abri os olhos, meu tio estava cuidando de mim. Ao perceber que eu tinha acordado, soltou um grito de alegria:

— Ele está vivo! Está vivo!

— Estou...

Hans veio me cumprimentar.

— Tio, que horas são, que dia é hoje, onde estamos?

— Hoje é domingo, 9 de agosto, e são onze horas da noite. Agora, chega de perguntas. Você está muito fraco.

Meu tio tinha razão. Eu mal conseguia ficar com os olhos abertos. Precisava descansar.

Júlio Verne. *Viagem ao centro da Terra*. Adaptação de Lúcia Tulchinski. São Paulo: Scipione, 2010.

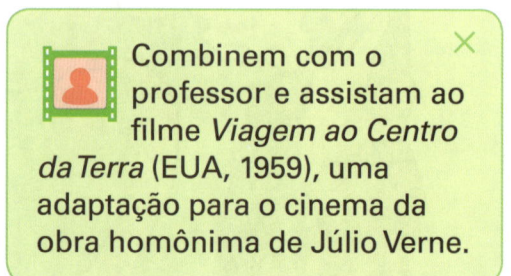

> Combinem com o professor e assistam ao filme *Viagem ao Centro da Terra* (EUA, 1959), uma adaptação para o cinema da obra homônima de Júlio Verne.

Linha e entrelinha

1 No primeiro capítulo do livro *Viagem ao centro da Terra*, Axel presencia o momento em que o professor Lidenbrock encontra um pergaminho revelador. Veja como foi.

O pergaminho misterioso

Ao entrar em seu escritório, encontrei-o mergulhado na poltrona de veludo, admirando um livro. […]

— Que livro! Que livro! — gritava. […]

Enquanto o professor falava, empolgado, um papel velho escorregou do livro e caiu no chão.

— O que é isso?! — surpreendeu-se ele.

Era um pergaminho antigo. Observando o documento com interesse, o professor comentou:

— Está escrito em islandês antigo! Quem será que o escreveu? O que pode significar?

Júlio Verne. *Viagem ao centro da Terra*. Adaptação de Lúcia Tulchinski. São Paulo: Scipione, 2010.

a. O que é um **pergaminho**? De que é feito? Se necessário, consulte um dicionário para responder.

b. Atualmente, as pessoas escrevem em pergaminhos? Por quê?

2 Axel e o professor descobrem mais tarde que, além de traduzir o texto do pergaminho, ele tinha de ser lido em uma direção. Observe ao lado um trecho traduzido para o português.

> AUDACIOSO VIAJANTE,
> DESÇA Á CRATERA DO
> YOCUL DE SNEFFELS E
> CHEGARÁ AO CENTRO
> DA TERRA.

a. Em que direção a leitura do pergaminho deve ser feita?

b. O que está escrito nesse trecho da mensagem?

Yocul: nome comum dado a todos os vulcões da Islândia.
Sneffels: montanha da Islândia.

3 Uma das personagens do livro é também o narrador da história.

   a. Que personagem do texto narra a história?
   _____

   b. Sublinhe a frase do primeiro parágrafo que revela quem é o narrador.

4 O início da exploração acontece na cratera de um vulcão **extinto**.

   a. O que significa dizer que um vulcão está extinto?
   _____
   _____

   b. Você teria coragem de entrar na cratera de um vulcão extinto? Comente.
   _____
   _____

5 Em relação ao tempo, responda.

   a. Em que dia o professor Lidenbrock, Axel e Hans entraram na cratera do vulcão, na Islândia? _____

   b. Em que dia Axel se perdeu? _____

   c. Fazia quanto tempo que os três estavam no interior do vulcão?

   ☐ 1 mês e meio   ☐ menos de 1 mês   ☐ mais de 2 meses

   d. Quanto tempo Axel ficou desacordado?
   _____

6 Axel desmaiou três vezes. O que o fez desmaiar em cada uma das vezes?
_____
_____
_____

7 Por que o desespero de Axel aumentou com a lanterna danificada?
_____
_____

8 Por que o professor Lidenbrock solicitou a Axel que descesse a rampa em vez de ir ao local em que o sobrinho estava?
_____
_____

9 O professor Lidenbrock anotava em um diário pessoal tudo o que acontecia na viagem.

   a. O que você imagina que ele anotou a respeito do desaparecimento de Axel? No caderno, faça as anotações como se fosse o professor Lidenbrock.

   b. Se Axel tivesse um diário, o que ele teria escrito no período em que ficou desaparecido? No caderno, faça as anotações como se fosse Axel.

10 Converse com os colegas sobre a rota que as personagens fizeram.

   a. Lidenbrock e Axel viajaram da Alemanha para a Islândia, onde estava o vulcão. Considerando a época em que se passou essa história, que meio de transporte, provavelmente, eles usaram?

   b. As personagens desceram por um vulcão na Islândia e, no fim, saíram por outro vulcão, localizado na Itália. Com base no trecho mostrado no mapa, como eles fizeram o caminho da Islândia até a Itália?

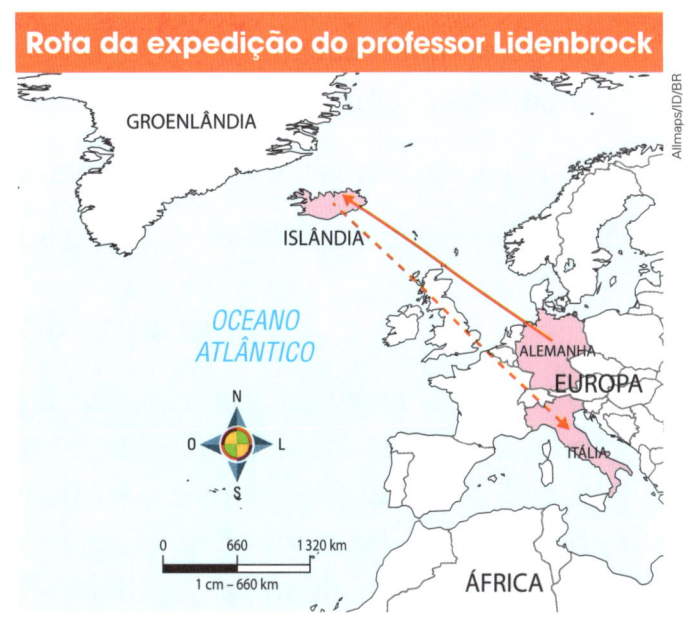

Rota da expedição do professor Lidenbrock

Fonte de pesquisa: IBGE. *Atlas geográfico escolar*. Rio de Janeiro: IBGE, 2012.

   c. Pelo texto, é possível concluir que eles usaram um meio de transporte para fazer esse percurso? Explique.

   d. Considerando as trajetórias acima, qual a diferença entre as setas do mapa?

11 Por que o título do texto inicial é "Desespero e escuridão"?

_____

_____

12 Se você fosse dar um título geral para essa história, referente aos dois capítulos lidos, que título daria? Justifique.

_____

13 O professor Lidenbrock e Hans foram **solidários** e procuraram por Axel até localizá-lo. Você já foi solidário com alguém? Conte aos colegas como foi.

Solidário: quem se interessa pelas dificuldades dos outros e procura ajudá-los.

Saber Ser

Hora da leitura 2

No livro *Vinte mil léguas submarinas*, de Júlio Verne, conta-se que, em 1866, correu o mundo uma história sobre a existência de um monstro gigantesco que habitava o fundo do mar e causava danos às embarcações. O que não se sabia é que, na realidade, se tratava do submarino Nautilus, onde viviam o capitão Nemo e alguns companheiros.

Ao tentar capturar esse "monstro", alguns tripulantes de um navio caem no mar e são salvos pelo capitão Nemo. São eles: o professor Aronnax, seu ajudante, Conselho, e Ned Land, um caçador de baleias. No Nautilus, eles acabam realizando uma fantástica viagem submarina.

Você lerá a seguir um trecho dessa viagem.

■ Veja a ilustração abaixo. O que as personagens estão observando?

■ Será que essa criatura oferece perigo ao submarino e a seus tripulantes?

O ataque dos polvos

O Nautilus navegava com rapidez. Ultrapassamos o círculo polar e, no dia seguinte, avistamos uma costa a oeste. Era a Terra do Fogo, na extremidade da América do Sul. Submergimos e continuamos a seguir para o norte, pelo oceano Atlântico. No dia 20 de abril, chegamos à altura das Antilhas. Navegávamos a uma profundidade de mil e quinhentos metros. Conselho, Ned e eu observávamos o fundo do mar, pela vidraça do salão. De repente, Ned exclamou:

— Vejam! Que monstro mais horrível!

Olhei para onde ele apontava e assustei-me. Diante de meus olhos agitava-se um polvo de tamanho colossal, nada menos que oito metros de comprimento. Seus oito braços contorciam-se com violência. No centro, destacavam-se da cabeça duas mandíbulas medonhas, que lembravam um gigantesco bico de papagaio.

O Nautilus avançava devagar e o monstro acompanhou-nos.

— Lá estão outros! — gritou Conselho.

Mais seis monstros juntaram-se ao primeiro. Vez por outra, um deles investia contra nós. Ouvíamos o estalido de seu bico no casco de metal.

De repente, sentimos um choque. O ruído da hélice cessou. Passou-se um minuto e entrou o capitão Nemo, acompanhado de seu **imediato**. Não nos cumprimentou. Foi direto até a vidraça e observou os polvos. Disse algumas palavras ao imediato e este saiu.

— Ótima coleção de monstros temos aqui — eu disse ao capitão.

— É verdade — respondeu ele —, e vamos combatê-los corpo a corpo.

— Corpo a corpo? — repeti.

Imediato: oficial que, numa embarcação, ocupa o segundo lugar na linha de comando.
Escotilha: abertura de acesso ao submarino.

— Sim, professor. A hélice está presa. Parece que um desses polvos se agarrou nela. Não podemos navegar sem livrá-la.

O capitão dirigiu-se à escada da **escotilha** e nós o seguimos. Ali estavam uns dez homens, armados de machadinhas. Eu e Conselho também pegamos armas iguais. Ned preferiu seu arpão.

O Nautilus atingiu a superfície. Logo que a tranca da escotilha foi levantada, um daqueles longos braços penetrou pela abertura. Com um golpe de machadinha, o capitão Nemo cortou o tentáculo. O monstro retirou-se e saltamos para fora.

Dois outros braços agarraram um marinheiro e o ergueram no ar. O homem gritava em desespero. Nemo lançou-se contra o monstro e cortou-lhe mais um braço. Nesse momento, o animal expeliu um jato de líquido escuro. Ficamos cegos. Quando a nuvem se **dissipou**, o polvo havia desaparecido no mar e, com ele, o marinheiro que segurava.

Outros polvos gigantes rastejavam sobre o Nautilus. Lancei-me sobre um deles e enterrei-lhe minha machadinha. Os homens distribuíam golpes cortantes entre a **profusão** de tentáculos, sob ondas de sangue e tinta negra.

Dissipar: desaparecer.
Profusão: grande quantidade.
Passadiço: piso na parte superior das embarcações.

A luta durou cerca de quinze minutos. Os monstros, feridos de morte ou mutilados, abandonaram o navio e desapareceram.

Depois de liberarem a hélice, os marujos voltaram para o interior do submarino. O capitão Nemo, tinto de sangue, permaneceu imóvel no **passadiço**, contemplando o mar que havia engolido um dos seus homens. Algumas lágrimas corriam-lhe pela face.

Júlio Verne. *Vinte mil léguas submarinas*. Adaptação de Edson Rocha Braga. São Paulo: Scipione, 2004. p. 38-40.

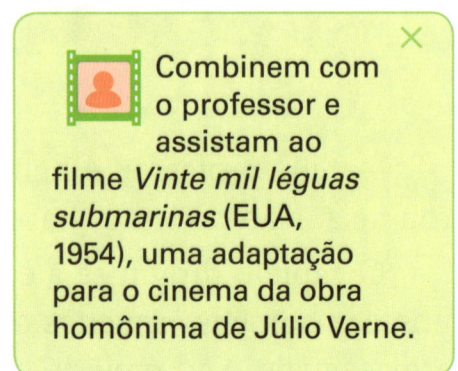

Combinem com o professor e assistam ao filme *Vinte mil léguas submarinas* (EUA, 1954), uma adaptação para o cinema da obra homônima de Júlio Verne.

Linha e entrelinha

1 Associe as personagens do texto às descrições abaixo.

A Conselho   **B** Ned Land   **C** Capitão Nemo   **D** Pierre Aronnax

☐ Dono do submarino, evitava convivência fora do submarino.

☐ Professor de História Natural e autor de um livro sobre seres do mar.

☐ Rapaz dedicado que acompanhava e auxiliava o professor.

☐ Nasceu no Canadá e era considerado o rei dos arpoadores de baleias.

2 O texto é narrado por uma das personagens. Quando isso acontece, dizemos que a narração é feita em primeira pessoa.

a. Quais são os pronomes que representam a primeira pessoa?

_____

b. Qual personagem é o narrador da história?

_____

c. Sublinhe um trecho do texto que comprove que o narrador participa da história como personagem.

3 Por que o narrador chama os polvos de monstros?

_____

4 O capitão Nemo disse: "vamos combatê-los corpo a corpo".

a. O que significa "corpo a corpo" nessa frase?

_____

b. Por que, segundo o capitão Nemo, era preciso combater os polvos?

_____
_____

5 Observe esta ilustração do Nautilus e faça as associações corretas.

☐ parte por onde as personagens avistaram os polvos

☐ parte do submarino que o polvo prendeu

☐ parte por onde as pessoas entram e saem do submarino

escotilha **B**
hélice **A**
vidraça **C**

6 Segundo o texto, cada polvo tinha oito braços. Que outra palavra usada no texto define com mais precisão essa parte do corpo dos polvos?

☐ mandíbulas   ☐ tentáculos   ☐ bico de papagaio

7 Observe a imagem e leia as informações que se seguem.

> Os cientistas classificam o polvo como um animal do tipo **cefalópode**. Classificam-no também como um **octópode**. Esses dois nomes estranhos vêm do latim e são a junção de duas palavras:
> **cefalópode** ⟶ **céfalo** = cabeça + **pode** = pé
> **octópode** ⟶ **octo** = oito + **pode** = pé

a. Procure explicar por que o polvo é considerado um animal **cefalópode**.

_____

_____

b. Explique também por que ele é considerado um **octópode**.

_____

8 Nomeie estas figuras.

Ⓐ   Ⓑ   Ⓒ

a. Marque a arma usada por Ned para combater os polvos.

b. Circule a arma usada pelos outros tripulantes.

9 Releia este trecho do texto.

> Diante de meus olhos agitava-se um polvo de tamanho **colossal** [...].

a. Leia alguns dos sentidos de **colosso**. O que seria um polvo de tamanho **colossal**?

_____

b. Um polvo comum mede entre 20 e 50 centímetros. Por que os polvos do texto eram colossais?

_____

> **colosso 1.** estátua de proporções gigantescas. **2.** pessoa ou animal muito grande e forte.
>
> *Dicionário eletrônico Houaiss da língua portuguesa*. Rio de Janeiro: Objetiva, 2009.

10 Em uma das paredes do submarino havia uma vidraça. Veja a impressão que o narrador teve quando viu pela primeira vez o mar através dela.

Lá fora, o mar era **distintamente** visível a uma longa distância. Que espetáculo! Consegui **distinguir** alguns peixes. Era como se estivesse diante de um ★ sem fim.

Não sei quanto tempo teria permanecido ali se o capitão não me chamasse [...].

Distintamente: com clareza.
Distinguir: diferenciar; reconhecer.

Júlio Verne. *Vinte mil léguas submarinas.* Adaptação de Edson Rocha Braga. São Paulo: Scipione, 2004.

a. Que palavra substitui melhor o símbolo ★ no texto?

☐ tanque ☐ lago ☐ aquário ☐ pesqueiro ☐ riacho

b. Por que o narrador ficaria muito tempo diante da vidraça?

_____
_____

11 Por que não foi possível salvar o marinheiro que fora pego pelo polvo?

_____
_____

12 O que demonstra o fato de o capitão Nemo ter chorado pela morte do companheiro?

_____
_____

13 Converse com os colegas.

a. Qual das personagens do texto é um caçador de baleias?

b. Em 1866, ano em que se passa a história, havia muitas baleias, mas, atualmente, esses animais correm risco de extinção. Em sua opinião, por que houve uma grande redução no número de baleias?

c. Será que em nossa época alguém escreveria um livro em que um dos heróis fosse um caçador de baleias? Por quê?

Produção de texto

▪ Episódio de ficção científica

Os textos que você leu neste capítulo são narrativas de ficção científica.

> **Narrativa** é um texto no qual se contam acontecimentos reais ou imaginários ocorridos em determinado tempo e lugar. A narrativa também se caracteriza pela presença e pela ação de personagens.

1 Retome o texto "Desespero e escuridão", que você leu na página 66 deste livro, e preencha este quadro.

Personagens	
Local onde aconteceu	
Quando aconteceu (tempo)	
Principal acontecimento	

2 Faça o mesmo com o texto "O ataque dos polvos", da página 72.

Personagens	
Local onde aconteceu	
Quando aconteceu (tempo)	
Principal acontecimento	

Geralmente, as narrativas apresentam dificuldades e complicações que as personagens precisam resolver.

No episódio de *Viagem ao centro da Terra*, Axel se perde e seus companheiros se mobilizam para encontrá-lo.

No trecho de *Vinte mil léguas submarinas*, as personagens lutam contra o ataque de polvos gigantes para salvar a própria vida.

Você vai criar um episódio (capítulo) para um dos dois livros de Júlio Verne. Esse episódio comporá um dos livros da coleção que será montada no final desta unidade. As situações a seguir são as complicações enfrentadas pelas personagens.

EM AÇÃO!

- Em um dos episódios, os exploradores do centro da Terra navegam sobre uma jangada improvisada num mar subterrâneo quando...

> **A** Mais adiante, surgiu um crocodilo monstruoso [...].
> Hans tentou desviar a embarcação para o outro lado, mas logo percebeu que lá havia outros inimigos gigantescos: uma serpente e uma tartaruga.
> Não havia como fugir.

Júlio Verne. *Viagem ao centro da Terra*. Adaptação de Lúcia Tulchinski. São Paulo: Scipione, 2010.

- Em uma área gelada, o Nautilus fica preso em meio a uma muralha de gelo, e seus tripulantes precisam liberar a passagem antes que o oxigênio acabe.

> **B** Lá fora, acendeu-se o farol. Vimos, então, um quadro preocupante. Uma muralha de gelo cercava o Nautilus, por cima, por baixo e pelos dois lados. Estávamos presos entre dois enormes *icebergs*, em um verdadeiro túnel de gelo, cheio de água.

Júlio Verne. *Vinte mil léguas submarinas*. Adaptação de Edson Rocha Braga. São Paulo: Scipione, 2004.

Planejar e produzir

1 Escolha uma das situações acima e, em uma folha avulsa, escreva o episódio. Faça uma **introdução** sobre o que aconteceu antes do trecho apresentado, inclua esse trecho (**A** ou **B**) e, em seguida, crie um final (**desfecho**) para o episódio, resolvendo a situação. Lembre-se: na situação **A**, Axel é o narrador, e na **B**, o narrador é o professor Aronnax. Portanto, você contará os fatos em primeira pessoa, como se fosse um deles.

2 Dê um título para o episódio criado.

3 Revise seu texto e faça um desenho para ilustrá-lo.

Revisar, avaliar e reescrever

Itens a avaliar	Sim	Não
1. A narração está em primeira pessoa?		
2. Você criou uma introdução que antecede a complicação?		
3. Você criou um desfecho interessante?		

Quando o professor solicitar, leia o texto para os colegas.

Vamos interagir?

Expondo a sinopse de uma obra

O escritor francês Júlio Verne (1828-1905) é considerado o criador do gênero ficção científica, pois em suas obras, escritas no final do século XIX e início do século XX, sempre apareciam máquinas e objetos ainda não inventados na época, viagens fantásticas que ainda não haviam sido realizadas e também muita citação de avanços científicos que só vieram a acontecer anos depois.

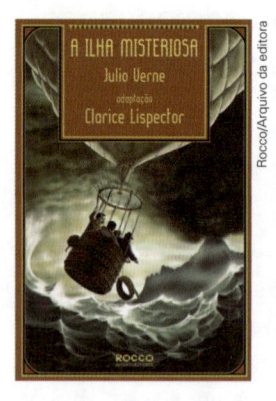

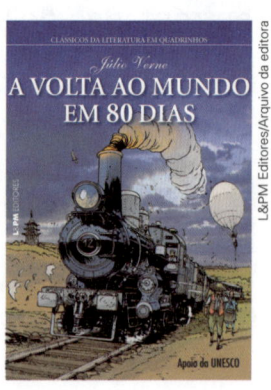

Ele é um dos escritores cujas obras são mais traduzidas em todo o mundo, com cerca de 150 traduções, tendo escrito mais de 100 livros. É também um dos escritores que tem mais obras adaptadas para o cinema e para a televisão.

Coletando informações sobre uma obra

1 Junte-se a um colega para pesquisar o enredo de uma das obras de Júlio Verne. Vejam alguns exemplos:

Cinco semanas em um balão	*Paris no século XX*
Os conquistadores	*A jangada*
A volta ao mundo em 80 dias	*A ilha misteriosa*
A aldeia aérea	*Da Terra à Lua*

2 Pesquisem em catálogos de editoras ou livrarias, em enciclopédias e na internet as obras de Júlio Verne e verifiquem qual enredo delas causa interesse na dupla.

3 Decida por uma obra e informem ao professor para que ele faça uma lista e não haja duas ou mais pesquisas acerca de um mesmo livro.

4 Colham as informações mais importantes sobre o enredo da obra: do que se trata, personagens centrais, principais acontecimentos, etc.

5 Se possível, leiam o livro. Há diversas obras de Verne adaptadas e simplificadas para o público infantojuvenil. Algumas obras também foram adaptadas para o cinema. Caso haja o filme da obra escolhida, assistam também ao filme.

6. Treinem como farão a exposição da obra para os colegas, ensaiando previamente em casa a apresentação, sempre destacando as principais informações do enredo.

7. Se possível, providenciem um exemplar da obra escolhida para mostrar aos colegas. Vocês também poderão elaborar um cartaz para a apresentação ou escrever uma sinopse e providenciar cópias para entregar aos colegas. Além do texto, coloquem também imagens das personagens da obra e da capa do livro.

Apresentação da obra

1. No dia combinado, informem aos colegas o título do livro e a data de publicação. A seguir, contem a eles um resumo do enredo, usando o material que providenciaram.

2. Para que a apresentação seja mais dinâmica e envolvente, não leiam, mas contem o enredo de modo espontâneo, usando as anotações apenas como apoio à memória.

3. Caso haja perguntas ou dúvidas dos colegas, respondam com polidez e entusiasmo aos questionamentos, incentivando e motivando-os a ler a obra em exposição.

4. Ouçam com atenção, interesse e respeito a apresentação dos colegas das outras duplas.

> Como vocês já sabem, diversas obras de Júlio Verne foram adaptadas para o cinema. Combinem com o professor e assistam a algumas das obras que os colegas apresentaram.

Língua viva

Língua portuguesa ou língua brasileira?

Tanto no Brasil como em Portugal, o idioma oficial é a língua portuguesa. Mas há muitas diferenças entre o português falado aqui e o português falado em Portugal.

1 Para ter uma ideia, pesquise essa diferença, leia este trecho de um divertido poema e converse com os colegas.

Lisboa: aventuras

tomei um expresso
    cheguei de foguete
subi num **bonde**
    desci de um elétrico
pedi cafezinho
    serviram-me uma bica
quis comprar meias
    só vendiam peúgas
fui dar a descarga
    disparei um autoclisma
gritei "ó cara!"
    responderam-me: "ó pá!"
[...]

José Paulo Paes. *Poesia completa*.
São Paulo: Companhia das Letras, 2008.

Bonde: meio de transporte antigo que se move sobre trilhos e funciona com eletricidade, parecido com um trem pequeno.

a. Em qual país fica Lisboa?

b. O título do poema é "Lisboa: aventuras". Por que visitar Lisboa foi uma aventura?

c. No Brasil, o que significa "tomar um expresso"?

d. Segundo o poema, como é chamado um expresso em Portugal?

e. Que nome dão a um cafezinho nesse país?

f. Que nome a descarga recebe em Portugal?

g. Se você fosse comprar meias em Portugal, que palavra usaria?

h. Que outros diferentes nomes e expressões utilizados no Brasil e em Portugal, segundo o poema, se referem à mesma coisa?

2 Observe os objetos abaixo e os nomes dados a eles no Brasil.

A abridor de garrafas
C mamadeira
E xícara de chá
B grampeador
D celular
F guarda-chuva

- Associe-os à forma como são chamados em Portugal.

  ☐ tira-cápsula   ☐ chávena   ☐ biberão
  ☐ chapéu de chuva   ☐ agrafador   ☐ telemóvel

3 As diferenças também aparecem na tradução de títulos de filmes e desenhos animados. Observe as imagens e leia os títulos que estes filmes e seriados receberam em Portugal.

Bucha e Estica

O professor chanfrado

O caminho das estrelas

A Bela e o Monstro

Querida, encolhi os miúdos

Ficheiros secretos

Fonte de pesquisa: Marcelo Duarte. *O guia dos curiosos*: língua portuguesa. São Paulo: Panda Books, 2003. p. 60.

- E no Brasil, que títulos foram dados? Conte aos colegas.

4 Nas frases abaixo foram usadas palavras e expressões faladas em Portugal. Com os colegas, descubra o sentido que elas têm.

a. A portaria do prédio de Lúcia fica no **rés do chão**, logo abaixo do primeiro andar.

b. Manuel gosta de tomar **gelado** de chocolate no verão.

c. A calçada é somente para o trânsito de **peão**.

d. Carlinhos ralou a perna jogando futebol. Então, a mãe dele fez um **penso**.

83

Nossa língua

Variação do adjetivo: gênero e número

1 Leia este poema e desenhe a Lua do modo como ela é descrita nele.

> **A lua cheia**
>
> A lua mais que redonda
> hoje está cheia.
> Tem a cara inchada
> como quem sofre
> de dor de dente.

José Antonio Dávila. *Poemas com sol e sons.*
São Paulo: Melhoramentos, 2000. p. 57.

a. Sublinhe os adjetivos dos dois primeiros versos que levaram você a imaginar e a desenhar a Lua do modo como o poeta a descreveu.

b. Se o poema fosse sobre o Sol, como ficariam os adjetivos que aparecem nos dois primeiros versos?

Lembre-se!
Os adjetivos expressam características, estados, qualidades, etc.

c. Circule o adjetivo que há no terceiro verso.

d. Se, no terceiro verso, a palavra **cara** fosse substituída por **rosto**, que alteração precisaria ser feita no adjetivo?

e. Que comparação foi feita para reforçar o aspecto arredondado da lua cheia?

O **adjetivo**, geralmente, acompanha um substantivo e concorda com ele em gênero (masculino e feminino) e número (singular e plural). Observe:

foguete russ**o**
substantivo singular, masculino — adjetivo singular, masculino

nave russ**a**
substantivo singular, feminino — adjetivo singular, feminino

2 Complete as frases abaixo com o adjetivo **vermelho**.

a. Vendo uma bicicleta _____ com pouco uso.

b. Troco um automóvel _____ por um sítio.

c. Vendo dois vasos _____, raridades do século XIX.

d. Comprei rosas _____ na floricultura Verde Ramo.

3 Se o adjetivo fosse **azul**, como ficaria?

a. bicicleta _____

b. automóvel _____

c. vasos _____

d. rosas _____

4 Com base nas frases das atividades 2 e 3, complete:

Adjetivo que sofreu flexão de gênero e número	
Adjetivo que sofreu flexão apenas de número	

Alguns **adjetivos** apresentam uma forma para o masculino e outra forma para o feminino; outros apresentam uma única forma para os dois gêneros.

5 Leia esta tira do Menino Maluquinho e circule todos os adjetivos.

Ziraldo. *O Menino Maluquinho*. Disponível em: <http://linkte.me/qc020>. Acesso em: 8 jul. 2016.

a. Pelo adjetivo do primeiro quadrinho, o leitor entende que foi feita uma mudança pequena ou completa no quarto? _____

b. No segundo quadrinho, se a palavra **coisa** fosse substituída por **detalhe**, o adjetivo sofreria alguma mudança? Explique.

_____

c. Se a palavra **passagem** fosse substituída por **esconderijo**, como se escreveria o adjetivo do terceiro quadrinho? _____

d. Qual adjetivo da HQ indica que, para o menino, a passagem secreta era muito importante? _____

Construção da escrita

▬ As palavras **obrigado, mesmo, próprio**

1 Complete a frase dos balões com uma das palavras dos quadros abaixo.

EU _____ FIZ ESTE BOLO!

ELA _____ FEZ O BOLO!

_____ FILHA.

| mesmo ou mesma | próprio ou própria | obrigado ou obrigada |

2 Observe e leia esta tira.

Ziraldo. *O Menino Maluquinho*. São Paulo, Globo, n. 6, 2004.

a. Para atender ao pedido da mãe, o Menino Maluquinho precisava usar as palavras de gentileza do terceiro quadrinho? Comente.

_____

b. Em sua opinião, o Menino Maluquinho usou a palavra **obrigado** adequadamente ou ele deveria ter dito **obrigada**? Explique.

_____
_____

> As palavras **mesmo**, **próprio** e **obrigado** concordam com a pessoa a que se referem. Desse modo, homens dizem "obrigado", e mulheres, "obrigada".

3 Escreva **obrigada** ou **obrigado** nos balões.

A _____ / _____

B MUITO _____!

C MUITO _____!

4 Complete com as palavras **obrigado(a)**, **mesmo(a)** ou **próprio(a)**.

a. O repórter disse: "Eu _____ não acreditei no que vi".

b. Ela _____ elaborou o projeto do invento.

c. Ao receber o prêmio, a médica disse: "_____ a todos".

d. O menino agradeceu, dizendo: "_____, mamãe".

e. Foi a _____ Joana quem fez as compras.

5 Observe e leia esta tira.

DA PLÓXIMA VEZ VOCÊ VAI BUSCAR A BOLINHA!

Mauricio de Sousa. Turma da Mônica.

a. Por que no balão de fala de Cebolinha há uma palavra destacada?

_____

b. Escreva a fala de Cebolinha, incluindo **mesma** ou **mesmo**.

_____

Como responder a um agradecimento

Quando alguém lhe disser "obrigado", você poderá responder:
- por nada (significa: "não se sinta obrigado a agradecer por nada");
- não há de quê (equivale a: "não há por que agradecer").

⚡ EM AÇÃO!

Coleção de livros "Viagem fantástica"

1. Entendendo a atividade

Você e seus colegas vão montar quatro livros com os textos que produziram nesta unidade, a respeito de viagens fantásticas.

2. Organizando a sala em grupos

O professor organizará a sala em quatro grupos. Cada grupo ficará responsável pela montagem de um dos livros.

- **Grupo 1:** *Viagem em transportes fantásticos* (página 29)
- **Grupo 2:** *Viagem espacial a Marte em 2030* (página 45)
- **Grupo 3:** *Viagem à "Lua azul"* (página 54)
- **Grupo 4:** *Viagem ao centro da Terra* ou *Vinte mil léguas submarinas* (página 79)

3. Revisão final

Ao recolher os textos dos colegas, observem se há título, ilustração e nome do autor em cada texto. Se não houver, devolvam-no para que o colega inclua os itens que faltam.

O grupo se organizará para ler e fazer uma revisão final nos textos, verificando se ainda há algum problema de escrita. Para isso, levem em consideração as orientações a respeito da revisão de textos vistas na seção "Introdução à produção de texto", na página 24 deste livro.

Caso ainda haja problemas de revisão em algum dos textos, conversem com o autor e, juntos, verifiquem como deixar o texto mais adequado.

4. Preparando o miolo do livro

Após a revisão, os textos deverão ser organizados em ordem alfabética de título.

Depois de organizar os textos, numerem as páginas.

Miolo: conjunto de folhas que compõem o livro (sem contar a capa).

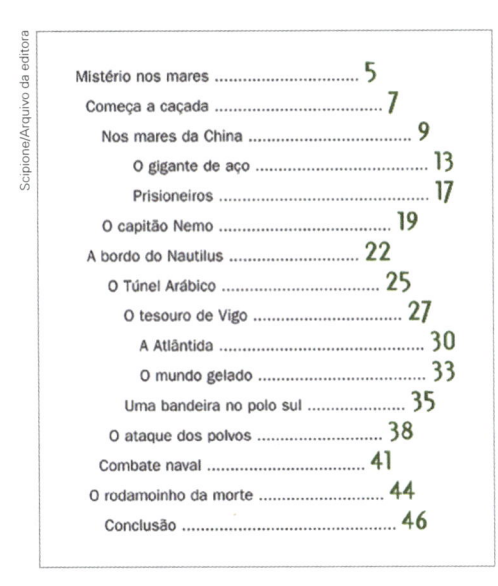

Mistério nos mares	5
Começa a caçada	7
Nos mares da China	9
O gigante de aço	13
Prisioneiros	17
O capitão Nemo	19
A bordo do Nautilus	22
O Túnel Arábico	25
O tesouro de Vigo	27
A Atlântida	30
O mundo gelado	33
Uma bandeira no polo sul	35
O ataque dos polvos	38
Combate naval	41
O rodamoinho da morte	44
Conclusão	46

Em seguida, preparem o sumário.

Sumário é uma relação dos títulos de todos os capítulos ou textos de um livro; no sumário também é indicado o número da página em que eles se encontram. Veja, por exemplo, ao lado, como é o sumário do livro *Vinte mil léguas submarinas*.

5. Preparando a capa

Antes de preparar a capa, é preciso dar um título ao livro. Sugiram alguns nomes e, com os colegas dos outros grupos, elejam o título que será adotado.

Para fazer a capa, usem um pedaço de cartolina no formato do papel utilizado para os textos, escrevam o título do livro, colem imagens ou façam desenhos para ilustrá-la.

Se não for possível mandar encadernar, usem grampeador ou furador e barbante para prender as folhas.

6. Divulgando e preservando os livros

A cada semana, um aluno levará um dos livros ou a coleção para casa para lê-lo com os familiares, amigos e vizinhos. No final do ano, os livros poderão ser sorteados entre os alunos ou doados à biblioteca da escola ou do bairro em que vocês moram.

Avaliando a atividade

1. Todos os componentes do seu grupo colaboraram igualmente para a montagem do livro?

2. Como foi a sua participação nessa atividade? Explique.

3. Qual das etapas de realização foi a mais interessante? Por quê?

4. Qual das viagens narradas nesses livros você realmente gostaria de fazer? Explique.

5. Após a leitura dos livros por todos os alunos da sua sala, qual é a sua sugestão: sorteá-los entre vocês ou doá-los à biblioteca? Por quê?

O que aprendi?

1 Nesta unidade, você refletiu sobre o desejo humano de explorar lugares desconhecidos. Converse com os colegas sobre o que aprendeu.

CONTEÚDO NA VERSÃO DIGITAL

a. O que os primeiros navegadores precisaram enfrentar para chegar ao outro lado do oceano?

b. Que lição você aprendeu com a família Schurmann?

c. O início da exploração espacial se caracteriza pela disputa tecnológica entre a antiga União Soviética e os Estados Unidos. Qual foi a primeira grande vitória dos soviéticos?

d. O primeiro astronauta a orbitar em torno da Terra era estadunidense ou soviético? Explique.

e. Que acontecimento histórico ocorreu com o lançamento da nave Apollo 11 em julho de 1969?

f. Júlio Verne é considerado o pai da ficção científica. O que pôde ser constatado em relação às obras de Verne anos após terem sido escritas?

2 Complete as frases dos balões com **mal** ou **mau**.

A PROFESSORA, CONTE A HISTÓRIA DO LOBO _____.

B O CANTOR PASSOU _____ DURANTE A APRESENTAÇÃO.

C _____ DESCI DO ÔNIBUS E A CHUVA COMEÇOU.

Ilustrações: Marina Ueno/ID/BR

3 Que palavra completa a frase do último quadrinho?

PUXA, CEBOLINHA! FICOU MUITO LEGAL ESSE PAPEL DE PAREDE QUE VOCÊ COLOCOU NO SEU QUARTO!

MAS SÓ TÁ FALTANDO UMA COISA PRA FICAR PERFEITO!

O QUÊ?

É VOCÊ LEMBRAR ★ FICA A PORTA!

Mauricio de Sousa. Turma da Mônica.

☐ onde   ☐ aonde

4 Leia este poema.

Cachorros e gatos

O cachorro lambe o dono
com seus olhos de mel,
derramando tudo o que encontra
pelo meio do caminho:
um vaso de barro,
uma lata, o vizinho.

Já o gato é outra história:
caminha no chão como no ar,
e seus pensamentos são finos
fios de seda espalhados pela casa.
Para o cachorro, um osso;
Para o gato, um telhado.

Roseana Murray. *Pera, uva ou maçã?* São Paulo: Scipione, 2005. p. 44.

a. Todos os seres vivos do poema são do sexo masculino. Se fossem do sexo feminino, como ficariam os substantivos que se referem a eles?
_____

b. Como ficaria esse título no diminutivo? _____

c. No poema, que palavras terminam em **-inho**, mas não estão no diminutivo? Em que grau estão?
_____

d. Por que o título está no plural?
_____

e. Qual é o substantivo do poema com o qual o adjetivo **espalhados** (masculino e plural) concorda? Circule-o. _____

f. Conforme o poema, quem é o mais estabanado, o gato ou o cachorro? Por quê?
_____

5 Aponte em qual das frases há uma **inadequação** e reescreva-a.

☐ Depois da festa, a professora agradeceu aos alunos dizendo "obrigada".

☐ "Obrigada, mas hoje não é meu aniversário", disse o astronauta.

☐ "Sim, Pedro de Andrade sou eu mesmo", respondeu o menino.

_____

UNIDADE 2
Histórias de nossa história

Nossa história teve início muito antes da chegada dos portugueses. Ela começou com a história dos povos indígenas que viviam aqui.

- A cena ao lado representa o litoral do nosso país antes da chegada dos portugueses, em 1500. Quem habitava essas terras?

- Observe a imagem ao lado. Localize e explique o que algumas dessas pessoas estão fazendo:

    a. em diferentes lugares da mata, com lanças, arcos e flechas.

    b. na margem esquerda do rio.

    c. no lado esquerdo da fogueira.

- A imagem demonstra que essas pessoas viviam em harmonia com o meio ambiente.

    Saber Ser

    a. Circule quatro jacarés na cena.

    b. Como você se relaciona com a natureza?

    c. Que atitudes você tem para cuidar do ambiente natural?

93

CAPÍTULO 1 — Pindorama ou Brasil?

Vencendo o medo do mar tenebroso e buscando novos territórios para explorar e extrair riquezas, em 9 de março de 1500, por ordem de dom Manuel (o rei de Portugal), uma grande expedição com cerca de 1500 homens se lançou no oceano.

Sob o comando do navegador Pedro Álvares Cabral, a **esquadra** de dez **naus** e três caravelas faria uma longa viagem contornando o continente africano e tendo como destino final a Índia. No dia 22 de abril, seus tripulantes avistaram terra firme e, antes de seguir para a Índia, fizeram uma parada.

Observe uma pintura em que um artista brasileiro, nascido séculos mais tarde, buscou representar o desembarque de alguns tripulantes da esquadra de Cabral na terra que os indígenas chamavam de **Pindorama** e que, mais tarde, os portugueses chamariam de Brasil.

> **Esquadra:** conjunto de navios.
> **Nau:** navio grande movido a vela usado antigamente.
> **Pindorama:** palavra de origem indígena formada pela junção dos termos *pindó* (terra, lugar) + *rama* (palmeira), que significa **terra das palmeiras**.

Desembarque de Pedro Álvares Cabral em Porto Seguro, pintura de Oscar Pereira da Silva, 1922.

Roda de conversa

1 Sabendo que a pintura acima foi feita em 1922, é possível afirmar que o primeiro encontro entre portugueses e indígenas foi exatamente como se vê no quadro? Por quê?

2 Observe atentamente a pintura e converse com os colegas.

　a. Como os indígenas estão vestidos?

　b. Em sua opinião, por que os indígenas se vestiam desse jeito?

　c. Como os portugueses estão vestidos?

3 Em sua opinião, por que os portugueses foram à praia com pequenos barcos e não com embarcações maiores?

4 Quais ações alguns dos indígenas estão realizando na pintura?

5 Considerando o modo como estão representados, por que os indígenas parecem agitados ao encontrar os portugueses?

6 Em sua opinião, por que algumas pessoas na cena estão com lanças nas mãos?

7 Na cena, Cabral aponta para alguns objetos no chão. Qual poderia ser a intenção do navegante com esse gesto?

8 Na pintura, é possível perceber um soldado ao lado de Cabral e outro em pé no barco. Provavelmente, qual era a função desses soldados?

9 Na cena, que elemento presente nas caravelas revela um aspecto religioso dos portugueses?

10 Um marujo ficava no alto das embarcações observando o horizonte.

　a. Por que era preciso vigiar o horizonte?

　b. O que você imagina que o marujo da esquadra de Cabral, no alto da embarcação, gritou ao avistar as terras de Pindorama ao longe?

　　Pindorama à vista!　　Terra à vista!

11 Imagine que você é um dos indígenas que estavam na praia quando Cabral e os outros marujos desembarcaram. Qual seria a sua impressão ao vê-los chegar?

12 Em sua opinião, quem de fato tinha direitos sobre Pindorama: os indígenas ou os portugueses? Por quê?

Hora da leitura 1

Quando os portugueses chegaram a Pindorama, muitos povos indígenas já viviam aqui. O texto a seguir, letra de uma música, trata desse encontro entre indígenas e portugueses.

■ Será que os indígenas e os portugueses tinham a mesma opinião sobre a quem pertenciam essas terras?

■ Será que Cabral veio parar em Pindorama por acaso?

Pindorama

Índio: Pindorama, Pindorama é o Brasil antes de Cabral
Pindorama, Pindorama é tão longe de Portugal
Fica além, muito além do encontro do mar com o céu
Fica além, muito além dos domínios de Dom Manuel

Português: Vera Cruz, Vera Cruz quem achou foi Portugal
Vera Cruz, Vera Cruz atrás do monte Pascoal
Bem ali, Cabral viu dia 22 de abril
Não só viu, descobriu toda a terra do Brasil

Vera Cruz e **monte Pascoal:** primeiros nomes dados pelos portugueses a parte das terras do atual Brasil.

Índio: Pindorama, Pindorama, mas os índios já estavam aqui
Pindorama, Pindorama, já falavam tudo em tupi
Só depois vêm vocês que falavam tudo em português
Só depois, com vocês nossa vida mudou de uma vez

Português: Pero Vaz, Pero Vaz disse numa carta ao rei
Que no altar, sob a cruz, rezou missa o nosso frei
Mas, depois, seu Cabral foi saindo devagar
Do país tropical para as Índias encontrar

Índio: Para as Índias, para as Índias, mas as índias já estavam aqui
Avisamos, olha as índias! Mas Cabral não entende tupi
Se mandou para o mar ver as índias em outro lugar
Deu chabu, deu azar, muitas naus não puderam voltar

Português: Mas enfim, desconfio não foi nada ocasional
Que Cabral, num desvio, viu a terra e disse uau!
Não foi não, foi envio, foi um plano imperial
Pra aportar seu navio num país monumental

Todos: A Álvares Cabral, a el-rei Dom Manuel
Ao índio do Brasil e ainda a quem me ouviu
Vou dizer, descobri, o Brasil tá inteirinho na voz
Quem quiser vem ouvir, Pindorama tá dentro de nós

A Álvares Cabral, a el-rei Dom Manuel
Ao índio do Brasil e ainda a quem me ouviu
Vou dizer, vem ouvir, é um país muito sutil
Quem quiser descobrir, só depois do ano dois mil

Pero Vaz: escrivão da esquadra de Cabral.
Dar chabu: falhar, não funcionar como esperado.
Imperial: do rei.
Tá: redução informal de **está**.

Sandra Peres e Paulo Tatit. Pindorama. Intérprete: Palavra Cantada. Em: *Canções curiosas*. São Paulo: Palavra Cantada Produções Musicais, 2000. 1 CD. Faixa 1.

Linha e entrelinha

1 O texto "Pindorama" contém rimas, isto é, apresenta sons iguais ou semelhantes no final dos versos.

> Exemplo de rima:
> Cabr**al**
> Portug**al**

   a. Sabendo que **verso** é cada linha de um poema e que **estrofe** é um conjunto de versos, apresente as palavras que rimam na quarta estrofe.

   _____

   b. Em qual estrofe todos os versos apresentam a mesma rima?

   _____

   c. Em quais estrofes apenas os dois últimos versos rimam?

   _____

2 No texto, foi usado um recurso para criar a ideia de uma conversa entre duas personagens.

   a. Quais são essas personagens?

   _____

   b. Qual foi o recurso usado para criar essa ideia de diálogo?

   _____
   _____

3 A respeito de Pindorama, o que é possível entender do verso "Fica além, muito além do encontro do mar com o céu"?

   ☐ Pindorama podia ser vista de Portugal a olho nu.

   ☐ Pindorama não podia ser vista de Portugal a olho nu.

4 Do verso "Fica além, muito além dos domínios de Dom Manuel", é possível entender que, para os indígenas, o rei de Portugal:

   ☐ era também o rei de Pindorama.

   ☐ não tinha poder algum sobre Pindorama.

5 Em qual verso se afirma que, após a chegada dos portugueses, a vida dos moradores de Pindorama nunca mais foi a mesma? Transcreva-o.

   _____

6 No início do texto, indígena e português não têm a mesma opinião sobre a quem pertencem as terras de Pindorama.

   a. Escreva a opinião:

do português	
do índio	

   b. Na sexta estrofe, o português muda de ideia. O que ele passa a afirmar?

   _____
   _____

7 Em uma carta enviada ao rei de Portugal, o escrivão da esquadra de Cabral, Pero Vaz de Caminha, registrou detalhes da chegada dos portugueses a Pindorama.

   a. Que acontecimento o português menciona nos dois primeiros versos da quarta estrofe do poema?

   _____

   b. Veja um quadro sobre esse fato. Em sua opinião, os indígenas presentes sabiam o que estava acontecendo? Comente.

   _____
   _____
   _____
   _____

   A primeira missa, pintura de Victor Meirelles, 1860.

8 Os indígenas e os portugueses não falavam o mesmo idioma.

   a. Que língua falavam os indígenas que Cabral encontrou no litoral?

   _____

   b. Sublinhe o verso da quinta estrofe que afirma que Cabral não compreendia a língua dos indígenas.

9 Conheça melhor os nomes que foram dados pelos portugueses às terras às quais eles chegaram antes de chamá-las de **Brasil**.

a. Dia 22 de abril de 1500 era época de Páscoa. Ainda distantes da terra, os portugueses avistaram um monte. Troque cada letra abaixo pela sua anterior na ordem alfabética e veja o nome dado a esse lugar pelos portugueses.

N	P	O	U	F

Q	B	T	D	P	B	M

b. À medida que se aproximaram da terra, os portugueses viram que não era um simples monte e imaginaram que se tratava de uma ilha. Decifre o nome dado à suposta ilha, seguindo as pistas abaixo.

– DO   Troque L por R

c. Em 1501, os portugueses tiveram certeza de que a terra a que chegaram não era uma ilha, por isso mudaram seu nome novamente. Coloque a letra correspondente em cada quadradinho e descubra esse nome.

A	C	D	E	N	R	S	T	U	Z

10 Na quinta estrofe, há um jogo com as palavras **Índias** e **índias**.

a. Qual é a diferença na forma como essas palavras foram escritas?

_____

b. Complete com **Índia** ou **índia**.

- Substantivo comum, feminino de índio: _____
- Substantivo próprio, nomeia um país: _____

c. Complete com as palavras **índias** ou **Índias**.

- Os europeus iam às _____ para comprar mercadorias.
- As _____ não falavam português.

11 Observe este mapa e veja que parar no local atualmente chamado Brasil era apenas uma parte da viagem de Cabral, pois a expedição ainda seguiria para a Índia.

a. Complete a legenda do mapa com a palavra **ida** ou **volta**.

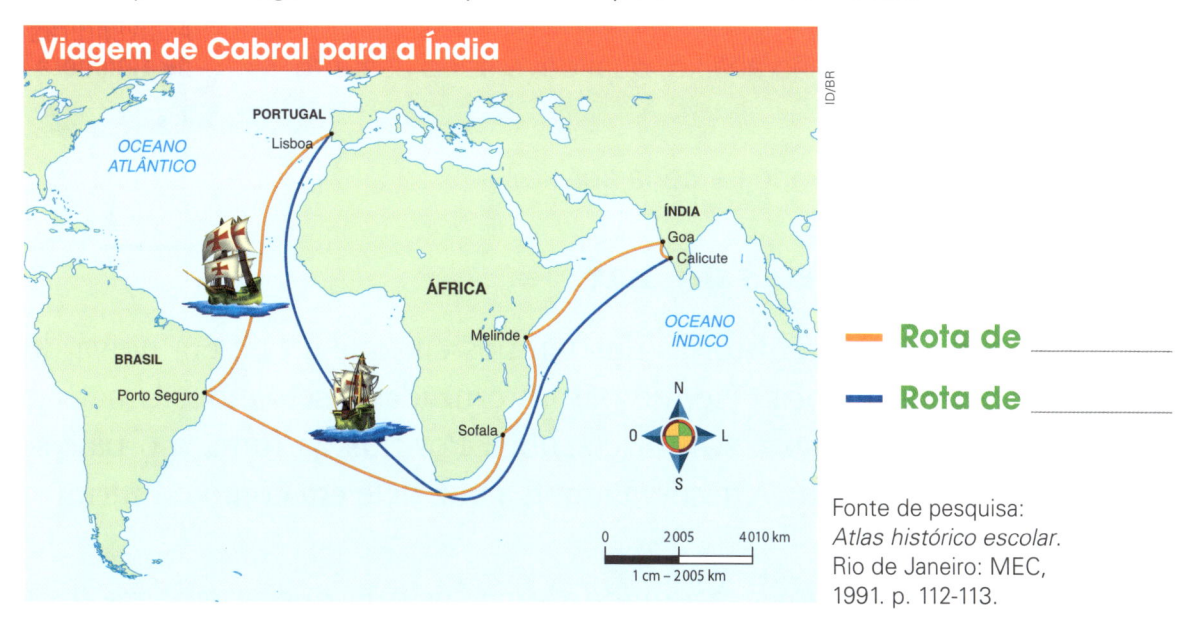

Viagem de Cabral para a Índia

― Rota de _____
― Rota de _____

Fonte de pesquisa: *Atlas histórico escolar*. Rio de Janeiro: MEC, 1991. p. 112-113.

b. Antes de chegar à Índia, em qual continente a esquadra fez duas paradas?

_____

12 Leia o que aconteceu a algumas das embarcações da frota de Cabral.

- Pouco depois de sair de Portugal, uma das naus desapareceu no mar.
- Antes de partir para a Índia, Cabral enviou uma das embarcações de volta a Portugal para avisar sobre a existência de Pindorama.
- Após passar por Pindorama, já a caminho da Índia, outras quatro embarcações da frota naufragaram devido a uma tempestade.
- Na viagem de volta para Portugal, uma das naus encalhou e Cabral mandou incendiá-la.

a. Que verso de "Pindorama" se refere ao primeiro e aos dois últimos fatos?

_____

b. Complete este quadro:

Quantas das treze embarcações chegaram a Pindorama?	
Quantas das treze embarcações chegaram à Índia?	
Quantas das treze embarcações retornaram a Portugal?	

Hora da leitura 2

Você lerá a seguir o oitavo capítulo do livro cuja capa está reproduzida ao lado. O narrador da história desse livro é Tibicuera, um indígena tupinambá.

- Com base na ilustração abaixo, qual deve ser o assunto do texto?
- O que está acontecendo na cena abaixo?

Velas no mar

O pajé me contava histórias dos tempos em que a Lua era noiva do Sol. Eu ficava sentado na oca dele, de pernas cruzadas, escutando. Uma fogueira quase morta nos separava. A fumaça subia. Por trás da fumaça o pajé sorria, mostrando a boca escura e desdentada. E a voz dele era como o murmúrio do vento nas folhagens.

Um dia ele me estava recontando uma história que aprendera do velho Sumé, quando se ergueu uma gritaria na taba. Saí para ver o que acontecia. Um homem vira coisas estranhas no mar. Por isso estava gesticulando, gritando, chamando os companheiros... O chefe da tribo armou os seus guerreiros. Fomos todos para a beira do mar.

O nosso espanto foi enorme. Abria-se na nossa frente a grande **baía**. Dentro dela, balançando-se de leve, estavam pousadas umas doze ou treze embarcações como nunca tínhamos visto em toda a nossa vida. Nós cortávamos os rios e o mar nas nossas igaras, barcos compridos e rasos, feitos em geral de troncos de árvores. Mas agora era diferente... Tratava-se de barcos altos, compridos, largos, todos cheios de mastros, cordas, panos, bandeiras... Eu estava de boca aberta. Olhava muito admirado para as bandeiras coloridas que ondulavam ao vento no **cordame** dos navios. E só cem anos depois é que eu iria aprender que aquela

Baía: na costa, entrada do mar, geralmente, onde os barcos aportam.
Cordame: conjunto de cordas ou cabos de um navio.

era a frota portuguesa que descobria o Brasil! Naquela hora não existia Brasil, mas sim a nossa terra, por nós chamada Pindorama — terra boa e grande, onde nossa tribo e muitas outras corriam, livres, acampando aqui e ali, caçando, pescando, dançando, guerreando...

O chefe tupinambá quis reunir seus homens para o combate. Mas o pajé veio, olhou, sorriu e botou a mão no ombro do chefe:

— Não vai haver guerra. Eles vão nos divertir.

Não disse mais nada.

Assim como filhotes de ave que deixam a plumagem quente da mãe, muitos barcos se afastaram do maior dos navios e se aproximaram da praia.

Os índios os esperaram em silêncio. Quando os barcos encalharam na areia, pudemos ver que estavam cheios de homens brancos que traziam armas desconhecidas. Falavam língua que nenhum de nós entendia.

Um dos estrangeiros avançou para o nosso grupo. Tinha um grosso bigode preto. Sua espada **fulgurava** ao sol. Começou a fazer gestos e caretas. Atrás dele seus soldados esperavam...

O pajé fez um gesto de paz e disse à nossa gente em tupi:

— Que será que esse macaco quer?

Risadas.

O homem do bigodão fez um sinal. Um dos soldados trouxe e colocou aos pés dele um grande cesto. O chefe branco se inclinou e tirou do cesto uma **mancheia** de colares de miçangas coloridas, espelhos e outras **bugigangas** para nós até então desconhecidas. Os índios começaram a ficar inquietos e a dar pulos. Só o pajé continuava a sorrir com indiferença.

Outras canoas se aproximavam da praia, vendo que a primeira tinha sido recebida em boa paz.

Fulgurar: brilhar.
Mancheia: quantidade que cabe na mão, punhado.
Bugiganga: objeto sem valor; sem utilidade.

Erico Verissimo. *As aventuras de Tibicuera*. São Paulo: Companhia das Letras, 2005. p. 29-31.

Linha e entrelinha

1 Qual fato histórico é narrado nesse texto?

_____

2 Por que o narrador afirma que "naquela hora não existia Brasil"?

_____

_____

_____

3 Considerando o fato histórico narrado, quem é o chefe branco mencionado pelo narrador no final do texto?

_____

4 No texto, são citados dois líderes indígenas. Complete o quadro com os nomes ou expressões usados para se referir a eles e às impressões que eles tiveram a respeito da chegada dos portugueses.

Líder indígena	Impressão sobre a chegada dos portugueses

5 Releia o terceiro parágrafo e responda.

   a. Com base no texto, que diferença havia entre as embarcações portuguesas e as dos indígenas?

   _____

   _____

   b. Que trecho do texto demonstra que as embarcações avistadas no mar eram desconhecidas pelos indígenas?

   _____

   _____

   c. Que frase do terceiro parágrafo melhor define o que os indígenas sentiram ao ver embarcações tão diferentes no mar?

   _____

6 No livro *As aventuras de Tibicuera*, graças a um segredo revelado pelo pajé, Tibicuera vive mais de quatrocentos anos, desde antes de 1500 até a década de 1930. Sublinhe um trecho do texto lido que faz menção à longa vida da personagem.

7 Uma das frases do texto é formada apenas pela palavra **risadas**. A que se refere essa frase no contexto da história lida?

_____

8 Embora o chefe indígena tenha armado os guerreiros, o pajé optou pela paz. Para você, o que é paz? Conte aos colegas.

Saber Ser

9 Leia o início dos dois primeiros capítulos de *As aventuras de Tibicuera*.

> **1. Nasci**
> Nasci na taba duma tribo tupinambá. Sei que foi numa meia-noite clara, de lua cheia. Minha mãe viu que eu era magro e feio. Ficou triste mas não disse nada. […]
> **2. Cresci**
> Passaram-se luas. Uma tarde ia eu escanchado na cintura de minha mãe quando o pajé da nossa tribo nos fez parar na frente de sua oca. Olhou para mim. Viu que eu era magro, feio e tristonho. O pajé era um homem muito engraçado. Fazia troça de toda a gente e de todas as coisas. Examinou-me, da cabeça aos pés, sorriu e disse: "Tibicuera".
>
> **Escanchado:** preso pelas pernas, segurado com as pernas separadas.
> **Fazer troça:** zombar; fazer graça.

Erico Verissimo. *As aventuras de Tibicuera*. São Paulo: Companhia das Letras, 2005. p. 13-14.

a. Quem é o narrador deste trecho?

☐ o pajé ☐ Tibicuera ☐ a mãe de Tibicuera

b. Qual o significado da expressão "passaram-se luas"?

_____

c. Levando em consideração a característica de zombador do pajé, você imagina que o nome dado à personagem tenha um significado bonito e agradável?

_____

Produção de texto

Texto para publicação em jornal

Na época em que Cabral desembarcou em Pindorama, ainda não havia jornal impresso. Você já imaginou como seria se houvesse?

No ano 2000, em comemoração aos 500 anos do Brasil, o jornal *Correio Braziliense* simulou um exemplar como se já existisse em 1500. Observe um trecho da primeira página.

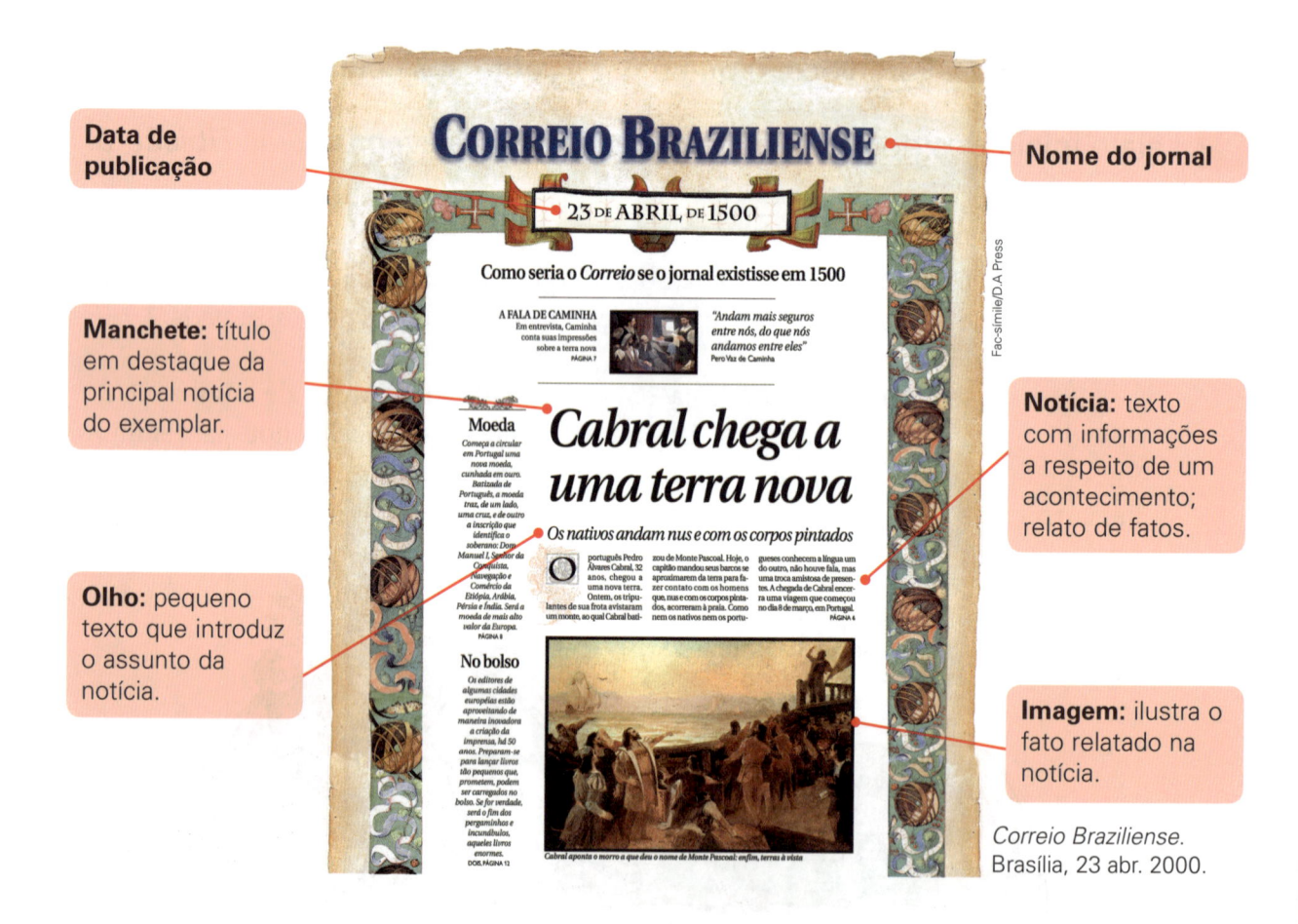

Data de publicação

Nome do jornal

Manchete: título em destaque da principal notícia do exemplar.

Notícia: texto com informações a respeito de um acontecimento; relato de fatos.

Olho: pequeno texto que introduz o assunto da notícia.

Imagem: ilustra o fato relatado na notícia.

Correio Braziliense. Brasília, 23 abr. 2000.

Notícia de jornal

As notícias jornalísticas precisam prender a atenção do leitor. Para tanto, é essencial que elas tenham uma manchete chamativa e uma boa introdução, pois só assim o leitor continuará lendo a matéria.

Anne Faundez. *Como escrever diferentes gêneros textuais*. São Paulo: Ciranda Cultural, 2008. p. 8.

O texto de uma notícia jornalística deve responder às seguintes perguntas: O que aconteceu? Onde aconteceu? Como aconteceu? Quando aconteceu? Por que aconteceu? Com quem aconteceu?

A notícia é um texto no qual se conta uma novidade, um acontecimento. Mas, nos jornais, não há apenas notícias; há reportagens, entrevistas, anúncios, etc.

Junte-se a um colega para produzir um texto que será publicado em um jornal mural. O texto deve estar relacionado à vida dos indígenas antes da chegada dos portugueses a Pindorama.

Planejar e produzir

1. Antes de produzir o texto, folheiem um jornal, observando os cadernos e os gêneros de texto que ele traz: notícia, reportagem, entrevista, infográfico, etc.

2. Decidam o assunto sobre o qual querem escrever e o gênero mais apropriado: uma entrevista com Cabral, com um marujo ou com um indígena; uma notícia; um anúncio; uma reportagem; um infográfico; etc.

3. Após elaborarem o texto, deem um título que desperte o interesse do leitor. Revisem o texto e, se necessário, reescrevam-no.

Revisar, avaliar e reescrever

Itens a avaliar	Sim	Não
1. O assunto está relacionado ao que foi proposto acima?		
2. O gênero escolhido costuma aparecer em jornais?		
3. O texto contém um título que desperta a curiosidade do leitor?		

Quando o professor solicitar, leiam o texto aos colegas.

Montando o jornal mural

Com os textos criados por você e pelos colegas, vocês montarão um jornal mural que fará parte de uma exposição cultural a ser organizada no final desta unidade. Sigam estes passos para prepará-lo.

EM AÇÃO!

1. Escolham um nome bem interessante para o jornal.

2. Utilizem algumas cartolinas para a montagem e, na parte superior de todas elas, anotem o nome do jornal e a data de publicação.

3. Verifiquem a melhor disposição e, na sequência, colem os textos nas cartolinas.

Agora, é só preservar o jornal mural para o período da exposição.

Usos do dicionário

Localizando verbetes

1 Os verbetes dos dicionários estão organizados em ordem alfabética. Para que serve a ordem alfabética nos dicionários? Como seria a busca de uma palavra sem ela? Converse com os colegas.

2 Em uma página de dicionário, todos os verbetes começam pela mesma letra.

   a. No caso das palavras **beliche** e **banana**, cuja primeira letra é a mesma, qual letra vai determinar a ordem em que elas aparecem no dicionário?

   _____

   _____

   b. Nas palavras **banda** e **bambolê**, as duas primeiras letras são iguais. Que letra determinará a ordem? Qual dessas palavras aparecerá primeiro?

   _____

3 Você já aprendeu que as palavras-guia indicam o primeiro e o último verbete de cada página.

   a. Pedro vai consultar a palavra **caravela** no dicionário. Marque a página na qual ele encontrará esse verbete.

   A cantar — capim

   B capuz — carinho

   C carne — cartola

   b. E se Pedro estivesse procurando a palavra **cartografia**? Em que página ele a encontraria? _____

   c. Se Pedro estivesse pesquisando as palavras **cardume** e **carregar** nas páginas acima, ele as encontraria na mesma página?

   _____

4 Observe as palavras-guia de uma página de dicionário.

a. Qual destes verbetes não pode ser encontrado nessa página de dicionário? Indique-o com um **X**.

- ☐ nebulosa
- ☐ néctar
- ☐ negativo
- ☐ navegador
- ☐ navio
- ☐ negação

nave — **negar**

b. Qual dos verbetes do item **a** aparece primeiro nessa página do dicionário? Pinte-o.

5 Com base nas palavras-guia da atividade anterior, indique onde os verbetes a seguir serão encontrados.

A mesma página
- ☐ negócio
- ☐ necessidade

B páginas anteriores
- ☐ novidade
- ☐ navegar

C páginas seguintes
- ☐ naufrágio
- ☐ nuca

6 Leia este trecho do livro *As aventuras de Tibicuera*.

> Existia na **enseada** um **ilhéu**. Foi nele que os portugueses rezaram a primeira missa. Nunca tínhamos visto aquilo. De olhos arregalados e em profundo silêncio escutamos e olhamos... Não perdemos um gesto, um som. Quando o **capelão** da **armada** (naquele tempo eu não conhecia esses nomes...) ergueu no ar o **ostensório**, tive a impressão de que era o próprio sol que de repente brilhava nas mãos do padre. Fiquei deslumbrado. Senti um aperto na garganta. Pensei que ia chorar.

ostensório

Erico Verissimo. *As aventuras de Tibicuera*. São Paulo: Companhia das Letras, 2005. p. 32.

a. Pesquise no dicionário os sentidos das palavras destacadas no texto.

b. Indique as palavras-guia da página do dicionário que você consultou em que apareceu a palavra **ilhéu**.

c. Conhecer o significado dessas palavras facilitou o entendimento do trecho lido? Explique.

Nossa língua

▪ Variação do adjetivo: grau

1 Leia esta tira com as personagens Jon e seu gato, Garfield.

Quadrinho 1: ...E ESSE É O HENRY, O MEU GALO PREMIADO. / ISSO AÍ É UM OVO.
Quadrinho 2: ELE ERA TÃO NOVINHO! / AH...
Quadrinho 3: MAS ELE JÁ ERA BONITÃO COMO O PAPAI. / ASSIM VOCÊ ME ASSUSTA, JON.

Jim Davis. *Garfield*, 2002.

a. Que adjetivo da tira aparece no diminutivo? Sublinhe-o.

b. Na tira, essa palavra no diminutivo exprime a ideia de:

☐ tamanho ☐ desprezo ☐ carinho

c. Qual adjetivo da tira está no aumentativo? Ele exprime a ideia de **tamanho**, **intensificação** ou **desprezo**?

_____

> Dependendo do contexto, para reforçar uma ideia, podemos usar o adjetivo no diminutivo ou no aumentativo, como fez Jon na tira acima.

2 O grau do adjetivo pode indicar o máximo de intensidade de uma característica. Leia as falas das personagens na cena abaixo.

Falas:
- ESTE LIVRO É INTERESSANTÍSSIMO!
- ACHO MUITO BELA UMA AMIZADE ASSIM!
- ELES SÃO AMICÍSSIMOS!

a. Que ideia os adjetivos **interessantíssimo** e **amicíssimos** expressam?

_____

b. Copie a fala da mulher, substituindo "muito bela" por um só adjetivo.

_____

3 Observe e leia esta tira das personagens Calvin e Haroldo.

Quadrinho 1: AS PESSOAS PARECEM SEMPRE TÃO RABUGENTAS E OS ANIMAIS PARECEM SEMPRE TÃO CONTENTES. POR QUE SERÁ?

Quadrinho 2: PROVAVELMENTE É PORQUE OS ANIMAIS SABEM QUE SÃO SUPERIORES E AS PESSOAS SABEM QUE SÃO INFERIORES.

Quadrinho 3: EU ACHEI QUE FOSSE PORQUE OS ANIMAIS PODEM DORMIR QUINZE HORAS TODO DIA.

Quadrinho 4: NA VERDADE, ACHO QUE OS ANIMAIS SÃO TÃO RABUGENTOS QUANTO AS PESSOAS.

Bill Watterson. *Felino selvagem psicopata homicida*. São Paulo: Best, 1996.

a. Em sua opinião, por que Calvin está sobre uma árvore no último quadrinho?

_____

b. No último quadrinho, Calvin faz uma comparação. Quais seres ele compara?

_____

c. Essa comparação que se estabeleceu no último quadrinho é de:

☐ superioridade   ☐ inferioridade   ☐ igualdade

d. A comparação do último quadrinho tem o mesmo sentido da comparação do primeiro quadrinho? Explique aos colegas.

O grau do adjetivo também pode ser indicado por meio de comparação.

- O navio é **mais veloz que** o barco. (comparação de superioridade)
- O barco é **menos veloz que** o navio. (comparação de inferioridade)
- O navio **é tão importante quanto** o barco. (comparação de igualdade)

---

4 Usando o adjetivo **alto**, escreva frases comparando a altura das crianças abaixo.

Ana, Eli, João

Comparação de	Entre	Frase
superioridade	João e Eli	
inferioridade	Eli e Ana	
igualdade	João e Ana	

Construção da escrita

▪ As palavras a, há

1 Leia as frases dos balões abaixo e verifique o uso das palavras **a** e **há**.

> HÁ DOIS MESES NÃO PISAMOS EM TERRA FIRME.

> HÁ GENTE MORANDO NESTA TERRA?

> DAQUI A UNS DOIS MINUTOS ESTAREMOS NA PRAIA.

> ELES ESTÃO A POUCOS PASSOS DAQUI.

a. Complete a tabela com **há** ou **a** em cada linha, conforme o sentido dessas palavras nas frases acima.

Sentido	a ou há
Indica tempo passado, transcorrido	
Indica tempo futuro	
Indica distância	
Indica existência, presença	

b. Em qual frase da cena a palavra **a** indica distância?

_____

c. Em qual frase a palavra **a** indica tempo futuro?

_____

d. Em qual frase a palavra **há** indica tempo passado?

_____

e. Em qual frase a palavra **há** tem sentido de **existir**?

_____

2 Sabendo que, nas frases abaixo, **há** indica tempo passado e **a**, tempo futuro, complete-as.

a. Viajarei para a Argentina daqui _____ seis meses.

b. Terminei o exercício de Ciências _____ poucos minutos.

c. Eduardo foi embora _____ menos de dez minutos.

d. Estamos _____ oito meses das próximas férias.

e. Angélica saiu _____ dez minutos, mas voltará daqui _____ uma hora.

3 Em qual destes bilhetes o emprego de **há** ou **a** está incorreto?

Cláudia, sairei de férias daqui a três semanas. Beto

Cláudia, estou a três semanas de sair de férias. Beto

Cláudia, sairei de férias daqui há três semanas. Beto

4 Por que, no último quadrinho, foi usada a palavra **a** e não **há**?

PAIÊ, O SALÁRIO MÍNIMO SUBIU! E A MINHA MESADA?

BEM... O GOVERNO PROMETEU BAIXAR UMA NORMA PRA AUMENTAR AS MESADAS...

...MAS SÓ DEVE SAIR DAQUI A UNS QUATRO MESES!

Ziraldo. Disponível em: <http://linkte.me/qc020>. Acesso em: 11 jul. 2016.

_____

5 Em qual das frases abaixo há uma ideia repetitiva de tempo passado?

☐ Há muitos anos, numa terra distante...

☐ Muitos anos atrás, numa terra distante...

☐ Há muitos anos atrás, numa terra distante...

> Quando usamos a palavra **há**, indicando tempo passado, é desnecessário usar a palavra **atrás**. Se usarmos, por exemplo, "Há muito tempo atrás", o sentido de tempo da frase fica redundante (repetitivo), pois a palavra **há**, nesse caso, já apresenta a ideia de tempo passado.

CAPÍTULO 2 — O Brasil africano

À medida que os portugueses se estabeleciam no território brasileiro, diversos povos indígenas foram escravizados, mortos ou expulsos de suas terras.

Com a resistência dos indígenas, milhões de pessoas de variados povos africanos também foram escravizadas e trazidas ao Brasil em condições desumanas: presas e amontoadas em porões sujos, apertados e abafados em precários navios de pequeno porte.

O navio negreiro, pintura de Johann Moritz Rugendas (1802-1858), produzida durante viagem do pintor alemão pelo território brasileiro entre 1822 e 1825.

> Das fortalezas, os africanos eram empurrados para os porões de navios pequenos e mal construídos, conhecidos depois como navios negreiros. Onde cabiam cem pessoas iam trezentas. A viagem da África para o Brasil durava de 30 a 45 dias. A comida era pouca. As **pipas** de água também eram poucas para não ocupar lugar no navio. A água, distribuída à **razão** de um copo a cada dois dias. [...] Sedentos e mal alimentados, muitos morriam durante a travessia ou logo que chegavam.

Pipa: recipiente grande de madeira, parecido com um barril.
Razão: relação entre dois números, duas quantidades.

Alfredo Boulos Júnior. *Os africanos e seus descendentes no Brasil*: a resistência quilombola. São Paulo: FTD, 2002. p. 9.

Roda de conversa

1. Em sua opinião, por que os europeus dos séculos XV a XIX acreditavam que podiam escravizar indígenas e africanos?

2. Observe a pintura da página anterior. Como parecem ser as condições de acomodação na embarcação?

3. Em relação à altura e à largura, como era o porão?

4. Possivelmente, por que foram feitas prateleiras nesse porão?

5. Diferentemente dos escravizados, que estão seminus, na cena há três homens bem-vestidos.

    a. Quem você imagina que são eles?

    b. Possivelmente, qual era a função deles?

    c. Um dos escravizados está sendo retirado do porão, como se vê no detalhe ao lado. O que você imagina que aconteceu a ele?

6. Na pintura, há apenas adultos entre os escravizados? Explique.

7. As cores usadas pelo artista criam a ideia de que o porão era escuro.

    a. Que outro elemento da cena ajuda a construir a mesma ideia?

    b. Em que local há mais incidência de luz? Por quê?

8. Na parte central da imagem, um escravizado em pé pede algo. O que será que ele está pedindo?

9. De acordo com o texto, os africanos escravizados eram transportados em navios.

    a. Que nome receberam essas embarcações?

    b. Os africanos viajavam nos porões dos navios. Você imagina por que eles viajavam nessa parte da embarcação?

10. Os navios negreiros eram também chamados de **tumbeiros**. É possível deduzir o motivo? Explique.

Tumbeiro: palavra derivada de **tumba**, que significa túmulo, local onde ficam os mortos.

Hora da leitura 1

Os escravizados africanos e seus descendentes constituíram a principal mão de obra no Brasil até o final do século XIX.

- Observe a pintura abaixo e leia a legenda. O que está acontecendo?
- Por que há soldados na cena?
- Como parecem estar as pessoas escravizadas que estão no barco no centro da cena?

Os africanos e seus descendentes no Brasil

Sem saber ao certo onde estavam, os africanos desembarcavam nas praias do litoral brasileiro exaustos e confusos. E logo recebiam ordens para banharem-se, lustrarem os dentes, encobrir as feridas com unguentos e passar óleo de palmeira no corpo a fim de dar brilho à pele. É que o preço pelo qual seriam vendidos dependia sobretudo do fato de apresentarem boa saúde.

Lustrar: dar brilho.
Unguento: medicamento gorduroso usado na pele.

Desembarque, gravura de Rugendas feita no século XIX em que é retratado o desembarque de pessoas escravizadas vindas da África. Nessa cena, é possível ver, no lado esquerdo, um posto de controle registrando a entrada dos escravizados no país.

Mercado de negros (1822-1825), pintura de Rugendas em que é retratado um mercado de escravizados. Historiadores atuais criticam representações como essa, com os escravizados aguardando calmamente para ser comprados. De acordo com esses historiadores, o tratamento aos escravizados era muito cruel; os escravizados se rebelavam, não aceitando passivamente a nova condição.

Nos mercados de cidades como Rio de Janeiro, Salvador, Recife e São Luís eram avaliados antes de ser comprados. Um homem adulto valia o dobro de uma mulher e, geralmente, três vezes mais que uma criança ou um velho. O comércio de africanos era altamente lucrativo.

Somente quando chegavam aos engenhos, minas ou cafezais do Brasil os africanos compreendiam por que tinham sido escravizados: para trabalhar. Para trabalhar muito. Em muitos lugares do Brasil, os africanos e seus descendentes foram a mão de obra principal durante mais de 300 anos. [...]

A violência

O fato de um ser humano ser dono do outro já é, em si, um ato de violência. Para manter o escravizado trabalhando de 12 a 15 horas por dia, fez-se uso de muita violência física e psicológica. Se ele se negasse a cumprir a jornada de trabalho, se parasse para repousar ou se distraísse no trabalho, era castigado. A cada falta correspondia um tipo de castigo. Se desobedecesse, era chicoteado. Se fugisse, era marcado em ferro em brasa com a letra F (fujão). Se fugisse pela segunda vez, cortavam-lhe a orelha. [...]

Os castigos geralmente eram aplicados diante de outras pessoas, em público. O objetivo era que o castigado servisse de exemplo a seus companheiros, inibindo o desejo de fuga ou desobediência. A escravidão brasileira, portanto, não foi melhor nem menos violenta que em outras partes da América. [...]

Castigos domésticos, gravura elaborada no século XIX por Rugendas. Na cena, duas mulheres escravizadas são conduzidas para aplicação de palmadas como castigo físico em público.

A resistência

Enquanto houve escravidão, houve rebeldia. Os principais motivos que levavam os escravizados a reagir eram o excesso de trabalho, a violência, a disciplina rigorosa, a vigilância permanente, a intolerância [...].

Os africanos e seus descendentes lutaram contra a escravidão das mais diferentes formas: desobedecendo ordens; fazendo corpo mole no trabalho; se matando; negociando melhores condições de vida e trabalho; matando o **feitor** ou o senhor e, sobretudo, fugindo sozinhos ou com companheiros e formando **quilombos**. Os escravizados resistiram também através de práticas culturais, como a capoeira, uma luta que também é dança, inventada pelos negros **bantos**.

Feitor: pessoa que supervisionava os escravizados; capataz.
Quilombo: povoado que escravizados fugidos construíam em locais de difícil acesso.
Banto: um grupo étnico africano.

Alfredo Boulos Júnior. *Os africanos e seus descendentes no Brasil*: a resistência quilombola. São Paulo: FTD, 2002. p. 11-16.

Linha e entrelinha

1 Assinale a melhor opção. O objetivo desse texto é:
☐ divertir   ☐ convencer   ☐ informar   ☐ convidar

2 Por que os escravizados desembarcavam exaustos e confusos? Converse com os colegas.

3 Sublinhe no texto um trecho que demonstra que as pessoas escravizadas eram negociadas e vendidas como mercadoria.

4 No trecho "A cada **falta** correspondia um tipo de castigo", a palavra destacada significa:
☐ ausência   ☐ privação   ☐ culpa   ☐ erro, falha

5 Leia o texto a seguir.

> Em decorrência da condição a que eram submetidos, muitos escravizados entravam num profundo estado de tristeza. Com saudade da terra de onde vieram e inconformados com o cativeiro, perdiam a vontade de viver, não se alimentavam e chegavam a morrer. Esse estado de tristeza, angústia e depressão é chamado de ★.

■ Agora, substitua o número pela letra correspondente e descubra que palavra nomeia esse estado de tristeza profunda.

1	2	3	4	5
A	B	N	O	Z

2	1	3	5	4

6 Muitos escravizados fugidos não conseguiam chegar aos quilombos devido à ação do capitão do mato.

a. Pesquise em um dicionário ou na internet o que é um capitão do mato e anote.

_____

b. O que acontecia ao escravizado capturado pelo capitão do mato?

_____

Capitão do mato (1824), gravura de Rugendas.

c. Na pintura acima, provavelmente, o que o capitão do mato está fazendo?

_____

7 Geralmente, os fazendeiros administravam as terras com a ajuda do feitor (ou capataz). Veja uma das funções do feitor.

Feitores castigando negros (1828), aquarela de Jean-Baptiste Debret.

Punição pública (1822-1825), gravura de Rugendas.

a. Qual subtítulo do texto lido está relacionado a essas cenas?

_____

b. Pinte um trecho do texto da página 118 que descreve essas cenas.

c. Na pintura **A**, quantos escravizados estão sendo castigados? Por que no título da pintura a palavra **feitor** aparece no plural?

_____
_____
_____

d. Você imagina por que a punição na imagem **B** é pública?

_____

e. Na cena **B**, é possível deduzir se há outros escravizados que serão ou que já foram punidos nesse mesmo dia?

_____
_____

f. Procure no dicionário o sentido da palavra **pelourinho** e aponte em que cena ele aparece.

_____
_____

g. O que você pensa a respeito dessa forma de punição? Comente.

_____
_____

8 Conforme o texto, uma das formas de resistência dos escravizados era "fazer corpo mole" no trabalho.

   a. O que significa a expressão destacada entre aspas?

_____

_____

   b. A expressão "fazer corpo mole" é marca da linguagem:

     ☐ formal   ☐ científica   ☐ informal   ☐ poética

   c. Que outra expressão tem o mesmo sentido de "fazer corpo mole"?

     ☐ pagar o pato   ☐ levar a ferro e fogo   ☐ empurrar com a barriga

9 Conforme o texto, os escravizados aceitaram passivamente a condição de escravidão? Explique.

_____

_____

_____

10 O Brasil foi um dos últimos países do mundo a abolir a escravatura. Isso só ocorreu em 13 de maio de 1888, com a assinatura da Lei Áurea pela princesa Isabel.

   a. Abolir é o mesmo que:

     ☐ eliminar   ☐ enfraquecer   ☐ permitir   ☐ prender

   b. Por que é importante estudarmos acontecimentos de nossa história, mesmo que vergonhosos como a escravidão?

_____

_____

_____

_____

11 Converse com os colegas.

   a. Por que a capoeira também pode ser considerada como uma forma de resistência?

   b. Em sua opinião, quais direitos do cidadão são desrespeitados quando alguém é escravizado? Conte aos colegas.

Hora da leitura 2

No Brasil, os africanos escravizados e seus descendentes resistiram e lutaram contra o sistema escravocrata e as crueldades cometidas.

Muitos deles tornaram-se verdadeiros heróis, liderando lutas, libertando outras pessoas, comandando quilombos. Conheça algumas dessas figuras heroicas.

■ Em sua opinião, apenas pessoas do sexo masculino lutaram contra a escravidão?

■ Você sabe quem foi Zumbi dos Palmares? O que sabe sobre ele?

Heróis da resistência

A resistência contra a escravidão

Os negros africanos adotaram várias estratégias de resistência, individuais e coletivas, contra a escravidão. Evitavam filhos, agrediam os senhores e chegavam a cometer suicídio. Uma das práticas coletivas era a fuga para formação de comunidades livres, os quilombos. Além de escravos fugidos, os quilombos também abrigavam representantes de outras populações excluídas, como indígenas, mestiços e brancos pobres.

O mais conhecido foi o Quilombo dos Palmares, localizado na serra da Barriga, sertão do atual estado de Alagoas. Surgiu provavelmente no início do século XVII e chegou a ter de 6 mil a 20 mil pessoas. Sob a liderança de Zumbi, o quilombo enfrentou diversos ataques portugueses, até ser destruído, em 1694, por uma expedição chefiada pelo bandeirante Domingos Jorge Velho.

A morte de Zumbi

Em 20 de novembro de 1695, Zumbi foi capturado e **degolado** pelos bandeirantes. Sua cabeça foi levada para o Recife, como troféu pela destruição do Quilombo dos Palmares. O dia da morte de Zumbi é celebrado atualmente como o Dia da Consciência Negra.

Degolado: que teve a cabeça cortada.

Zumbi, pintura de Antônio Diogo da Silva Parreiras (1927), retrata Zumbi, símbolo de resistência à escravidão.

Miguel Castro Cerezo e outros. *Enciclopédia do estudante*: história do Brasil – das origens ao século XXI. São Paulo: Moderna, 2008. p. 55.

Veja exemplos de resistência, ocorridos no estado do Espírito Santo.

Zacimba Gaba

Na região norte do Espírito Santo, é conhecida a saga de uma bela princesa: Zacimba Gaba, da nação africana de Cabinda, em Angola. Foi do porto de Cabinda que milhares de africanos embarcaram em navios que os trouxeram ao Brasil.

Contam que nas noites de Lua cheia a princesa negra clamava pela proteção dos deuses africanos. Até que chegou seu dia.

Zacimba envenenou o senhor da casa-grande com "pó pra amansar sinhô", preparado às escondidas na senzala, feito da cabeça (moída e torrada) de uma cobra. Tinha esse nome porque a vítima era envenenada lentamente, com pequenas doses colocadas em sua comida.

A princesa guerreira fugiu, ao lado de outros negros que libertou. Na mata, criou um quilombo e comandou muitas lutas para salvar seu povo.

Dizem que era na noite escura que ela e outros guerreiros, a bordo de pequenas canoas, dominavam as embarcações negreiras em alto-mar e libertavam os escravos.

Clamar: pedir em voz alta; implorar.
Sinhô: forma modificada da palavra **senhor**, usada para se referir ao senhor de escravos.

Folha Online. Folhinha. Disponível em: <http://linkte.me/lt01i>. Acesso em: 12 jul. 2016.

Mais guerreiros

Na primeira metade do século 19, surge a figura de Benedito Meia-Légua, que aterrorizou fazendeiros da região. Organizou vários grupos de negros revolucionários, que entravam na luta. E em cada grupo um integrante se vestia como Benedito Meia-Légua para confundir os capitães do mato, que passaram quarenta anos no encalço do guerreiro. [...] Sua última morada foi no oco de uma grande árvore, que acabou sendo incendiada por seus perseguidores. [...]

Na segunda metade do século 19, Constança de Angola marca a triste história dos filhos de escravos no período. Os filhos dos escravos, depois da Lei do Ventre Livre (1871), não podiam trabalhar e significavam prejuízo para os escravocratas (aqueles que tinham escravos). Cruelmente, muitos foram queimados e afogados pelos donos das fazendas. Foi o que aconteceu com o filho de Constança, que foi jogado na fornalha por chorar insistentemente. A mãe do menino acabou acorrentada para que não pudesse se vingar, mas conseguiu fugir e se juntou a outros guerreiros. Lutou muito, até morrer enfrentando seu pior inimigo, o capitão do mato Zé Diabo, que também foi morto no duelo.

Encalço: pista, vestígio.
Lei do Ventre Livre: lei que previa a liberdade para os filhos de escravizados nascidos a partir de 1871.

Folha de S.Paulo. Folhinha. Disponível em: <http://linkte.me/pya89>. Acesso em: 12 jul. 2016.

Linha e entrelinha

1 A resistência negra ocorreu em diversos locais do Brasil.

a. Os exemplos de resistência citados nos textos lidos ocorreram em dois estados brasileiros. Quais foram eles?

_____

b. Quais pessoas citadas nos textos lutaram contra a escravização?

_____

2 Leia as informações abaixo sobre os quilombos.

> Minas Gerais foi o lugar do Brasil com o maior número de quilombos: cento e dezesseis ao todo! Mas, o maior, o mais duradouro e o mais temido dos quilombos brasileiros foi, com certeza, o Quilombo de Palmares.

Alfredo Boulos Júnior. *Os africanos e seus descendentes no Brasil*: a resistência quilombola. São Paulo: FTD, 2002. p. 19.

a. O Quilombo de Palmares era vizinho dos quilombos mineiros? Explique.

_____

b. Quem foi o principal líder do Quilombo de Palmares?

_____

c. Além de escravizados fugidos, que outras pessoas eram abrigadas nos quilombos?

_____

3 A respeito da princesa africana Zacimba Gaba (1675-1710), responda:

a. O que significam as datas após o nome da princesa no enunciado acima?

_____

b. Zacimba trabalhava na lavoura ou na **casa-grande**? Explique.

_____

c. Após fugir e libertar outros escravizados da fazenda onde morava, quais foram as ações de Zacimba na luta contra a escravização?

_____
_____
_____

> **Casa-grande:** casa maior da fazenda, onde moravam o proprietário e sua família.

4 Leia este trecho do livro *Rio Cricaré e a história cultural de seu povo*. Depois, converse com os colegas e anote as respostas no caderno.

> Ela era princesa da nação africana de Cabinda, onde hoje fica o país Angola. Ao saber da história de ter uma princesa em sua fazenda, o senhor resolveu chamar a mocinha. Ele a interrogou e proibiu sua saída da casa-grande.
>
> Ao longo de anos Zacimba apanhou do senhor no pelourinho do porto de São Mateus; as chibatas cortavam a carne fazendo-a gritar de dor. Os outros escravos da fazenda, que também eram de Angola, passaram a tramar um plano para libertar a princesa [...].
>
> Por meses, os negros pegaram uma cobra, conhecida como "preguiçosa", cortavam a cabeça, torravam e moíam tudo, transformando num pó muito fino, que era dado ao senhor na comida, em doses muito pequenas.

São Mateus: atual cidade do Espírito Santo.

Marco Antônio Campo Dall'Orto. *Rio Cricaré e a história cultural de seu povo*. Espírito Santo: Ufes, s. d. p. 86-87.

a. Zacimba era princesa da nação de Cabinda. O fazendeiro sabia disso em 1690, quando a comprou?

b. Possivelmente, por que Zacimba não divulgou antes sua condição de princesa para o dono da fazenda?

c. Ao ter sua identidade revelada, a princesa foi tratada de modo privilegiado pelo fazendeiro? Explique.

d. Para obter a liberdade, Zacimba agiu sozinha? Explique.

e. Zacimba morreu em luta durante uma invasão a um navio negreiro. Em sua opinião, Zacimba é uma heroína? Por quê?

5 Benedito Meia-Légua (1805-1885) era o apelido de Benedito Caravelas, líder negro antiescravista que viveu no Espírito Santo. Qual era a tática usada por Benedito para não ser preso pelos capitães do mato?

6 Benedito resistiu à escravização por mais de sessenta anos. Por quanto tempo deu certo a tática dele para não ser pego pelos capitães do mato?

7 Leia estas informações e converse com os colegas.

> Suas principais investidas foram contra as grandes fazendas, onde existia maior número de escravos sofrendo os mais variados castigos nos instrumentos de suplício. Os negros libertados passavam a integrar os inúmeros grupos que atacavam, atemorizavam e saqueavam ao mesmo tempo em vários locais, confundindo autoridades e as forças do Governo. Cada grupo tinha um líder que se vestia como se fosse Meia-Légua para enganar as capturas e, principalmente, proteger o mentor e estrategista das inúmeras lutas pela libertação. [...]

Suplício: punição, tortura.

Disponível em: <http://seculodiario.com.br/arquivo/2001/mes_07/07/negros/benedito/index05.htm>. Acesso em: 13 jun. 2014.

a. As pessoas libertadas nas fazendas formavam um novo grupo de libertadores. Qual a sua opinião a respeito dessa estratégia de resistência?

b. Em sua opinião, quais vantagens os libertadores que seguiam Meia-Légua tinham em atacar vários locais ao mesmo tempo?

8 Que crueldade marcou a vida de Constança de Angola?

_____
_____

9 Saiba o que aconteceu com Constança após presenciar essa crueldade e jurar vingança.

> Constança ficou dias no tronco, sendo surrada por Zé Diabo, um capitão do mato, negro, ex-escravo, considerado pelos negros "traidor da raça". Ele usava uma capa preta e tinha uma cara assustadora. Constança foi libertada por um grupo de negros fugidos, que estava nas matas [...]. Fugitiva, ela passou a lutar contra as injustiças da escravidão.

Marco Antônio Campo Dall'Orto. *Rio Cricaré e a história cultural de seu povo.* Espírito Santo: Ufes, s.d. p. 92.

a. Por que Zé Diabo era considerado um traidor?

_____
_____

b. Apesar das atitudes de Zé Diabo, que acontecimento indica que havia solidariedade entre as pessoas escravizadas?

_____
_____

c. Mesmo sendo vítima da crueldade feita com seu filho, Constança ainda foi castigada. O que você pensa sobre isso? Conte aos colegas.

10 Fugir era uma forma de reação e de resistência no período da escravidão. Leia dois anúncios verdadeiros publicados em jornais daquela época. Depois, converse com os colegas.

Correio Paulistano, 21 de fevereiro de 1879.

Gratifica-se

Fugiu da fazenda Morro Azul um mulato claro, de nome Paulo, pertencente a Silvério Rodrigues Jordão, o qual tem os seguintes sinais: cabelo liso, maus dentes, buço, pouca barba no queixo, cicatriz de corte no pescoço, outra de machado em um dos pés, estatura baixa e pés esparramados. Desconfia-se achar-se nesta cidade. Quem o prender será bem gratificado.

Disponível em: <http://www.fflch.usp.br/dlcv/lport/pdf/brand004.pdf>. Acesso em: 13 fev. 2014.

A linguagem usada nos anúncios foi atualizada para facilitar o entendimento.

Talho: corte.
Ordinário: normal, comum.

Gazeta do Rio de Janeiro, 7 de janeiro de 1809.

Em 20 de agosto do ano próximo passado, fugiu um escravo preto por nome Mateus, com os sinais seguintes: rosto grande e redondo, com dois talhos, um por cima da sobrancelha esquerda e outro nas costas, olhos pequenos, estatura ordinária, mãos grandes, dedos grossos e curtos, pés grandes e corpo grosso. Na loja da fazenda de Antônio José Mendes Salgado de Azevedo Guimarães, na Rua Quitanda, nº 64, receberá, quem o entregar, além das despesas que tiver feito, 132$800 de alvíssaras.

Disponível em: <http://linkte.me/eopn1>. Acesso em: 12 jul. 2016. Texto adaptado.

a. Em sua opinião, por que Paulo e Mateus fugiram?

b. Anúncios com esse assunto ainda são publicados atualmente? Por quê?

c. O que a palavra **pertencente**, no primeiro anúncio, revela sobre a condição de Paulo?

d. Pelo contexto, entende-se que **alvíssaras**, no segundo anúncio, é uma:

☐ dívida   ☐ cobrança   ☐ recompensa   ☐ despesa

e. Provavelmente, por que Paulo e Mateus tinham cortes e cicatrizes?

f. O que você imagina que aconteceria a Paulo e Mateus se eles fossem capturados e devolvidos aos fazendeiros?

11 Em sua opinião, com o fim da escravização, todas as pessoas passaram a ser tratadas com respeito e igualdade? Conte aos colegas o que você pensa a esse respeito.

Fazendo conexões

Pesquisa e coleta de dados

Quando queremos conhecer ou aprofundar nossos conhecimentos acerca de determinado assunto, podemos coletar informações na internet, em livros, revistas, jornais, etc. ou entrevistar pessoas conhecedoras do assunto. Essa coleta de informações é chamada de **pesquisa**.

> A pesquisa escolar é uma maneira inteligente de estudar e aprender. Não é, simplesmente, um trabalho que você faz para entregar ao professor.
> Não se trata de descobrir uma porção de trechos de livros ou enciclopédias e copiar [...].
> Você deve acabar sua pesquisa compreendendo melhor o assunto pesquisado. Se isso não acontecer, a pesquisa terá sido perda de tempo.

Ruth Rocha. *Pesquisar e aprender*. São Paulo: Scipione, 1999.

Em equipes, você e seus colegas vão coletar informações a respeito das contribuições indígenas, africanas e portuguesas para a cultura brasileira. As informações coletadas comporão posteriormente cartazes que ficarão expostos durante a atividade coletiva no final desta unidade.

1. Organização para a pesquisa

A classe deverá organizar-se em três equipes. Uma equipe coletará informações a respeito das contribuições indígenas, outra sobre contribuições africanas e a terceira equipe a respeito de contribuições portuguesas.

A coleta incluirá textos e imagens. Estas são algumas possibilidades de assuntos a pesquisar:

A) Alimentação
Culinária e alimentos introduzidos pelos indígenas, pelos africanos ou pelos portugueses

B) Ritmos, músicas e festas
Ritmos, instrumentos musicais, danças, festas de origem indígena, africana ou portuguesa

C) Língua
Incorporação de palavras dos povos indígenas ou africanos à língua portuguesa falada no Brasil

D) Outros assuntos
Outras contribuições à cultura brasileira incorporadas dos portugueses, dos povos indígenas ou africanos

2. Etapas da atividade

Com a ajuda do professor, organizem e cumpram um cronograma de trabalho como este. O cronograma ajuda a organizar as ações em certo período de tempo.

Anotem as datas combinadas com o professor.

> **Dica!**
> O sucesso dessa investigação depende do esforço de todos os componentes da equipe. Participe!

Atividade	Data
Data-limite para terminar a coleta de dados	
Reunião para a seleção dos dados e imagens	
Reunião para a elaboração do cartaz	
Apresentação do cartaz para os colegas	

3. Onde e como pesquisar

Visitar uma biblioteca pode ser o ponto de partida, mas é importante usar, além de livros, outras fontes de pesquisa — jornais, folhetos, pinturas, internet, museus, etc. — ou, ainda, conversar com pessoas mais velhas.

Façam anotações daquilo que vocês considerarem interessante e confiável. Para não desperdiçar tempo com informações desnecessárias, leiam o material antes de realizar as anotações.

Não se esqueçam de procurar imagens que ilustrem as informações pesquisadas. Elas são um aspecto importante do cartaz.

Lembrem-se de anotar todas as fontes das informações coletadas, pois elas serão indicadas no cartaz.

4. Avaliação do material

Após coletar o material, reúnam-se para analisá-lo.
- Eliminem repetições e informações incompletas.
- Escolham as informações e as imagens mais interessantes.

Com o material coletado, vocês elaborarão o cartaz na seção *Produção de texto*, de acordo com as orientações lá apresentadas.

5. Apresentação do trabalho

No dia combinado, levem o cartaz para a sala e contem aos colegas dos outros grupos o que descobriram.

Depois, façam também uma avaliação da participação de todos os integrantes da equipe e de como foi feita a pesquisa.

Produção de texto

▬ Cartaz

Agora que você e seu grupo já realizaram a pesquisa, é hora de preparar o cartaz com as informações e as imagens coletadas.

Esse cartaz será utilizado na apresentação da pesquisa para os colegas da classe e também na exposição que será realizada no final da unidade, tendo como público os demais alunos da escola e convidados, como familiares, amigos e vizinhos.

EM AÇÃO!

1 Converse com seus colegas de grupo e reflitam sobre a produção do cartaz que vocês criarão. Definam:

a. Qual é o objetivo do cartaz?

b. Quem lerá o cartaz?

c. Onde ele vai ficar exposto?

2 Observe as características do cartaz abaixo e converse com os colegas do grupo.

a. Qual é a frase que chama mais a atenção?

"Agenda paranaense da consciência negra 2010"

"Procure a equipe multidisciplinar da sua escola e participe desta agenda"

b. Em que parte do cartaz ela está escrita?

c. Há outras frases que chamam a atenção? Quais?

d. As letras são todas do mesmo tamanho? Explique.

e. Além das frases principais, o que mais o cartaz contém?

Cartaz produzido pelo governo do Paraná para divulgar a Agenda Paranaense da Consciência Negra.

Planejar e produzir

Junte-se ao seu grupo para produzir o cartaz. Sigam estes passos.

1 Em uma folha avulsa, façam um rascunho do cartaz. Organizem a disposição dos textos, títulos e subtítulos e das imagens que o cartaz terá.

2 Terminado o planejamento, é hora de preparar o cartaz em uma cartolina. Antes de colar ou escrever, verifiquem se a quantidade de imagens e informações que vocês têm é suficiente ou insuficiente para ocupar o espaço disponível na cartolina.

3 Escrevam o título principal e também os subtítulos. O título principal deve despertar o interesse do leitor. Façam letras grandes e coloridas para facilitar a leitura a distância e deixar o cartaz atraente.

4 Componham subtítulos e escrevam pequenos textos informativos para cada um. Deixem um pequeno espaço entre cada item. Se desejarem, digitem títulos, subtítulos e textos, imprimam e colem na cartolina.

5 Distribuam e colem as imagens de maneira equilibrada, de modo que ocupem bem o espaço do cartaz.

6 Com letra menor, anotem no cartaz as fontes das imagens e dos dados coletados.

Revisar, avaliar e reescrever

Itens a avaliar	Sim	Não
1. Textos e imagens estão bem organizados no cartaz?		
2. O título do cartaz é atraente e criativo?		
3. As letras estão grandes e legíveis?		
4. Os textos e as imagens referem-se ao assunto escolhido?		

Quando o professor solicitar, mostrem o cartaz aos colegas e expliquem as descobertas realizadas. Depois, guardem o cartaz para apresentá-lo na exposição que será realizada no final desta unidade.

Língua viva

Contribuições ao português

Ao longo do tempo, a língua portuguesa falada no Brasil recebeu variadas contribuições de outros idiomas, sobretudo das diversas línguas indígenas e africanas.

Apesar das lutas entre indígenas e portugueses, também houve convívio e trocas, o que fez muitas palavras das línguas indígenas serem incorporadas à língua portuguesa. Mais tarde, o convívio com os escravizados de origem africana também possibilitou a incorporação de palavras das línguas africanas ao nosso idioma.

Bote: ataque, salto do animal sobre a presa.

1 Siga as pistas e descubra palavras de origem indígena.

A **Nome de uma doença**

Vem da palavra *tata'pora*, ou seja, *ta'ta* (fogo) + *'pora* (sinal, marca). (Palavra com 8 letras.)

C **Nome de um vegetal**

Vem da palavra *iwaka'ti*, ou seja, *i'wa* (fruta) + *ka'ti* (que exala cheiro forte). (Palavra com 7 letras.)

B **Nome de um réptil**

Vem da palavra *yaka're*, que significa "aquele que olha de lado, que é torto". (Palavra com 6 letras.)

D **Nome de uma cobra**

Vem da palavra *yara'raca*, que significa "o que tem o **bote** venenoso". (Palavra com 8 letras.)

2 Leia os textos dos quadros e anote como as palavras de origem africana são escritas no português.

A Vem da palavra *luó* e é um alimento vegetal muito amargo. (Palavra com 4 letras.)

C Vem de *kandjica* e é uma papa cremosa de milho verde. (Palavra com 7 letras.)

B Vem de *mbirim'bau* e é um instrumento musical composto de arco de madeira, arame e meia--cabaça. (Palavra com 8 letras.)

D Vem de *akara* (bolo de massa de feijão) + *ijé* (comida) e é um bolinho salgado muito apreciado na Região Nordeste. (Palavra com 7 letras.)

Além das línguas de origem indígena e africana, muitas outras contribuíram e continuam contribuindo na formação do conjunto de palavras da língua portuguesa, como o grego, o italiano, o francês, o espanhol, o inglês, etc.

3 Siga as pistas e descubra outras palavras que foram incorporadas à língua portuguesa.

A do francês

Vem da junção das palavras *abbatre* (abater) + *jour* (luz). Tem o sentido de "objeto que suaviza a luz". (Palavra com 6 letras.)

_____

C do espanhol

Vem da palavra *pastilla*. Trata-se de uma pequena guloseima doce, parecida com bala. (Palavra com 8 letras.)

_____

B do espanhol

Vem da palavra *perico*. Trata-se de uma ave muito parecida com papagaio, mas de porte menor. (Palavra com 9 letras.)

_____

D do italiano

Vem da palavra *maccherone* ou *maccarone*.
Trata-se de uma massa alimentícia. (Palavra com 8 letras.)

_____

4 Muitas palavras usadas na língua portuguesa são de origem inglesa. Anotem como as palavras abaixo ficaram no português.

a. *basketball*: de *basket* (cesto) e *ball* (bola) _____
b. *sandwich*: lanche com fatias de pão e recheio _____
c. *beef*: fatia de carne, geralmente bovina _____
d. *yacht*: tipo de embarcação a vela ou a motor _____
e. *cowboy*: vaqueiro, guardador ou tocador de gado _____
f. *pamphlet*: texto curto em folha avulsa _____
g. *shampoo*: sabonete líquido para lavar cabelo _____

Para refletir!

Atualmente, com a popularização da internet, a incorporação de termos da língua inglesa ao português vem sendo intensificada. Alguns exemplos: *site*, *mouse*, deletar, *download*, *homepage*.

Nossa língua

Pronomes pessoais e de tratamento

1 Leia estes trechos do poema "Conjugação".

Conjugação

Eu falo
tu ouves
ele cala.
[...]

Eu escrevo
tu me lês
ele apaga.

Affonso Romano de Sant'Anna. *Poesia reunida:* 1965-1999. Porto Alegre: L&PM, 2007. v. 2. p. 157-158.

Lembre-se!

Os pronomes pessoais indicam as pessoas do discurso:
- 1ª pessoa (aquele que fala): eu, nós.
- 2ª pessoa (aquele com quem se fala): tu, vós.
- 3ª pessoa (aquele de quem se fala): ele, ela, eles, elas.

a. Nesse poema, os versos são iniciados por pronomes pessoais no singular. Quais são esses pronomes? _____

b. Se os pronomes pessoais que iniciam cada verso fossem passados para o plural, como ficariam? _____

c. Como ficaria o segundo verso de cada estrofe se o pronome **tu** fosse substituído pelo pronome **você**? _____

> No Brasil, é comum o uso do pronome **você** no lugar do pronome **tu** e de **vocês** no lugar de **vós**.

2 Leia esta tira em que aparecem o Menino Maluquinho e a Julieta.

QUE ENGRAÇADO! VOCÊ TEM UM GATO E EU TENHO UM RATO!

QUE IDEIA ESTÚPIDA, MALUQUINHO!

AGORA A GENTE NÃO PODE CASAR!

UFA!

Ziraldo. Disponível em: <http://linkte.me/qc020>. Acesso em: 12 jul. 2016.

a. No primeiro quadrinho, a quem se referem os pronomes **eu** e **você**?

_____

b. Em conversas informais, é comum o uso da expressão "a gente". Copie a frase do terceiro quadrinho substituindo essa expressão pelo pronome **nós**. Faça as alterações necessárias no restante da frase.

_____

3 Mafalda, a personagem desta tira, não gosta de sopa.

> POR QUE SEMPRE TEM SOPA, MÃE? POR QUÊ?
>
> A GENTE SE GOSTA TANTO! VOCÊ TEM AMOR POR MIM!...
>
> ...E EU TENHO AMOR POR VOCÊ!
>
> POR QUE EXPOR NOSSO ROMANCE AO NAUFRÁGIO?

Quino. *Toda Mafalda*: da primeira à última tira. São Paulo: Martins Fontes, 2010.

a. Com quem Mafalda está falando? _____

b. A palavra **você** é um **pronome de tratamento**. Na tira, o uso dessa palavra demonstra **distanciamento** ou **familiaridade** entre Mafalda e a pessoa com quem ela está falando? _____

c. Se Mafalda quisesse usar um pronome de tratamento respeitoso, qual destes seria mais adequado à situação familiar acima?

☐ Vossa Alteza ☐ Senhora ☐ Vossa Excelência ☐ Vossa Majestade

d. Releia o terceiro quadrinho. Copie o pronome que se refere:

à pessoa com quem Mafalda fala		à própria Mafalda	

> Os **pronomes de tratamento** são usados para uma pessoa se dirigir a outra. De acordo com a situação, podem demonstrar tratamento íntimo, familiar, respeitoso, formal, etc. Alguns pronomes de tratamento indicam funções sociais, como **Vossa Santidade** para papas, **Vossa Majestade** para reis e imperadores, **Vossa Alteza** para príncipes e duques e **Vossa Excelência** para autoridades em geral.

4 O que o uso dos pronomes de tratamento em destaque demonstra em cada situação?

A PEDRO, **VOCÊ** É UM ÓTIMO AMIGO.

B PAI, O **SENHOR** DEIXA EU BRINCAR NA PRAÇA?

C O **SENHOR** SABE MUITO BEM QUE AMANHÃ CEDO TEM AULA.

5 Para entrar no vulcão, as personagens do livro *Viagem ao centro da Terra* tiveram de pedir autorização ao presidente da Islândia. Veja como foi.

> ENTÃO, O **SENHOR** QUER ENTRAR **NAQUELE** VULCÃO?

> SE **VOSSA EXCELÊNCIA** AUTORIZAR, SIM!

> TEM **MINHA** PERMISSÃO!

> **VOCÊ** OUVIU, AXEL?

a. Retome o texto da página 66 e responda: Quais são as personagens que estão conversando com o presidente da Islândia nessa cena?

_____

b. Todas as palavras destacadas na tira são **pronomes**. Qual dos pronomes destacados acima representa um tratamento destinado a autoridades?

_____

c. Qual dos pronomes destacados acima representa um tratamento respeitoso?

_____

d. Por que na última cena a personagem usa o pronome **você**?

_____

e. Se em lugar do presidente, as personagens estivessem conversando com um rei, como ficaria o segundo balão de fala?

_____

f. E se a conversa fosse com um papa, como seria o texto do segundo balão?

_____

g. Imagine que o presidente esteja falando com um príncipe. Como ficaria a fala do primeiro balão?

_____

h. Que palavra do presidente mais indica que ele próprio possui o poder de permitir ou não a exploração do vulcão?

☐ senhor ☐ entrar ☐ permissão ☐ tem ☐ minha

6 Observe a cena e leia os textos dos balões.

A: ESTAMOS SENDO ATACADOS POR POLVOS GIGANTES. PRECISO DE AJUDA PARA COMBATÊ-LOS.

B: CLARO, NEMO! VOCÊ ME EMPRESTA UMA ARMA?

C: SIM, SENHOR!

D: SIM, MAJESTADE! É PRA JÁ!

a. As personagens acima pertencem a qual obra de Júlio Verne?

_____

b. Nomeie cada personagem acima, começando da direita para a esquerda.

A		C	
B		D	

c. Que pronome cada uma das personagens usa como tratamento ao capitão Nemo nessa cena?

_____

d. O que demonstra o uso de cada pronome em relação ao Capitão Nemo?

Professor Aronnax	
Conselho	
Ned Land	

e. Para quais pessoas é adequado usar o pronome **majestade** ou **vossa majestade**?

☐ deputados e senadores   ☐ reis e imperadores

☐ bispos e arcebispos   ☐ governadores e presidente da República

Construção da escrita

▪ Para eu ou para mim?

1 Leia as frases e marque a mais apropriada em cada dupla.

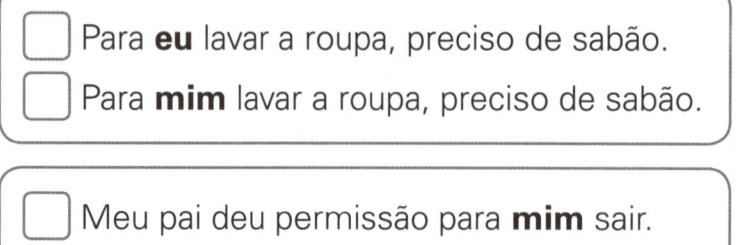

☐ Para **eu** lavar a roupa, preciso de sabão.
☐ Para **mim** lavar a roupa, preciso de sabão.

☐ Meu pai deu permissão para **mim** sair.
☐ Meu pai deu permissão para **eu** sair.

> Não confunda o uso dos pronomes **mim** e **eu**! Use o pronome **eu** quando praticar a ação e o pronome **mim** quando não praticar.
>
> Para **eu** fazer a lição, preciso me concentrar.   Elza explicou a lição **para mim**.
>
> "Eu" pratica a ação de fazer a lição.   Outra pessoa pratica a ação de explicar a lição.

2 Releia as frases da atividade 1 e verifique se elas estão de acordo com a explicação acima. Se necessário, mude sua resposta.

3 Complete as frases dos balões a seguir, usando o pronome **eu** ou **mim**.

A A FESTA ACABOU E SOBROU A BAGUNÇA PARA _____ ARRUMAR.

B FOI PARA _____ QUE VOCÊ FEZ ESTE BOLO?

C CHEGOU UMA CARTA PARA _____!

4 Marque a frase em que o uso dos pronomes **eu** ou **mim** não está adequado. Depois, reescreva-a usando o pronome adequadamente.

☐ Essa é a escola ideal para eu estudar.
☐ Não saia sem eu permitir.
☐ Não saia sem mim.
☐ Por favor, passe o sal para eu.

Há uma forma simples de confirmar se o uso de **para mim** está adequado. Basta deslocar essa expressão para o início da frase. Se o sentido dela continuar claro, o uso está adequado. Porém, se a frase ficar confusa, o uso de **para mim** é inadequado. Nesse caso, deve-se usar **para eu**. Veja.

A — Uso adequado
É difícil **para mim** fazer amizades.
Para mim, é difícil fazer amizades.

B — Uso inadequado
Este problema é **para mim** resolver.
Para mim, este problema é resolver.

Observe que a frase do quadro **B** está confusa. Nesse caso, o mais adequado seria escrever: "Este problema é **para eu** resolver".

5 Copie estas frases no caderno, deslocando a expressão **para mim** para o início ou trocando-a por **para eu**.

a. É importante para mim saber a verdade.
b. Deixaram a roupa para mim passar.
c. Esse conserto é para mim fazer.
d. É assustador para mim viajar de avião.
e. Comprei um caderno novo para mim estudar.
f. Se é para mim pagar a conta, desista. Não tenho dinheiro.

6 Leia a tira abaixo em que aparecem Cascão e o pai dele.

Mauricio de Sousa. Turma da Mônica.

a. Você sabe por que Cascão prefere a história dos três porquinhos?

b. Cascão usou o pronome **eu** no primeiro quadrinho de acordo com a regra que você aprendeu? Explique.

CAPÍTULO 3 — Histórias do Brasil

O nosso país foi formado por diversos povos: indígenas, africanos, europeus, asiáticos. O resultado dessa diversidade pode ser percebido no modo de falar das pessoas, nas comidas típicas de cada região, nas músicas regionais, nos artesanatos e nas inúmeras histórias do nosso **folclore**.

A palavra **folclore** vem do inglês: *folk* (povo) + *lore* (estudo, conhecimento).

Veja nesta cena algumas personagens do nosso folclore.

> **Folclore:** conjunto de costumes, lendas, canções e outras manifestações de um povo, preservado pela tradição oral.

Roda de conversa

1 Dê o nome das personagens numeradas na página ao lado.

2 Agora, dê o nome das personagens folclóricas mostradas na ilustração que possuem as seguintes características:

  a. Só aparece em noite de lua cheia.

  b. Defende a mata e os animais dos caçadores.

  c. Mora nas águas.

3 Na região em que você mora, há histórias sobre alguma personagem folclórica que não aparece na ilustração da página ao lado? Qual?

4 Leia estas cantigas populares. Você sabe a que personagem da página ao lado ela se refere?

> O meu boi morreu
> O que será de mim?
> Mandar buscar outro, maninha
> Lá no Piauí.

> Oi, iaiá, oi, iaiá
> Olhe o boi que te dá?
> Aguenta, janeiro
> Meu boi marruá [...]

Domínio público.

Vamos interagir?

Apresentando uma personagem folclórica

Junte-se a um colega para coletar informações sobre uma personagem folclórica bem curiosa, pode ser uma das que aparecem na ilustração da página anterior ou outra que preferirem. Sigam estas orientações.

1. Pesquisem e decidam sobre qual personagem vocês pesquisarão.

2. Busquem as informações mais importantes consultando livros, revistas, internet ou pessoas da família.

3. Selecionem e anotem em uma folha avulsa as principais informações coletadas e colem imagens da personagem. Não se esqueçam de anotar as fontes consultadas.

4. No dia combinado, apresente aos colegas as informações que vocês descobriram a respeito da personagem pesquisada. Essas informações serão retomadas na atividade coletiva que será realizada no final desta unidade.

Hora da leitura 1

No Brasil, histórias reais vividas por pessoas escravizadas deram origem a muitas lendas, isto é, a narrativas em que se misturam fatos reais a elementos fantásticos para explicar fenômenos da natureza e mistérios de nosso mundo. O texto a seguir é uma versão de uma lenda do Rio Grande do Sul.

- Leia o título do texto. Você sabe o que é **pastoreio**?
- Quem será o menino que aparece na ilustração abaixo?

O Negrinho do Pastoreio

Numa fazenda do Sul do Brasil, no tempo da escravidão, vivia um menino negro que cuidava de um grande rebanho, por isso todos o chamavam de Negrinho do Pastoreio.

Negrinho foi separado dos pais quando ainda era criança e desde então trabalhava todos os dias do ano. O dono da fazenda onde morava era um homem mau e impiedoso, que forçava os escravos a trabalhar até a exaustão.

— Vamos, preguiçosos! Quem parar pra descansar vai apanhar!

Esse senhor só gostava do próprio filho, tão mau quanto ele, e de um cavalo baio campeão de corridas.

Exaustão: esgotamento físico, cansaço muito grande.
Baio: cavalo que tem a pelagem castanha.

Negrinho era o melhor pastor da região. Noite e dia, cuidava dos animais da fazenda, principalmente do belo cavalo baio. O menino sabia montar e laçar como ninguém!

— Êta neguinho metido! Ainda vou lhe dar um castigo! — dizia cheio de inveja o filho do fazendeiro, ao ver como Negrinho dominava o cavalo.

Certa vez, um vizinho da fazenda afirmou ter um cavalo bem melhor que o cavalo baio e propôs que fizessem uma corrida para ver qual deles era o mais rápido. O fazendeiro, então, chamou Negrinho e disse:

— Você vai montar este cavalo, e ai de você se perder a corrida!

Os cavaleiros tomaram seus lugares e a corrida começou.

"Que Deus me ajude!", disse Negrinho, baixinho. Tremendo de medo só de pensar na surra que levaria se perdesse, fez o cavalo correr mais do que devia. Para seu azar, o pobre coitado tropeçou e o outro cavalo venceu a corrida.

O fazendeiro ficou furioso e mandou prender o menino. Suas mãos foram amarradas num tronco, e o homem lhe deu uma surra de chicote. Como se não bastasse, ainda lhe deu um castigo:

— Durante trinta dias você ficará ao **relento**, no alto do morro, vigiando os cavalos. De noite, amarre o baio numa corda, para que nada de mau lhe aconteça. Se algo lhe acontecer, você estará perdido!

Relento: umidade que há à noite, sereno.

Noites frias e dias quentes passaram sem que Negrinho comesse ou pregasse os olhos, sempre atento aos cavalos do fazendeiro. Até que numa tarde, vencido pelo cansaço, caiu em um sono profundo.

De olho no que Negrinho fazia, o filho do fazendeiro viu o menino dormir. Imediatamente cortou a corda que segurava o baio, espantou os outros cavalos e correu para contar ao pai:

— Pai, pai, nossos cavalos sumiram!

Juntos, foram até o morro e encontraram Negrinho dormindo.

— Acorde, preguiçoso! Por essa você me paga! — gritou o homem enfurecido, acordando Negrinho. — Encontre os meus cavalos imediatamente.

A noite chegou, gelada. O pobre menino acendeu um toquinho de vela e saiu sozinho pela escuridão. Em seu coração, rezava baixinho, pedindo a Deus que o ajudasse. A vela ia pingando pelo caminho... Cada pingo que caía transformava-se em uma pequena luz! Juntas elas eram tão fortes que iluminaram a noite escura, e o menino pôde encontrar os cavalos! Um por um, levou-os de volta ao fazendeiro.

— Agora você vai receber o castigo que merece!

O fazendeiro, então, prendeu Negrinho no tronco e deu-lhe uma grande surra. Em seguida, amarrou-o no pé de uma árvore (bem em cima de um formigueiro!) e voltou para casa.

Três dias se passaram até que o fazendeiro dignou-se a ir ver como estava o menino. Ao aproximar-se do lugar, viu o Negrinho sorrindo, de pé sobre o formigueiro... Um facho de luz, vindo do céu, iluminava seu rosto.

O homem caiu de joelhos, amedrontado pelo temor a Deus. Bem adiante de seus olhos, viu o menino sumir a galope, montado no cavalo baio... Ia numa nuvem de poeira castanho-dourada... bem da cor de seu cavalo!

Ainda hoje, quando se perde algo, algumas pessoas pedem a ajuda do Negrinho do Pastoreio!

Raquel Teles Yehezkel. *Belas lendas brasileiras*. Belo Horizonte: Leitura, 2009.

Linha e entrelinha

1 Onde se passa a história de Negrinho do Pastoreio? Ela retrata um período recente ou antigo? Justifique.

_____

_____

2 Você descobriu o sentido de **pastoreio**? Se ainda não souber, pesquise em um dicionário e anote-o.

_____

3 Por causa da escravização, que fato triste Negrinho viveu quando ainda era bem pequeno? _____

4 Além do fazendeiro, outra personagem maltratava Negrinho.

   a. Que personagem era essa? _____

   b. O que ela sentia em relação a Negrinho? _____

   c. Por que essa personagem nutria esse sentimento por Negrinho?

   _____

5 O fazendeiro tinha um cavalo **baio** campeão de corridas.

   a. Sublinhe no texto o trecho que informa a cor do cavalo baio.

   b. Qual destes é o cavalo baio?

   ☐   ☐   ☐

6 Em certo momento, o fazendeiro diz a Negrinho:

> — Você vai montar este cavalo, e **ai de você** se perder a corrida!

   a. O que representa a parte destacada?

   ☐ um aviso   ☐ um pedido   ☐ uma ameaça   ☐ um elogio

   b. O que o fazendeiro quis dizer com isso?

   _____

7 De acordo com o texto, Negrinho passou dias sem que "pregasse os olhos". Qual é o significado da expressão "pregar os olhos"?

_____

8 Ao deixar Negrinho sobre o formigueiro, o que o fazendeiro esperava que acontecesse?

_____

9 As lendas são marcadas por acontecimentos fantásticos ou pela existência de seres sobrenaturais.

a. Qual destas cenas representa um acontecimento sobrenatural?

b. Pinte no texto o trecho que apresenta o acontecimento sobrenatural mostrado na cena.

c. Que outro acontecimento fantástico há na lenda?

_____
_____
_____

10 Converse com os colegas.

a. A lenda "O Negrinho do Pastoreio" já era divulgada na época em que havia escravização no Brasil. Em sua opinião, qual era a finalidade de divulgá-la nessa época?

b. Para você, essa lenda representa uma crítica à escravização? Por quê?

c. O fazendeiro forçava os escravizados a trabalhar até a exaustão e ainda aplicava castigos físicos. Por que não é justo obrigar alguém a trabalhar contra sua vontade e sem receber pagamento?

d. Como um empregador deve tratar as pessoas que trabalham para ele?

Hora da leitura 2

Na cultura indígena, há diversas histórias cheias de magia e mistério para explicar a origem de animais, vegetais, fenômenos da natureza, etc. Para que essas histórias não se perdessem, elas foram transmitidas oralmente pelos mais velhos aos mais novos, nas comunidades indígenas brasileiras.

Atualmente, o rico conjunto de lendas indígenas faz parte do patrimônio cultural e histórico de todos nós brasileiros.

- Observe a ilustração abaixo. Em sua opinião, o que o cacique está contando para as crianças indígenas?
- Leia o título do texto. Você sabe o que é uma vitória-régia?

A vitória-régia

Era uma noite de luar. As estrelas brilhavam no céu como diamantes. E a Lua iluminava a Terra com seus raios prateados. Um velho cacique [...] contava às crianças as histórias maravilhosas de sua tribo. Ele era também feiticeiro e conhecia todos os mistérios da natureza. Um dos curumins que o ouviam perguntou ao velho de onde vinham as estrelas que luziam no céu. E o cacique respondeu:

— Eu as conheço todas. Cada estrela é uma índia que se casou com a Lua. Não sabiam? A Lua é um guerreiro belo e forte. Nas noites de luar, ele desce à Terra para se casar com uma índia. Aquela estrela que estão vendo é Nacaíra, a índia mais formosa da tribo dos maués. A outra é Janã, a flor mais graciosa da tribo dos aruaques. A respeito disso, vou contar a vocês uma história que aconteceu há muitos anos, em nossa tribo. Prestem atenção:

Havia, entre nós, uma índia jovem e bonita, chamada Naiá. Sabendo que a Lua era um guerreiro belo e poderoso, Naiá por ele se apaixonou. Por isso, recusou as propostas de casamento que lhe fizeram os jovens mais fortes e bravos de nossa tribo.

Todas as noites, Naiá ia para a floresta e ficava admirando a Lua com seus raios prateados. Às vezes, ela saía correndo através da mata, para ver se conseguia alcançar a Lua com seus braços. Mas esta continuava sempre afastada e indiferente, apesar dos esforços da índia para atingi-la.

Uma noite, Naiá chegou à beira de um lago. Viu nele, refletida, a imagem da Lua. Ficou radiante! Pensou que era o guerreiro branco que amava. E, para não perdê-lo, lançou-se nas águas profundas do lago. Coitada! Morreu afogada.

Então, a Lua, que não quisera fazer de Naiá uma estrela do céu, resolveu torná-la uma estrela das águas. Transformou o corpo da índia numa flor imensa e bela. Todas as noites, essa flor abre suas pétalas enormes, para que a Lua ilumine sua **corola** rosada.

Sabem qual é essa flor? É a vitória-régia!

Corola: conjunto de pétalas de uma flor.

Theobaldo Miranda Santos. *Lendas e mitos do Brasil*. São Paulo: Companhia Editora Nacional, 2004. p. 10-11.

Vitória-Régia

A vitória-régia é uma das maiores plantas aquáticas do mundo. [...]

As folhas da vitória-régia possuem as bordas dobradas, são grandes e flutuantes, apresentam-se no formato de um círculo, e algumas chegam a cobrir uma superfície de três metros quadrados. Além disso, se o peso for bem distribuído, elas são capazes de suportar uma carga de até quarenta quilos, sem afundá-la na água. [...]

Nos meses de janeiro e fevereiro brotam as flores da vitória-régia. Elas são brancas ou rosadas, possuem várias camadas de pétalas, e abrem somente durante a noite, exalando um perfume maravilhoso. Algumas flores atingem trinta centímetros de diâmetro e, no meio delas, observa-se um botão circular onde se localizam as sementes.

Fundação Joaquim Nabuco. Disponível em: <http://linkte.me/plv38>. Acesso em: 13 jul. 2016.

Linha e entrelinha

1 Quem recontou a lenda que você leu foi o escritor Theobaldo Miranda Santos, no livro *Lendas e mitos do Brasil*. Mas quem são os criadores originais dessa lenda? _____

2 Qual destes acontecimentos ocorreu primeiro? Explique.

A

B

_____

_____

3 O texto que você leu tem dois narradores diferentes.

a. No primeiro parágrafo, a narração é feita em:

☐ 1ª pessoa: o narrador-personagem participa da história e conta-a.

☐ 3ª pessoa: o narrador-observador apenas observa e conta a história.

b. Circule no texto a primeira frase da segunda narração, isto é, o início da lenda contada pelo cacique.

4 Todas as afirmações abaixo sobre a planta vitória-régia são verdadeiras. Marque aquela que, de alguma forma, relaciona Naiá, transformada em vitória-régia, à Lua.

☐ As folhas arredondadas da vitória-régia atingem cerca de dois metros.

☐ A vitória-régia flutua sobre a superfície das águas.

☐ As flores da vitória-régia se abrem no fim da tarde e se fecham ao amanhecer.

☐ As flores da vitória-régia são perfumadas e podem ser brancas ou rosadas.

Fotografia de vitórias-régias.

5 Pelo contexto, é possível compreender o sentido da palavra indígena **curumim**, que aparece no primeiro parágrafo? O que ela significa?

_____

6 Quanto ao papel desempenhado na tribo, que diferença há entre o cacique desse texto e o pajé que aparece na história de Tibicuera?

_____

_____

7 Segundo a lenda da vitória-régia, quem é, de fato, a Lua?

_____

8 De acordo com a lenda, como surgiram as estrelas que vemos no céu?

_____

9 Pinte no texto um trecho que menciona o que a bela Naiá sentia pela Lua.

10 O que Naiá imaginou ao ver a Lua refletida nas águas do rio?

_____

_____

11 Sublinhe no texto o trecho final da história que mostra que Naiá não foi uma das escolhidas pela Lua.

12 Qual atitude de Naiá em vida mostra que, mesmo não correspondida, ela se mantinha fiel à Lua?

_____

_____

13 Quais são os fatos sobrenaturais que acontecem nessa lenda?

_____

_____

14 Converse com os colegas.

   a. Você mudaria o final da história? Como seria?

   b. O que você pensa a respeito da fidelidade de Naiá mesmo sendo transformada em vitória-régia e não em estrela, como desejava?

   c. Uma lenda explica o surgimento ou a origem de algo. O que mais a lenda da vitória-régia nos ensina?

Produção de texto

Lenda

Você já sabe que lendas são histórias em que acontecimentos fantásticos explicam os mistérios do mundo ou a existência dos seres. Assim, tanto o texto "O Negrinho do Pastoreio" quanto o texto "A vitória-régia" são lendas.

Todos os povos possuem lendas que fazem parte do folclore local. Leia uma lenda criada e contada pelo povo africano.

Por que o camaleão muda de cor

Há muitas e muitas luas, a lebre e o camaleão eram amigos inseparáveis.

Naquele tempo, o interior da África era percorrido a pé por longas caravanas. Todos carregavam pacotes e cestos à cabeça, repletos de cera e de borracha, que trocavam por panos coloridos nas vendas dos comerciantes brancos nas vilas situadas junto ao mar.

A lebre e o camaleão, tão logo ouviam o cântico e o alarido dos carregadores, se arrumavam rapidamente para seguir atrás dos homens.

[...]

A lebre, sempre apressada, fazia tudo correndo. Assim que chegava à loja do homem branco, trocava rapidinho sua cera por tecidos multicolores e dizia para o camaleão:

— Já estou indo — e sumia pela mata afora.

O camaleão, muito calmo, respondia:

— Não tenho pressa — e regressava lentamente para a imensa floresta.

A lebre, atabalhoada, ia perdendo pelos atalhos tudo que conseguia, por causa das suas correrias insensatas.

É por esta razão que a apressadinha anda até hoje vestida com um pano cinzento, sujo e desbotado.

O lento e responsável camaleão juntou muitos tecidos das mais variadas tonalidades, e é por isso que ele pode trocar de cor a toda hora.

Caravana: grupo de pessoas que viajam juntas.
Alarido: barulheira, gritaria.
Atabalhoado: atrapalhado, confuso.

Rogério Andrade Barbosa. *Histórias africanas para contar e recontar*. São Paulo: Editora do Brasil, 2009.

Converse com os colegas a respeito dessa lenda africana.

1. As lendas não acontecem em um tempo preciso, determinado. Que trecho dessa lenda indica o tempo, sem revelar exatamente quando aconteceu?

2. O que essa lenda tenta explicar a respeito das características físicas da lebre e do camaleão?

3. Por que esse texto pode ser considerado uma lenda?

4. Segundo a lenda, embora fossem amigos, a lebre e o camaleão possuíam características diferentes. O que os diferenciava no modo de agir?

5. Qual modo de agir essa lenda parece considerar o mais adequado, o do **camaleão** ou o da **lebre**?

Você vai coletar uma lenda de origem indígena, africana ou portuguesa para recontar aos colegas, de acordo com o grupo a que você pertence, conforme a atividade realizada na página 128.

A lenda coletada fará parte da atividade coletiva que ocorrerá no final desta unidade.

EM AÇÃO!

Planejar e produzir

1. Pesquise em livros ou na internet. Escolha uma lenda bem interessante e leia-a várias vezes para memorizar a história e aprender a contá-la.

2. Em seguida, em uma folha avulsa, reconte-a por escrito. É importante recontá-la do seu modo, sem copiá-la.

3. Depois, leia e revise o texto e dê um título para a lenda que você escreveu.

Revisar, avaliar e reescrever

Itens a avaliar	Sim	Não
1. Há seres ou acontecimentos fantásticos em seu texto?		
2. Você recontou a lenda sem copiá-la?		
3. Você deu um título para a lenda?		

Após avaliar seu texto, faça um ou mais desenhos para ilustrá-lo.

Quando o professor solicitar, conte a lenda para os colegas sem ler suas anotações. Use a folha apenas como apoio à memória. Pergunte aos colegas que mistérios do mundo a lenda narrada por você explica.

Vamos interagir?

Monitoria de exposição

Na atividade coletiva desta unidade, você e seus colegas organizarão uma exposição a respeito das contribuições indígenas, africanas e portuguesas à cultura brasileira. As equipes permanecerão as mesmas que atuaram ao longo desta unidade.

Durante a exposição, você e seus colegas de equipe farão a monitoria, isto é, apresentarão os cartazes, os painéis e o jornal mural ao público e responderão às perguntas feitas pelos visitantes da exposição.

Preparem-se para explicar a importância da contribuição dos diversos povos à cultura brasileira. Veja algumas sugestões que poderão ajudar você e sua equipe a planejar a fala e as explicações.

Sugestão 1: exemplificar

Nem sempre as pessoas entendem imediatamente o que queremos dizer. É comum as pessoas pedirem mais explicações para quem está falando. Uma das formas de esclarecer dúvidas é dar exemplos. Veja como Davi e Rodrigo fizeram.

> EU NÃO ENTENDI DIREITO O QUE É EVAPORAÇÃO DA ÁGUA.

> POR EXEMPLO, QUANDO VOCÊ COLOCA ÁGUA NA PANELA PARA FERVER, NÃO COMEÇA A SUBIR UMA FUMACINHA? ENTÃO, ESSA FUMACINHA É A EVAPORAÇÃO DA ÁGUA. NO CALOR, TEM MAIS EVAPORAÇÃO DA ÁGUA, POR ISSO CHOVE MAIS.

> PARA QUE SERVE SABER OS PONTOS CARDEAIS?

> POR EXEMPLO, QUANDO ALGUÉM VAI CONSTRUIR UMA CASA, É BOM SABER A POSIÇÃO EM QUE ELA VAI SER CONSTRUÍDA PARA PODER APROVEITAR MELHOR O SOL, A FIM DE ECONOMIZAR ENERGIA E EVITAR QUE A CASA SEJA MUITO QUENTE OU MUITO FRIA.

Andrea Vilela/ID/BR

Como você pôde ver nas situações acima, uma boa forma de dar exemplos é procurar situações do dia a dia que ajudem a explicar as informações apresentadas no cartaz.

Sugestão 2: dizer de outra forma

Dependendo do assunto sobre o qual estamos falando, algumas palavras podem parecer difíceis de serem entendidas. Nessa hora, para garantir que sejamos compreendidos, podemos dizer a mesma coisa usando outras palavras. Veja:

> OS CRUSTÁCEOS SÃO ANIMAIS INVERTEBRADOS, **OU SEJA**, ANIMAIS QUE NÃO POSSUEM COLUNA VERTEBRAL E GERALMENTE NÃO POSSUEM NENHUM OUTRO TIPO DE OSSO DENTRO DO CORPO TAMBÉM.

> EM SUA MAIORIA, OS CRUSTÁCEOS SÃO ORGANISMOS MARINHOS, **ISTO É**, VIVEM NO MAR.

Andrea Vilela/ID/BR

Converse com os colegas.

1. Quais palavras a menina procurou explicar melhor?
2. Que expressões ela usou para começar cada uma dessas explicações?
3. Você conhece outras palavras que podem ser usadas para isso?

Planejando a apresentação

Planejem como será a apresentação dos trabalhos produzidos pelo grupo. Façam assim:

1. Definam quais são as informações mais relevantes dos trabalhos, isto é, as que merecem mais destaque.
2. Elaborem explicações a respeito dos trabalhos produzidos.
3. Cada aluno treina se apresentando para a equipe.
4. Os colegas da equipe fazem perguntas sobre os trabalhos para o aluno que estiver treinando a apresentação.
5. No final de cada apresentação, a equipe avalia as falas, verificando se as explicações estão corretas, se foram claras, se o colega falou pausadamente, se falou com tom de voz adequado, se apresentou as principais informações do trabalho, etc.

Nossa língua

Pronomes possessivos e demonstrativos

1 As palavras circuladas nos balões são pronomes. Que ideia elas expressam?

MÃE, HOJE DECIDI ARRUMAR (MEU) QUARTO!

QUE MARAVILHA! DEUS OUVIU (MINHAS) PRECES!

POSSO LEVAR AS COISAS PRO (SEU)?

Ziraldo. *O Menino Maluquinho*. Disponível em: <http://linkte.me/qc020>. Acesso em: 14 jul. 2016.

☐ tratamento   ☐ ação   ☐ qualidade   ☐ posse

2 Complete estas quadrinhas com os pronomes **minha, meu, sua**.

A
Lá no céu tem três estrelas
Todas três encarrilhadas.
Uma é _____, outra é _____
Outra é de _____ namorada.

C
Quem me dera estar agora
Lá no mato, no sertão
Onde está _____ saudade
Onde está _____ coração.

B
Se essa rua fosse _____
Eu mandava ladrilhar
Ou de ouro ou de prata
Para _____ bem passear.

D
Eu pus _____ mão na _____
Você a _____ na _____
Ficou uma coisa justa
Como faca na bainha.

Domínio público.

Os pronomes usados para completar as quadrinhas são chamados de **possessivos** porque indicam relação de posse.

Observe no quadro abaixo os pronomes possessivos.

Pessoas do discurso	Pronomes possessivos
1ª pessoa do singular = eu	meu, minha, meus, minhas
2ª pessoa do singular = tu	teu, tua, teus, tuas
3ª pessoa do singular = ele, ela	seu, sua, seus, suas
1ª pessoa do plural = nós	nosso, nossa, nossos, nossas
2ª pessoa do plural = vós	vosso, vossa, vossos, vossas
3ª pessoa do plural = eles, elas	seu, sua, seus, suas

3 Observe esta tira.

AI, _____ DEUS!

RÁ! RÁ! RÁ! APARECEU UM MONSTRO DEBAIXO DA _____ CAMA?

DA _____ NÃO, DA _____ !

a. Complete os espaços com pronomes possessivos e dê sentido à tira.

b. Por que o ilustrador só mostrou a parte de baixo da cama da menina no último quadrinho? Explique.

_____

_____

c. Imagine que os irmãos da tira resolveram enfrentar o monstro. Para dar sentido ao texto do balão, complete-o com um pronome possessivo.

SAIA DA _____ CAMA, seu MONSTRO HORROROSO!

4 Retire da lenda "O Negrinho do Pastoreio" uma frase em que há emprego destes pronomes possessivos:

a. meus: _____

b. nossos: _____

5 Leia esta tira e observe as palavras circuladas.

Jim Davis. Garfield: toneladas de diversão. Porto Alegre: L&PM, 2007. p. 48.

- As palavras destacadas são **pronomes demonstrativos**. Que sentido elas expressam?

    ☐ Indicam posse, propriedade.

    ☐ Indicam a posição, em relação à personagem, do que está sendo falado.

> Os **pronomes demonstrativos** indicam uma posição no espaço ou no tempo.

Pronomes demonstrativos	Situação de uso
este(s), esta(s), isto	Indicam o que está perto de quem fala.
esse(s), essa(s), isso	Indicam o que está próximo da pessoa com quem se fala.
aquele(s), aquela(s), aquilo	Indicam algo distante de quem fala e da pessoa com quem se fala.

6 Leia esta tira e responda ao que se pede com base no quadro acima.

Laerte. Piratas do Tietê. *Folha de S.Paulo,* São Paulo, 29 mar. 2003.

a. Por que a personagem usa **aquela** para se referir às estrelas?

b. Circule, na tira, o pronome que não foi empregado adequadamente.

c. A que crendice a personagem se refere no último quadrinho? Explique.

7 Use pronomes demonstrativos para completar as frases desta cena referente à obra de Júlio Verne: *Viagem ao centro da Terra*.

> HANS, _____ É O VULCÃO DO PERGAMINHO?

> SIM, PROFESSOR, _____ É O SNEFFELS!

> SERÁ QUE _____ É MESMO O TAL VULCÃO?

8 Explique por que foram usados os pronomes demonstrativos em destaque nesta cena referente à obra *Vinte mil léguas submarinas*, de Júlio Verne.

> **ESTE** É CONSELHO E **AQUELE** É NED LAND.

> E **ESSE** AÍ É O CAPITÃO NEMO?

_____

_____

9 Complete a frase abaixo com o pronome apropriado para a situação: **este**, **esse** ou **aquele**.

> _____ LUGAR ESTÁ VAGO!

Construção da escrita

As palavras seção, sessão

1 Leia esta tira de Senninha, personagem inspirada no piloto de Fórmula 1 Ayrton Senna (1960-1994).

Senninha/Instituto Ayrton Senna.

a. Sabendo que Gabi e Senninha estavam na mesma loja, qual sentido tem a palavra **seção**? _____

b. Por que Senninha foi procurar a seção de autopeças e não a de brinquedos?
_____

2 Observe e leia estes quadrinhos.

a. A que tipo de filme o menino estava assistindo? _____

b. Que sentido tem a palavra **sessão** na situação acima?
_____

3 Pelo que você observou, as palavras **seção** e **sessão**:

☐ têm a mesma pronúncia e o mesmo sentido.

☐ têm a mesma pronúncia, mas sentidos diferentes.

4 Associe cada situação a um dos sentidos da palavra **sessão**.

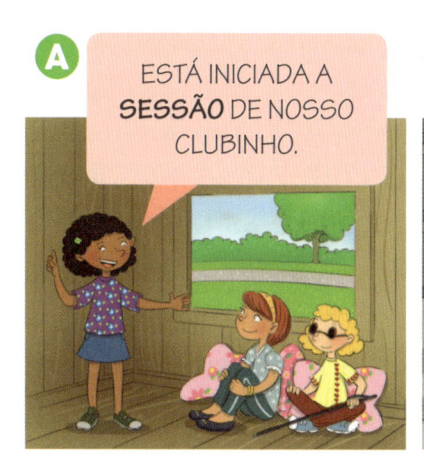

A ESTÁ INICIADA A **SESSÃO** DE NOSSO CLUBINHO.

B ESSA PEÇA É NA **SESSÃO** DAS OITO.

C A **SESSÃO** DOS VEREADORES TERMINOU HÁ POUCO.

☐ Espaço de tempo durante o qual ocorre um espetáculo.

☐ Espaço de tempo que dura uma reunião.

☐ Espaço de tempo durante o qual um congresso, uma assembleia, etc. realiza um trabalho.

5 Reflita sobre os sentidos das palavras **sessão** e **seção**. Depois, complete as frases abaixo com uma dessas palavras.

a. _____ é parte de um todo.

b. _____ é o espaço de tempo que dura um espetáculo, uma reunião, uma exibição etc.

6 Complete as frases dos balões com a palavra **seção** ou **sessão**.

POSSO LER A _____ DE QUADRINHOS?

CLARO! SÓ VOU VER O HORÁRIO DA _____ DE CINEMA!

7 Em qual frase abaixo a palavra destacada foi usada inadequadamente?

☐ A última **sessão** deste filme já vai começar.

☐ O computador está na **sessão** de informática.

☐ Hoje ocorreu uma **sessão** secreta no clube.

EM AÇÃO!

Exposição cultural: "Histórias de nossa história"

1. Entendendo a atividade

Você e seus colegas montarão uma **exposição cultural** acerca de parte da história e do folclore de nosso país com as produções e as pesquisas que foram realizadas durante esta unidade.

Lembre-se de que nossa história não começou com a chegada dos portugueses. Ela já havia começado com os indígenas que aqui viviam muito antes de 1500.

2. Organizando a sala em grupos de trabalho

Os grupos deverão ser os mesmos que trabalharam ao longo desta unidade. Cada grupo ficará responsável pela montagem de diferentes painéis, contendo os trabalhos descritos a seguir.

- **Grupo 1:** Personagem folclórica (página 141); Lendas indígenas (página 151).
- **Grupo 2:** Personagem folclórica (página 141); Lendas africanas (página 151).
- **Grupo 3:** Personagem folclórica (página 141); Lendas portuguesas (página 151).

3. Montando os painéis

Vocês precisarão de cartolinas para montar os painéis.

Antes de colar os trabalhos produzidos nas cartolinas, façam uma revisão, verificando se:

   a. todos eles contêm imagens;

   b. a letra está legível;

   c. não há borrões no texto;

   d. eles contêm título, nome do autor, etc.

Em cada painel, no alto da cartolina, com letras grandes, legíveis e coloridas, anotem o assunto que será abordado.

Verifiquem e planejem a disposição mais adequada e atraente. A seguir, colem os trabalhos na cartolina.

4. Preparando o local

O professor indicará o local em que cada painel ficará exposto na escola.

Além dos painéis de personagens folclóricas e dos painéis de lendas, cada grupo exporá também o jornal mural, confeccionado na atividade da página 107, e os cartazes sobre as contribuições de diferentes povos, preparados com as orientações das páginas 130 e 131.

5. Divulgando a exposição cultural

Convidem alunos e professores de outras classes para visitar a exposição que vocês prepararam.

Agendem com o professor uma data e um horário para que seus familiares, amigos, colegas e vizinhos também prestigiem a exposição. Para isso, elaborem e distribuam convites com as informações necessárias: nome da exposição, data, local e hora em que ocorrerá a visitação.

Durante a exposição, posicionem-se ao lado dos painéis para conversar com os visitantes e oferecer informações sobre cada trabalho.

Deixem claro para eles que o cotidiano de Pindorama, anterior a 1500, também faz parte de nossa história.

Avaliando a atividade

1. Todos os componentes de seu grupo contribuíram igualmente para a realização da atividade? E você? Como foi sua colaboração?

2. Os painéis ficaram atraentes e interessantes? Comente.

3. Quais foram as reações do público visitante em relação aos painéis?

4. Você divulgou a ideia de que Pindorama também faz parte da nossa história?

5. Das informações obtidas nesta atividade, qual você considera a mais interessante? Por quê?

6. Que ensinamentos você guardou dos assuntos desta atividade?

O que aprendi?

1 Converse com os colegas.

a. A história de Pindorama também deve ser vista como parte de nossa história? Explique.

b. Indígenas e africanos aceitaram pacificamente a escravização imposta pelos europeus? Explique.

c. Cite algumas áreas com contribuições dos povos indígenas e africanos à cultura brasileira.

2 A língua portuguesa incorporou palavras apenas das línguas indígenas e africanas? Converse com os colegas.

3 Marque a frase em que o emprego da expressão **para eu** ou **para mim** está inadequado.

- ☐ Deixe a bola para eu chutar.
- ☐ Esta carta é para mim?
- ☐ Para eu, estudar é importantíssimo.
- ☐ Comer jiló é impossível para mim.
- ☐ Para mim, os amigos são muito importantes.

4 Complete as frases com **a** ou **há**.

a. Voltarei daqui _____ dois meses.

b. Estamos _____ cem metros da praia.

c. Saiu daqui agora _____ pouco.

d. A loja está _____ duas quadras daqui.

e. _____ dois anos não viajo.

f. Chegarei daqui _____ pouco.

5 Complete as frases com **sessão** ou **seção**.

A A _____ de brinquedos está mais enfeitada que a _____ de roupas.

B Eu assisti ao meu filme preferido na _____ especial de domingo.

a. Na frase **A**, que comparação se estabelece?

☐ igualdade   ☐ superioridade   ☐ inferioridade

b. Qual pronome possessivo aparece na frase **B**? Circule-o.

6 Leia esta tira em que aparecem o Recruta Zero e o Sargento Tainha.

Mort Walker. Recruta Zero. *O Estado de S. Paulo*, São Paulo, 13 nov. 2006.

a. Que pronome pessoal está subentendido na fala do Recruta Zero, no primeiro quadrinho? _____

b. Que pronome de tratamento está subentendido na fala do Sargento Tainha? _____

c. A palavra **aviária** está relacionada a aves. O recruta a usou nesse sentido? Explique.
_____

7 Observe e leia esta tira de Calvin e converse com os colegas.

Bill Watterson. *Calvin*, 2006.

a. Por que a mãe de Calvin usou o pronome demonstrativo **esta** e não **essa**?

b. Com qual finalidade Calvin inventou uma história cheia de detalhes?

c. Por que no primeiro quadrinho as palavras estão com maior destaque?

d. O pronome pessoal **ele**, no terceiro quadrinho, refere-se a quem?

163

UNIDADE 3

Fica decretado que...

Para viver bem em sociedade, todos nós temos deveres e direitos.

- Na cena ao lado, o que as pessoas em frente à prefeitura estão solicitando?

- Localize na cena dois motoristas agindo de forma indevida. O que eles estão fazendo?

- Localize e circule cestos como estes na cena. O que é feito com o lixo de cestos como estes?

- Em qual dos carros as letras da placa traseira formam uma palavra? Que palavra é esta?

- O que os policiais da cena estão fazendo?

- Cite dois direitos das três crianças que estão na pracinha que não estão sendo cumpridos.

165

CAPÍTULO 1 — A conquista de direitos

Contribuir para um mundo sem guerra, preconceito, injustiça ou desigualdade deve ser uma responsabilidade diária de todo ser humano.

Uma história antiga

As pessoas sempre se amaram e brigaram.

Na **Idade da Pedra**, só os mais fortes conseguiam sobreviver. E os mais fortes dominavam os mais fracos.

Idade da Pedra: expressão que se refere a um dos primeiros períodos da história humana.

Muito tempo passou, a vida **mudou** muito, mas esse tipo de coisa ainda acontece. O mais forte continua querendo **mandar** no mundo.

Há muitos anos, em 1914, um país invadiu outro e começou na Europa uma grande guerra que durou quatro anos: a **Primeira Guerra Mundial**.

Depois que a guerra acabou, pessoas de vários lugares se reuniram em Genebra, uma cidade da Suíça, que é um país da Europa onde faz muito frio.

Lá, fundaram a **Liga das Nações**, para que os países não brigassem mais.

[...]

Mas as pessoas não aprenderam e de novo começaram a brigar numa guerra ainda maior, que foi a **Segunda Guerra Mundial**.

Quando a guerra acabou, diversos países da Europa e da Ásia estavam destruídos. Em 1945, homens e mulheres se reuniram de novo em Genebra. Dessa vez havia gente do mundo todo. [...]

Dessa reunião de todos os povos surgiu a Organização das Nações Unidas, a **ONU**. Ela trabalha para que todos os países sejam amigos e se ajudem.

Silvana Salerno. *Mini Larousse dos direitos da criança*. São Paulo: Larousse, 2005. p. 4-12.

Roda de conversa

1 Em sua opinião, entre pessoas ou nações deve existir essa relação de "mais forte" e "mais fraco"? Por quê?

2 No período da história do Brasil que você estudou na unidade anterior, havia grupos que dominavam e grupos que eram dominados? Explique.

3 Qual a sua opinião a respeito de guerras entre países?

4 Duas décadas após a fundação da Liga das Nações, ocorreu uma nova guerra, envolvendo 72 países. Veja o quadro com os dados aproximados.

	Pessoas mortas	Pessoas mutiladas
1ª Guerra	10 milhões	20 milhões
2ª Guerra	50 milhões	28 milhões

a. Em qual das guerras houve mais mortes e mutilações?

b. O que você diria aos governantes mundiais para que não mais ocorram guerras como essas novamente?

5 Em 1945, após a Segunda Guerra Mundial, pessoas de toda parte do mundo se reuniram novamente.

a. De acordo com as placas acima, escritas em diferentes idiomas, qual era o desejo de todas as pessoas nessa reunião?

b. Dessa reunião, surgiu a Organização das Nações Unidas (ONU). Que trabalho a ONU desenvolve?

6 Segundo o texto, "as pessoas sempre se amaram e brigaram". Quando você discorda da opinião de outra pessoa, que atitude você toma?

Hora da leitura 1

A missão da ONU é incentivar o vínculo entre países e também promover a paz e a segurança mundial.

Logo após sua fundação, em 1945, a ONU reuniu diversas pessoas para elaborar um texto muito importante para a vida de todos os seres humanos de qualquer parte do mundo, sem exceção.

■ Será que as pessoas que elaboraram esse texto eram todas de um mesmo país?

■ Em sua opinião, qual é o assunto e a finalidade do texto elaborado por essas pessoas?

Declaração Universal dos Direitos Humanos

Um dia, uma porção de pessoas se reuniu.
Elas vinham de lugares diferentes e eram, elas mesmas, diferentes entre si.
Havia homens e mulheres [...].

Vinham de países ricos e pobres, de lugares quentes ou frios.
Vinham de reinados e de repúblicas.
Falavam muitas línguas.
Acreditavam em diferentes deuses.

Alguns dos países que elas representavam tinham acabado de sair de uma guerra terrível, que tinha deixado muitas cidades destruídas, um número enorme de mortos, muita gente sem lar e sem família.

Muitas pessoas tinham sido maltratadas e mortas por causa de sua religião, de sua raça e de suas opiniões políticas.

O que reunia aquelas pessoas era o desejo de que nunca mais houvesse uma guerra, de que nunca mais ninguém fosse maltratado e que não se perseguissem mais pessoas que não tinham feito mal a ninguém.

Então, elas escreveram um papel.

Neste documento elas fizeram um resumo dos direitos que todos os seres humanos têm e que devem ser respeitados por todos os povos.

Este documento é chamado Declaração Universal dos Direitos Humanos [...].

Declaração Universal dos Direitos Humanos. Adaptação de Ruth Rocha e Otávio Roth. São Paulo: Salamandra, 2007.

Para refletir!

A Declaração Universal dos Direitos Humanos é composta de 30 **artigos**, e tem por objetivo tornar mais digna a vida das pessoas.

Os princípios básicos desse texto são igualdade, liberdade, justiça e paz. Leia o primeiro artigo:

"Todos os seres humanos nascem livres e iguais em dignidade e direitos. São dotados de razão e consciência e devem agir em relação uns aos outros com espírito de **fraternidade**."

Artigo: parte de uma constituição, de uma lei.
Fraternidade: amor ao próximo; harmonia.

Unicef Brasil. Disponível em: <http://linkte.me/I8342>. Acesso em: 2 ago. 2016.

Linha e entrelinha

1 De acordo com o texto, o que levou as pessoas a escrever a Declaração Universal dos Direitos Humanos?

_____

_____

2 Sublinhe no texto um trecho que comprova que as pessoas que se reuniram para redigir a Declaração Universal dos Direitos Humanos não tinham a mesma religião.

3 De acordo com o texto, muitos países tinham acabado de sair de uma guerra terrível. A que guerra o texto se refere?

_____

4 Numere de acordo com a ordem em que os fatos ocorreram.

☐ O documento elaborado resume os direitos de todos os seres humanos.

☐ Após a guerra, muitos se uniram pelo desejo de evitar novos conflitos.

☐ Uma guerra terrível destruiu cidades e matou muitas pessoas.

☐ Pessoas de diferentes lugares do mundo se reuniram para elaborar um documento sobre os direitos humanos.

5 Quantos artigos tem a Declaração Universal dos Direitos Humanos? Quais são os princípios básicos dessa declaração?

_____

6 Observe a fotografia abaixo. Quais direitos não estão sendo garantidos às pessoas que vivem nesse local que aparece na fotografia?

> Todo ser humano tem direito a um padrão de vida capaz de assegurar a si e à sua família saúde, bem-estar, inclusive alimentação, vestuário, habitação, cuidados médicos [...].

Artigo 25 da Declaração Universal dos Direitos Humanos.

Bairro em que não há coleta regular de lixo, Brasília, 2015.

7 O artigo 11 da Declaração afirma que todos têm o direito de ser considerados inocentes até que haja prova contrária.

ELA PEGOU MEU LÁPIS!

a. Observe a imagem acima e responda: o artigo 11 foi respeitado? Explique.

_____

b. Como o menino poderia comunicar o desaparecimento do lápis sem acusar um colega?

_____

c. Observe a imagem e explique. A menina realmente havia pegado o lápis de cor do menino?

_____

8 O artigo 12 da Declaração prevê que ninguém poderá sofrer invasão de privacidade na família, no domicílio ou de correspondência.

a. Em quais cenas há invasão de privacidade? Marque-as.

b. Por que há invasão de privacidade nas cenas que você indicou?

_____
_____

c. Alguém já desrespeitou sua privacidade? Conte aos colegas o que sentiu.

9 No artigo 20, a Declaração prevê que todos têm o direito de se associar e se agrupar pacificamente. Que exemplo de cidadania os alunos estão dando?

BRIGAR POR QUÊ? O MELHOR É TORCER!

10 Dois direitos básicos da Declaração não foram cumpridos plenamente nestas imagens. Que direitos são esses?

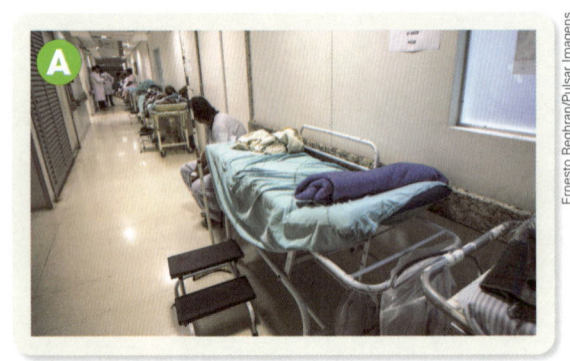

Macas em corredor de pronto-socorro lotado de hospital público em Londrina, PR, 2014.

Estudantes protestam por melhorias de ensino e de infraestrutura nas escolas em São Paulo, SP, 2015.

11 Leia um trecho do artigo 18 da Declaração Universal dos Direitos Humanos e converse com os colegas sobre as questões a seguir.

> Todo ser humano tem direito à liberdade de pensamento, consciência e religião [...].

a. Por que é importante respeitar a religião de cada pessoa?

b. Você respeita as religiões diferentes da sua? Explique.

c. Há uma expressão que diz "religião não se discute". Você concorda? Por quê?

d. Além da liberdade religiosa, que outra liberdade universal esse artigo prevê? Explique.

12 Direitos humanos não são para ficar só no papel, mas sim para serem vividos e cumpridos diariamente. Que atitudes você toma no dia a dia que colaboram para que eles aconteçam?

Hora da leitura 2

A seguir, você lerá um poema escrito em forma de estatuto. **Estatuto** é um conjunto de regras, de leis.

- Você imagina que tipo de regras há no poema "Os estatutos do homem"?
- Será que os artigos desse poema se referem a toda e qualquer pessoa, assim como os artigos da Declaração Universal dos Direitos Humanos?

Os estatutos do homem

Artigo I.   Fica decretado que agora vale a verdade,
que agora vale a vida
e que, de mãos dadas,
trabalharemos todos pela vida verdadeira.

Artigo II.   Fica decretado que todos os dias da semana,
inclusive as terças-feiras mais cinzentas,
têm direito a converter-se em manhãs de domingo.

Artigo III.   Fica decretado que, a partir deste instante,
haverá girassóis em todas as janelas,
que os girassóis terão direito
a abrir-se dentro da sombra
e que as janelas devem permanecer, o dia inteiro,
abertas para o verde onde cresce a esperança.

Artigo IV. Fica decretado que o homem
não precisará nunca mais
duvidar do homem.
Que o homem confiará no homem
como a palmeira confia no vento,
como o vento confia no ar,
como o ar confia no campo azul do céu.

Parágrafo único: O homem confiará no homem
como um menino confia em outro menino.

Artigo V. Fica decretado que os homens
estão livres do **jugo** da mentira. [...]

Artigo VI. Fica estabelecida, durante os séculos da vida,
a prática sonhada pelo profeta **Isaías**,
e o lobo e o cordeiro pastarão juntos
e a comida de ambos terá o mesmo gosto de aurora.

Artigo VII. Por decreto **irrevogável** fica estabelecido
o reinado permanente da justiça e da claridade,
e a esperança será uma bandeira generosa
para sempre **desfraldada** na alma do povo.

Artigo VIII. Fica decretado que a maior dor
sempre foi e será sempre
não poder dar amor a quem se ama
sabendo que é a água
que dá à planta o milagre da flor.

Jugo: peso; opressão.
Isaías: profeta bíblico.
Irrevogável: que não pode ser cancelado.
Desfraldar: soltar ao vento uma bandeira.

Artigo IX. Fica permitido que o pão de cada dia
tenha no homem o sinal de seu suor. [...]

Artigo X. Fica permitido a qualquer pessoa,
a qualquer hora da vida,
o uso do **traje branco**.

Traje branco: o uso de roupas dessa cor, para muitas pessoas, simboliza a paz.

Artigo XI. Fica decretado, por definição,
que o homem é um animal que ama
e que por isso é belo,
muito mais belo que a estrela da manhã.

Artigo XII. Decreta-se que nada será obrigado
nem proibido.
Tudo será permitido. [...]

Artigo final. [...]
A partir deste instante
a liberdade será algo vivo e transparente
como um fogo, um rio,
e a sua morada será sempre
o coração do homem.

Thiago de Mello. *Os estatutos do homem*. Versão em espanhol de Pablo Neruda.
São Paulo: Vergara & Riba, 2011.

Sugestão de leitura

O livro da paz, **de Todd Parr. Editora Panda Books.**

Nesse livro, o leitor descobrirá que a verdadeira paz pode estar nas pequenas coisas, como ser solidário, cuidar do ambiente, tirar uma soneca... Com frases curtas e ilustrações, o livro mostra como é fácil cultivar a paz no dia a dia.

Linha e entrelinha

1 Ao ler o poema, o leitor tem a impressão de estar lendo uma lei, sobretudo porque algumas estrofes se iniciam com "fica decretado".

   a. Procure em um dicionário e anote os sentidos de:
   - decreto _____
   - decretar _____

   b. Sublinhe outras três palavras do poema que nos fazem lembrar de leis.

   c. Que nome recebeu cada parte desse poema? _____

2 Transcreva as palavras e as expressões dos artigos citados abaixo.

Artigos	Palavra ou expressão	Indica
I		união entre pessoas
I		para quem vale o Estatuto
VII		que a justiça predominará para sempre

3 Os exemplos que aparecem no artigo IV para decretar que "o homem confiará no homem" revelam um tipo de confiança:

☐ calculada   ☐ espontânea   ☐ cautelosa   ☐ parcial

4 Se o artigo IV do Estatuto fosse aplicado, como seriam todas as pessoas?
_____

5 De acordo com o artigo V, o que a mentira causa? _____

6 O artigo VI propõe a união de lobo e cordeiro em um mesmo pasto. Esses animais se alimentam e agem de maneira diferente.

   a. Explique o que significa a proposta de união entre o lobo e o cordeiro.
   _____
   _____

   b. Segundo o poema, por quanto tempo valeria essa proposta?
   _____
   _____

7 Sabendo que os artigos de "Os estatutos do homem" não foram escritos apenas para pessoas do sexo masculino, marque a opção que poderia ser o título para haver maior precisão de sentido.

- [ ] Os estatutos das mulheres
- [ ] Os estatutos dos adultos
- [ ] Os estatutos dos seres humanos
- [ ] Os estatutos da gente

8 O texto lido apresenta uma definição para "homem".

a. Em que artigo a definição está? _____

b. Pinte no texto o trecho com a definição.

9 Com base no artigo IX e na ilustração da mesma página, qual é o sentido de "pão de cada dia" e "suor" no contexto em que aparecem?

_____

10 O artigo X faz referência à paz, citando a cor branca. Qual destas aves também simboliza a paz? Circule-a.

11 Da leitura do artigo final, podemos deduzir que, com esses decretos, as pessoas passam a ser:

- [ ] transparentes
- [ ] sonhadoras
- [ ] livres
- [ ] espontâneas

12 Converse com os colegas.

a. Se todos os decretos do poema forem seguidos, que mudanças haverá nas pessoas e na sociedade?

b. Dos artigos apresentados, qual você considera mais necessário para sua vida? Por quê?

Saber Ser

13 Sob a orientação do professor, a sala se organizará em grupos para elaborar cartazes ilustrados sobre o texto "Os estatutos do homem".

a. Dividam os artigos do texto entre os grupos. Cada cartaz conterá dois artigos.

b. Cada grupo deverá transcrever os artigos em uma cartolina e fazer desenhos ou colar imagens recortadas de revistas para ilustrar cada artigo.

c. Esses cartazes também serão utilizados no evento que ocorrerá no final desta unidade.

EM AÇÃO!

Produção de texto

■ Estatuto dos animais

> **Unesco:** órgão da ONU especializado em educação, ciência e cultura.

Em 1978, a **Unesco** criou a Declaração Universal dos Direitos dos Animais. Leia alguns artigos dessa Declaração.

Declaração Universal dos Direitos dos Animais

Artigo 1º — Todos os animais nascem iguais perante a vida e têm os mesmos direitos à existência.

Artigo 2º — [...] Todo animal tem o direito à atenção, aos cuidados e à proteção do homem.

Artigo 4º — Todo animal pertencente a uma espécie selvagem tem o direito de viver livre no seu próprio ambiente natural [...].

Artigo 10º — Nenhum animal deve ser explorado para divertimento do homem. [...]

Declaração Universal dos Direitos dos Animais. Organização das Nações Unidas para a Educação, a Ciência e a Cultura (UNESCO).

Converse com os colegas.

1 Além desses, que outros direitos você acredita que os animais têm?

2 O que poderá acontecer aos animais silvestres se não forem protegidos?

3 Em que situações os animais são explorados para divertimento humano? O que você pensa a esse respeito?

Com um colega, criem cinco artigos para compor um estatuto de proteção aos animais.

Planejar e produzir

1 Tendo como modelo o texto das páginas 173 a 175, pensem em decretos para tornar a vida dos animais mais digna e feliz.

2 Todo estatuto é estruturado em artigos numerados. Cada artigo deve abordar uma proposta de proteção diferente.

3 Vejam alguns exemplos de como podem ser os artigos de um estatuto.

> Artigo 1º — Fica decretado que todos os animais são livres para fazer o que quiserem.
> Artigo 2º — Fica decretado que o cachorro é um grande amigo dos seres humanos.
> Artigo 3º — Fica decretado que o leão será o eterno rei da floresta.
> Artigo 4º — Fica decretado que nenhum animal pode ser preso em jaula, gaiola ou viveiro.

4 Ao terminar, revisem o texto e reescrevam-no, se necessário.

Revisar, avaliar e reescrever

Itens a avaliar	Sim	Não
1. Os artigos foram numerados?		
2. Cada artigo contém uma proposta diferente?		
3. Todos os artigos propõem defesa aos animais?		

Quando o professor solicitar, apresentem-no para os colegas.

Montando um estatuto coletivo

1. Colaborem na produção coletiva de um único estatuto. Para compô-lo, cada dupla fornecerá dois ou três dos melhores artigos que elaboraram.

2. O professor anotará no quadro de giz os artigos selecionados de cada dupla. A classe decidirá quais artigos permanecerão.

3. No final, copiem os artigos do estatuto coletivo em cartolina e ilustrem-nos, formando um painel, que será utilizado posteriormente na atividade final desta unidade.

EM AÇÃO!

Usos do dicionário

Consultando um dicionário

Os dicionários não apresentam todas as variações de uma palavra. Por exemplo, imagine que você leu a seguinte frase e não sabe o sentido da palavra destacada.

> Em 1948, a ONU **proclamou** a Declaração Universal dos Direitos Humanos.

1 Consulte um dicionário e pesquise a palavra destacada na forma como aparece na frase.

   a. Foi possível localizá-la? Você imagina por quê?
   _____

   b. Leia este texto.

   > Para consultar um dicionário, é preciso saber que, em geral, os verbos aparecem no infinitivo e os substantivos ou outras palavras que sofrem flexão aparecem no singular, no masculino e no grau normal.

   c. Com base nessas informações, qual palavra você deve consultar no dicionário para entender o sentido de **proclamou**? _____

   d. Procure no dicionário o sentido da palavra que você indicou no item **c** e responda: que sentido tem a palavra **proclamou** na frase acima?
   _____

2 Se você fosse consultar no dicionário o sentido das palavras abaixo, que palavras teria de procurar? Responda com a ajuda do dicionário.

   a. boníssimas _____
   b. girassóis _____
   c. zarparam _____
   d. bruxão _____
   e. ajudou _____
   f. confirmado _____
   g. porquinha _____
   h. homens _____

3 Qual destas formas provavelmente não será encontrada no dicionário?

   ☐ ferrovia   ☐ imitar   ☐ anjinhos   ☐ luva

4 Para saber o sentido da palavra que você marcou na atividade 3, que palavra deve ser consultada? _____

5 Nem sempre a dúvida é esclarecida na primeira consulta. Veja um exemplo ao lado. Que outra palavra o leitor terá de consultar para entender melhor o sentido de **primordialidade**?

> **primordialidade**
> *substantivo feminino*
> Característica do que é primordial.
>
> Instituto Antônio Houaiss. *Dicionário Houaiss da Língua Portuguesa*. Rio de Janeiro: Objetiva, 2001. p. 2299.

_____

6 Veja o que aconteceu com esta pessoa.

a. O uso da palavra **seção** no cartaz está adequado ao contexto? Explique.

_____

b. A forma como a personagem consultou o dicionário foi adequada? O que a pressa ocasionou?

_____

Ao consultar o dicionário, proceda assim:

1. Pesquise a palavra na forma de apresentação mais comum.
    a. Se estiver pesquisando um verbo, procure-o no infinitivo.
    b. Se for um substantivo ou um adjetivo, procure-os no singular.
    c. Se a palavra tiver dois gêneros, procure-a no masculino.
    d. Se a palavra estiver no aumentativo ou no diminutivo, procure-a no grau normal.
2. Quando o verbete apresenta mais de uma acepção, verifique a mais adequada, de acordo com o contexto em que a palavra foi usada.
3. Leia as acepções sempre com muita atenção.

Nossa língua

Verbos (revisão)

1 Nesta tira, Calvin usa verbos para descrever ações realizadas.

[Tira: ACORDAR, LEVANTAR... / CALAR, ESCUTAR... / VOMITAR... / ATRAPALHAR, ERRAR... / APRESSAR... / COMO FOI SEU DIA? A MELHORAR.]

Bill Watterson. *Calvin e Haroldo*, 1992.

a. A que momento se referem os verbos **calar** e **escutar**?

_____

b. Pelo verbo do terceiro balão, que impressão Calvin teve do lanche?

_____

c. Por que no quarto quadrinho Calvin usou os verbos **atrapalhar** e **errar**?

_____

2 Indique a ideia expressa pelos verbos em destaque, usando os números.

☐ Os indígenas **estão** cansados.

☐ Eles **navegaram** por outros mares.

☐ **Choveu** na região da aldeia indígena.

☐ A planta **tornou-se** enorme.

☐ **Havia** muitas palmeiras em Pindorama.

1. mudança de estado
2. ação
3. estado
4. fenômeno da natureza
5. existência

Lembre-se!

Verbo é a palavra que pode exprimir ação, estado, mudança de estado, fenômeno da natureza ou existência. Pode estar nos tempos passado, presente ou futuro.

3 Relacione cada frase ao tempo indicado pelos verbos.

A tempo passado

B tempo presente

C tempo futuro

☐ Eu **farei** exercícios físicos diariamente.

☐ Eu **faço** exercícios físicos diariamente.

☐ Eu **fazia** exercícios físicos diariamente.

4 Pela flexão do verbo, é possível saber a que pessoa do discurso ele se refere. Complete cada frase com um dos pronomes pessoais do quadro.

a. Ontem, _____ dancei no salão de festas.

b. _____ respondeu "muito obrigada".

c. Por que _____ brincavas no escuro?

d. E se _____ caminhássemos pela praça?

e. _____ partiram em um imenso navio.

f. _____ disse: — Eu mesmo fiz esse jantar.

Pessoa	Singular	Plural
1ª	eu	nós
2ª	tu	vós
3ª	ele, ela	eles, elas

> O verbo pode estar flexionado ou estar no infinitivo. Veja.
> O menino **nadou** na piscina.   **Nadar** na piscina é muito bom.
>
> verbo flexionado na 3ª pessoa   verbo no infinitivo

5 Observe e leia esta tira.

HUMMM! PARECE DELICIOSO!

O GAROTO CHUPA AQUILO COM TANTO GOSTO!

VOU EXPERIMENTAR UM POUCO!

QUE DECEPÇÃO!

CHUP CHUP CHUP

Fernando Gonsales. *Níquel Náusea*: com mil demônios. São Paulo: Devir, 2002. p. 42.

a. Circule os verbos da tira.

b. Qual dos verbos que você circulou está no infinitivo?

_____

c. No terceiro quadrinho, a forma "vou experimentar" pode ser substituída por:

☐ experimentei   ☐ experimento   ☐ experimentarei

d. A forma "vou experimentar" indica uma ação que:

☐ já aconteceu.   ☐ está acontecendo.   ☐ ainda acontecerá.

e. Em que tempo estão os verbos nos dois primeiros quadrinhos?

_____

6 Observe os verbos **falar**, **viver** e **partir** no tempo presente e conjugue os verbos indicados abaixo.

> **Conjugar** é flexionar os verbos em número, pessoa, tempo, etc.

falar
Eu falo
Tu falas
Ele fala
Nós falamos
Vós falais
Eles falam

amar
Eu _____
Tu _____
Ele _____
Nós _____
Vós _____
Eles _____

duvidar
Eu _____
Tu _____
Ele _____
Nós _____
Vós _____
Eles _____

viver
Eu vivo
Tu vives
Ele vive
Nós vivemos
Vós viveis
Eles vivem

vender
Eu _____
Tu _____
Ele _____
Nós _____
Vós _____
Eles _____

defender
Eu _____
Tu _____
Ele _____
Nós _____
Vós _____
Eles _____

partir
Eu parto
Tu partes
Ele parte
Nós partimos
Vós partis
Eles partem

dividir
Eu _____
Tu _____
Ele _____
Nós _____
Vós _____
Eles _____

existir
Eu _____
Tu _____
Ele _____
Nós _____
Vós _____
Eles _____

7 Observe os verbos **falar**, **viver** e **partir** no pretérito (passado) e conjugue os verbos indicados abaixo.

falar
Eu falei
Tu falaste
Ele falou
Nós falamos
Vós falastes
Eles falaram

amar
Eu _____
Tu _____
Ele _____
Nós _____
Vós _____
Eles _____

duvidar
Eu _____
Tu _____
Ele _____
Nós _____
Vós _____
Eles _____

viver
Eu vivi
Tu viveste
Ele viveu
Nós vivemos
Vós vivestes
Eles viveram

vender
Eu _____
Tu _____
Ele _____
Nós _____
Vós _____
Eles _____

defender
Eu _____
Tu _____
Ele _____
Nós _____
Vós _____
Eles _____

partir
Eu parti
Tu partiste
Ele partiu
Nós partimos
Vós partistes
Eles partiram

dividir
Eu _____
Tu _____
Ele _____
Nós _____
Vós _____
Eles _____

existir
Eu _____
Tu _____
Ele _____
Nós _____
Vós _____
Eles _____

8 Observe os verbos **falar**, **viver** e **partir** no futuro e conjugue os verbos indicados abaixo.

falar
Eu falarei
Tu falarás
Ele falará
Nós falaremos
Vós falareis
Eles falarão

amar
Eu _____
Tu _____
Ele _____
Nós _____
Vós _____
Eles _____

duvidar
Eu _____
Tu _____
Ele _____
Nós _____
Vós _____
Eles _____

viver
Eu viverei
Tu viverás
Ele viverá
Nós viveremos
Vós vivereis
Eles viverão

vender
Eu _____
Tu _____
Ele _____
Nós _____
Vós _____
Eles _____

defender
Eu _____
Tu _____
Ele _____
Nós _____
Vós _____
Eles _____

partir
Eu partirei
Tu partirás
Ele partirá
Nós partiremos
Vós partireis
Eles partirão

dividir
Eu _____
Tu _____
Ele _____
Nós _____
Vós _____
Eles _____

existir
Eu _____
Tu _____
Ele _____
Nós _____
Vós _____
Eles _____

9 Leia esta HQ e responda.

Quadrinho 1:
— ANA, ME EMPRESTA UMA FOLHA?
— DE NOVO! AH, NÃO!

Quadrinho 2:
— ARI, ESQUECI MEU CADERNO EM CASA. VOCÊ ME EMPRESTA UMA FOLHA?
— OUTRA VEZ? NÃO!

Quadrinho 3: MAIS TARDE...
— TRAGAM O CADERNO QUE EU VOU CORRIGIR!

Quadrinho 4:
— QUERO SÓ OUVIR A DESCULPA QUE VOCÊ DARÁ JOÃO!!

a. Pinte o balão em que um dos verbos indica uma ação já acontecida. A seguir, transcreva o verbo na forma como aparece no balão.

Verbo no passado (pretérito)
_____

b. Na HQ, há verbos no infinitivo? Quais?
_____

c. No terceiro quadrinho, o trecho "vou corrigir" expressa ideia de tempo:
☐ presente   ☐ passado   ☐ futuro

d. Mantendo o mesmo sentido de tempo, reescreva a frase do terceiro quadrinho, substituindo "vou corrigir" por uma única forma do verbo *corrigir*.
_____

e. Em qual quadrinho o verbo indica uma ação que João ainda não realizou? Que ação é essa?
_____

f. Que formas verbais exprimem a ideia de tempo presente na HQ?
_____

g. Através das respostas de Ana e Ari, que característica de João é revelada na HQ?
_____

h. Você teria emprestado uma folha de caderno ao João? Explique.
_____
_____

Construção da escrita

Houve, ouve / haja, aja

1 Explique o sentido das palavras **houve** e **ouve** nestas frases.

> **A** Ontem **houve** uma ótima festa na casa do meu vizinho.
> **B** Meu vizinho **ouve** música em volume alto.

2 Qual é o sentido de **haja** e **aja** em cada uma destas frases?

> **A** Espero que ainda **haja** ingressos à venda.
> **B** Espero que o treinador **aja** com firmeza.

> As formas verbais **houve** e **ouve**, **haja** e **aja**, por terem o mesmo som, podem causar dúvidas na escrita. Para saber qual dessas formas utilizar, é preciso saber a qual verbo cada uma pertence: **houve** é uma forma flexionada do verbo **haver**; **ouve**, do verbo **ouvir**; **haja**, do verbo **haver**; e **aja**, do verbo **agir**.

3 Complete as frases com **houve** ou **ouve**.

A NUNCA _____ SEGREDO ENTRE NÓS!

B POR QUE VOCÊ _____ MÚSICA NESSA ALTURA?

C O QUE _____ NO MEU QUARTO?

4 Escreva novamente as frases da atividade 3, substituindo os verbos destacados por **escutar**, **acontecer** e **existir**, conforme cada situação.

5 Observe a cena e leia o diálogo abaixo.

> ANA, VI UM GATINHO COM UMA PATA LÁ NO PARQUE.

> UMA PATA? E O QUE _____ COM AS OUTRAS PATAS?

> NADA! SÓ TINHA UMA PATA.

> VAMOS LÁ PRO PARQUE QUE EU QUERO VER.

> NÃO FALEI QUE HAVIA UM GATINHO COM UMA PATA?

a. Que palavra foi omitida na tira: **houve** ou **ouve**? Complete-a.

b. Que palavra foi entendida com sentido diferente na situação acima? Conte aos colegas.

6 Complete as frases abaixo com as formas verbais **haja** ou **aja**. Depois, indique o sentido dessas palavras em cada situação.

A ESPERO QUE _____ BOAS NOTÍCIAS AÍ!

B FILHO, PARA NÃO SE ARREPENDER, _____ SEMPRE COM CUIDADO!

C _____ ASSUNTO, HEIN, CRIANÇADA?!

_____   _____   _____

7 Complete as frases com **houve** ou **ouve**, **haja** ou **aja**.

a. O prefeito nem sempre _____ a população.

b. Nesse jogo, _____ com cuidado, Carlinhos.

c. Naquela manhã, não _____ um só instante de silêncio.

d. Desejamos que _____ muita alegria nessa união de vocês.

e. Espero que não _____ erros em meu texto.

f. Espero que você _____ com cuidado.

189

CAPÍTULO 2 — Tempo de brincar e de aprender

Um dos principais direitos da criança e do adolescente é o direito de brincar. As brincadeiras ajudam no crescimento saudável e fortalecem as relações de amizade. No entanto, há adolescentes e crianças que não têm esse direito respeitado, sobretudo quando são obrigados a trabalhar.

Leia o que se afirma a respeito desse assunto nesta letra de música.

Criança não trabalha

Lápis, caderno, chiclete, pião
Sol, bicicleta, *skate*, calção
Esconderijo, avião, correria,
Tambor, gritaria, jardim, confusão

Bola, pelúcia, merenda, *crayon*
Banho de rio, banho de mar,
Pula sela, bombom
Tanque de areia, gnomo, sereia,
Pirata, baleia, manteiga no pão

Giz, *merthiolate*, *band-aid*, sabão
Tênis, cadarço, almofada, colchão
Quebra-cabeça, boneca, peteca,
Botão, pega-pega, papel, papelão

Criança não trabalha
Criança dá trabalho
Criança não trabalha

1, 2 feijão com arroz
3, 4 feijão no prato
5, 6 tudo outra vez.

Arnaldo Antunes e Paulo Tatit. Criança não trabalha. Intérprete: Palavra Cantada. Em: *Canções curiosas*. São Paulo: Palavra Cantada Produções Musicais, 2000. 1 CD. Faixa 4.

Roda de conversa

1 As três primeiras estrofes da canção apresentam uma lista de palavras.

   a. Que classe gramatical predomina nessas três estrofes?

   adjetivo   verbo   pronome   substantivo

   b. Os elementos dessa lista representam o dia a dia de adultos ou de crianças?

   c. Escolha uma palavra de cada estrofe e aponte a situação ou o lugar de que essa palavra nos faz lembrar, como no exemplo abaixo.

   1ª estrofe — palavra: lápis → situação: escola

2 No texto, há o seguinte verso: "Criança não trabalha".

   a. Qual é o sentido dessa frase?

   Crianças não gostam de trabalhar.

   Crianças precisam trabalhar.

   Crianças não devem trabalhar.

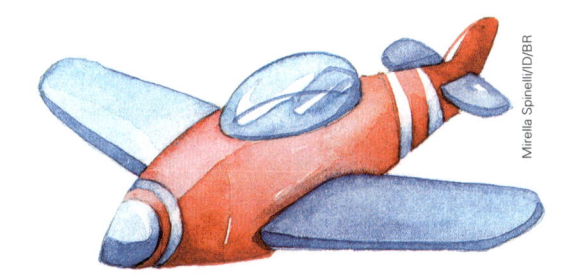

   b. Você concorda com isso? Por quê?

3 Essa canção **defende** ou **critica** o trabalho infantil? Explique.

4 Um dos versos do texto afirma: "Criança dá trabalho". A quem?

5 Nos versos abaixo, as palavras destacadas têm sentidos diferentes. Identifique o sentido com o qual cada uma delas foi empregada.

   A Criança não **trabalha**.   **B** Criança dá **trabalho**.

   a. atividade escolar   **c.** local onde se trabalha
   b. cuidados necessários   **d.** atividade profissional

6 Qual destas imagens **não** poderia ilustrar o texto que você leu? Por quê?

Hora da leitura 1

Desde 1990, o **Estatuto da Criança e do Adolescente** proíbe o trabalho infantil no Brasil. Apesar disso, ainda é possível encontrar crianças sendo exploradas em trabalhos impostos tanto na zona rural quanto na zona urbana.

> **Estatuto da Criança e do Adolescente (ECA):** conjunto brasileiro de normas que tem como finalidade proteger crianças e adolescentes.

A preocupação com o trabalho infantil é recente na história da humanidade, mas a existência desse tipo de trabalho é bastante antiga. O poema que você vai ler foi escrito em 1921 e já chamava a atenção para a existência de crianças brasileiras que trabalhavam.

- Para onde você acredita que estão indo os meninos que aparecem na ilustração desta página?
- O que você deduz que eles farão no local para onde vão?
- O que será que há nos sacos sobre o lombo dos burros?

Meninos carvoeiros

Os meninos carvoeiros
Passam a caminho da cidade.
— Eh, carvoero!
E vão tocando os animais com um **relho** enorme.
Os burros são magrinhos e velhos.

> Na época em que este poema foi escrito, grande parte da população usava carvão ou lenha para passar roupa e cozinhar.

> **Relho:** chicote.

Cada um leva seis sacos de carvão de lenha.
A aniagem é toda remendada.
Os carvões caem.

(Pela boca da noite vem uma velhinha que os recolhe, dobrando-se com um gemido.)

— Eh, carvoero!

Só mesmo estas crianças raquíticas
Vão bem com estes burrinhos descadeirados.
A madrugada ingênua parece feita para eles...
Pequenina, ingênua miséria!
Adoráveis carvoeirinhos que trabalhais como se brincásseis!

— Eh, carvoero!

Quando voltam, vêm mordendo num pão encarvoado,
Encarapitados nas alimárias,
Apostando corrida,
Dançando, bamboleando nas cangalhas como espantalhos desamparados!

Aniagem: tecido dos sacos de carvão.
Encarapitado: montado.
Alimária: animal.
Cangalha: armação de madeira para transportar cestos com carga.

Manuel Bandeira. *Estrela da vida inteira*: poesia completa. Rio de Janeiro: Nova Fronteira, 2009.

Linha e entrelinha

1 No poema, os acontecimentos são contados por um eu lírico.

   a. Pinte no texto o trecho em que o eu lírico se dirige diretamente aos meninos, usando a segunda pessoa do plural (**vós**).

   b. O eu lírico conta todos os fatos vividos pelos meninos no período de um dia ou conta apenas uma parte desses acontecimentos? Explique.

   _____
   _____

2 Quais versos se referem mais diretamente a cada um dos momentos representados nas cenas abaixo.

A

B

3 Os meninos usavam os burros como montaria.

   a. Em que momento eles faziam isso? ☐ Na **ida**. ☐ Na **volta**.

   b. Por que os meninos só montavam os burros nesse momento?

   _____
   _____

   c. Em que momento os meninos carvoeiros tinham atitudes comuns de criança? Por quê?

   _____
   _____

4 Segundo o poema, os meninos carvoeiros eram "crianças raquíticas".

   a. O que isso significa? Se precisar, consulte um dicionário.

   _____

   b. Se os meninos não fossem raquíticos, o que aconteceria aos burros?

   _____
   _____

5 Releia o glossário da página 193 e converse com os colegas.

   a. Como eram os sacos onde eles transportavam os carvões?

   b. O que significa dizer que os meninos carvoeiros vinham "encarapitados nas alimárias"?

6 A quem pertence a fala "— Eh, carvoero!"?

_____

_____

7 Por que foi usado o termo **carvoero** e não **carvoeiro**?

_____

8 Por que, em certo trecho do poema, foram usados parênteses?

_____

_____

9 A velhinha recolhia carvões caídos.

   a. Por que a velhinha recolhia os carvões caídos?

   _____

   _____

   b. Por que ela gemia ao recolher os carvões?

   _____

   c. No poema, o uso do diminutivo **velhinha** cria qual efeito de sentido?

   ☐ Intensifica a dor sentida pela personagem.

   ☐ Intensifica a pobreza da personagem.

   ☐ Intensifica a ideia de velhice da personagem.

10 No trecho "Adoráveis carvoeirinhos", o uso do diminutivo expressa qual sentimento do eu lírico em relação às personagens?

☐ revolta   ☐ indiferença   ☐ carinho   ☐ tristeza

11 Sublinhe o trecho do poema que indica que os meninos não se davam conta de que o trabalho infantil é uma exploração.

12 Converse com os colegas. Em sua opinião, por que crianças não devem ser submetidas ao trabalho?

Produção de texto

Texto de opinião

No Brasil, a exploração de mão de obra infantil começou no século XVI, com os portugueses usando o trabalho de crianças nas embarcações; continuou, por exemplo, com a imposição de trabalhos a crianças escravizadas até o século XIX e se mantém ilegalmente nos dias de hoje em determinados locais.

Século XIX

Muitas crianças pobres trabalhavam, como esses meninos jornaleiros, no Rio de Janeiro, RJ. Fotografia de 1899.

Início do século XX

A mão de obra infantil também era explorada nas indústrias, como se vê nessa fotografia de uma indústria em São Paulo, SP, em 1910.

Final do século XX

Mesmo após a Declaração dos Direitos da Criança, em 1959, a exploração do trabalho de crianças e adolescentes persistiu durante a segunda metade do século XX. Nessa fotografia de 1989, uma criança ajuda um adulto a produzir carvão vegetal em fornos, no município de Tucuruí, no PA.

Início do século XXI

Embora proibida pelo Estatuto da Criança e do Adolescente, a exploração do trabalho infantil ainda é uma realidade, como se vê nessa fotografia de 2015, em que uma criança vende doces num semáforo do bairro Barra da Tijuca, no município do Rio de Janeiro, RJ.

Leia duas opiniões a respeito do trabalho infantil.

> Exemplo de argumento

Trabalhando precocemente, as crianças perdem a chance de desenvolver sua criatividade, seu potencial como cidadãos plenos e produtivos. Lugar de criança tem que ser na escola, junto da família, nos centros de formação.

Oded Grajew. Em: *Combatendo o trabalho infantil*: guia para educadores. Brasília: OIT, 2001. v. 2. p. 56.

A visão equivocada de muitas pessoas de que crianças que começam a trabalhar cedo podem ter um futuro melhor, a situação de miséria de inúmeras famílias, a ausência de escolas e de atividades de lazer são alguns dos motivos que levam todos esses meninos e meninas a trabalhar muito antes de estar preparados para isso.

Mas a verdade é que, para crescer de forma saudável, a criança tem que estudar bastante, brincar mais ainda e preparar-se devagar para o mundo do trabalho.

Exemplo de argumento

Vicente Paulo da Silva. Em: Jô Azevedo, Iolanda Huzak e Cristina Porto. *Serafina e a criança que trabalha*. São Paulo: Ática, 2005.

E você, o que pensa a esse respeito? Em uma folha avulsa, escreva um texto expressando sua opinião acerca do trabalho infantil. O texto produzido será retomado em uma atividade na próxima seção. E também fará parte do evento proposto no final desta unidade.

EM AÇÃO!

Planejar e produzir

1 Inicialmente, no primeiro parágrafo, introduza o assunto, isto é, deixe claro que o tema do texto é o trabalho infantil.

2 Nos parágrafos seguintes, expresse sua opinião, explicando o que pensa sobre essa prática e apresente argumentos que comprovem sua opinião.

3 Ofereça soluções e convoque o leitor para a luta contra o trabalho infantil.

Revisar, avaliar e reescrever

Itens a avaliar	Sim	Não
1. Você introduziu o assunto para o leitor antes de opinar?		
2. Você apresentou com clareza suas opiniões e argumentos?		
3. Há propostas de solução e convocação do leitor?		

No dia combinado com o professor, recorra ao texto produzido para participar da atividade a seguir: um colóquio.

Vamos interagir?

Colóquio

Neste capítulo, você e seus colegas estão refletindo acerca do trabalho infantil. Agora, tendo como base as opiniões registradas no texto produzido na seção *Produção de texto*, você irá participar de um colóquio.

> **Colóquio** é uma conversação entre pessoas em que se discutem opiniões e pontos de vista a respeito de um assunto específico.

Uma das principais características de um colóquio é a democratização da fala dos participantes. Ou seja, em um colóquio todos os participantes têm o direito de expor livremente suas ideias e opiniões, mas também têm o dever de ouvir e respeitar as ideias alheias, mesmo que contrárias às ideias defendidas.

O tema deste colóquio é "**os maleficios do trabalho infantil**".

Antes de participar do colóquio é necessário se preparar. Pesquise sobre o tema em revistas, jornais, *sites* e livros. Converse com seus familiares e amigos acerca dos maleficios do trabalho infantil. Lembre-se de anotar as principais informações: elas servirão de apoio à memória quando você for expor sua opinião e seus argumentos.

Maleficio: aquilo que prejudica, que faz mal.

Durante o colóquio, você deve indicar, explorar e debater quais são os maleficios que sofre uma criança que é obrigada a trabalhar. Por exemplo: deixar de estudar, não ter lazer, não ter tempo para brincar, realizar esforço físico, prejudicar a saúde, etc.

Cartaz produzido pelo Governo Federal e outras instituições para divulgar o dia 12 de junho: Dia Mundial e Nacional de Combate ao Trabalho Infantil.

Participando de um colóquio

1. Espere a sua vez de falar e não interrompa quem está com a palavra.

2. Ao expor sua opinião, fale com clareza. Evite falar ou expor opinião quando não tem clareza do que vai dizer e como vai dizer.

3. A altura da voz deve permitir que todos consigam escutar. Não fale muito baixo, nem grite.

4. Use sempre um tom respeitoso ao se expressar e considere sempre a opinião particular de cada colega. Use expressões como "na minha opinião...", "do meu ponto de vista...".

5. Fundamente seus argumentos, utilizando exemplos, comparações, leituras que tenha feito como pesquisa, etc. Use expressões como "de acordo com (a pesquisa)...", "Conforme (o jornal, a autoridade tal...)".

6. Respeite o tempo que foi destinado a sua fala.

7. Se possível, combine com o professor a filmagem do colóquio para assistir depois e avaliar a participação de cada um.

No final desta unidade, você e seus colegas participarão de um colóquio mais amplo, envolvendo a comunidade escolar. Por isso, esta atividade é uma preparação para o evento que ocorrerá mais adiante.

EM AÇÃO!

Lembre-se: uma das formas mais significativas de aprender é por meio da troca de opiniões. Aprendemos com opiniões parecidas e também diante de pensamentos contrários. Por meio da interação com as pessoas que nos cercam, podemos confirmar alguns de nossos pensamentos, mas também reformulamos vários dos nossos pontos de vista.

Hora da leitura 2

Em 1959, o **Unicef**, um órgão da ONU, proclamou uma Declaração dos Direitos da Criança, contendo dez princípios de proteção à criança.

Unicef: Fundo das Nações Unidas para a Infância.

- Quais direitos você imagina que há nesse documento?
- Será que esses direitos sempre são cumpridos?

Declaração dos Direitos da Criança

1. Direito à igualdade, sem distinção de raça, religião ou nacionalidade.

2. Direito à proteção especial para seu desenvolvimento físico, mental e social.

3. Direito a um nome e a uma nacionalidade.

4. Direito à alimentação, à moradia e à assistência médica adequadas para a criança e a mãe.

5. Direito à educação e a cuidados especiais para a criança física ou mentalmente deficiente.

6. Direito ao amor e à compreensão por parte dos pais e da sociedade.

7. Direito à educação gratuita e ao lazer.

8. Direito a ser socorrido em primeiro lugar, em caso de catástrofe.

9. Direito a ser protegido contra o abandono e a exploração no trabalho.

10. Direito a crescer dentro de um espírito de solidariedade, compreensão, amizade e justiça entre os povos.

Unicef. Em: Gilberto Dimenstein. *O cidadão de papel*. São Paulo: Ática, 2012.

Agora, leia este texto referente a uma situação que ainda acontece.

Por que a gente é um número?

Hoje minha mãe comprou pão, queijo e fez sanduíche. Só que não é pro recreio, nem é pro lanche que a gente toma de tarde.

Ela fez também uma garrafa térmica inteirinha de café, mas não é pra agora.

Então ela pegou uns cobertores, mas não vai arrumar a cama.

Aí ela tirou as cadeiras de praia de cima do guarda-roupa, mas ninguém daqui vai ver o mar. [...]

Hoje é o dia da fila.

A gente vai dormir na porta da escola, pra ver se eu posso estudar lá. Amanhã eles dão um papelzinho e, se o número do papelzinho for baixo, eu posso estudar lá.

Mas por que tem que ser assim? Eu sei que vai ser uma noite diferente... eu nunca vi o dia amanhecer na rua. Vai ser a minha primeira vez.

Eu sinto que ia ser até divertido, se os meus pais não estivessem tão preocupados. É, porque eles estão... estão preocupados com o que é que vai ser de mim, se aquele número não for bem baixinho...

Fernando Bonassi. *Vida da gente*: crônicas publicadas no suplemento *Folhinha de S.Paulo*. Belo Horizonte: Formato, 2010.

Sugestão de leitura

Os direitos das crianças segundo Ruth Rocha, de Ruth Rocha. Editora Salamandra.

O livro apresenta os direitos das crianças e mostra que ter uma infância feliz está em pequenos detalhes que nem sempre são valorizados.

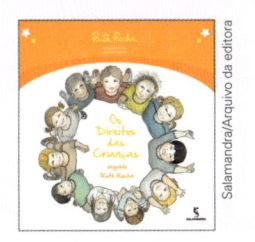

Linha e entrelinha

1 Releia o primeiro princípio da Declaração e converse com os colegas.

 a. Qual é o sentido da palavra **distinção** na frase?

 b. A palavra **nacionalidade** se refere ao país onde uma pessoa nasce. O que significa dizer que as crianças são iguais, seja qual for sua nacionalidade?

 c. Conforme o texto, as crianças podem ser tratadas de forma diferente dependendo da religião que têm? Explique.

2 A entrada desta escola passou por uma reforma. Veja.

Antes da reforma — Reforma — Após a reforma

 a. Com qual objetivo foram feitas modificações na entrada da escola?
 _____

 b. Essa medida atende a qual artigo da Declaração dos Direitos da Criança?
 _____

3 Observe a forma como estas crianças foram acordadas.

A ACORDA, MOLEQUE! SAI DA CALÇADA!

B ACORDA, FILHINHO!

 a. Cite dois direitos da criança que estão sendo garantidos na cena **B**.
 _____

 b. Quais artigos da Declaração não estão sendo garantidos na cena **A**?

 ☐ artigos 5 e 8   ☐ artigos 3 e 5   ☐ artigos 2, 4, 6, 9 e 10

4 Que direito previsto na Declaração está sendo respeitado quando uma criança joga bola ou anda de bicicleta? _____

5 Pode não ser muito agradável, mas a vacinação é um momento de grande importância.

   a. Por que é importante tomar vacinas?
   _____
   _____

   b. Em que artigo da Declaração esse cuidado se enquadra?
   _____

6 Responda com base no texto "Por que a gente é um número?".

   a. O narrador-personagem é: ☐ uma criança.   ☐ um adulto.

   b. Para quem é a vaga que a família está tentando na fila?
   _____

   c. Qual é a preocupação dos pais da personagem?
   _____

   d. A criança parece feliz por ficar com a mãe na fila? Que trecho mostra isso?
   _____
   _____

   e. O que você entendeu do trecho "e, se o número do papelzinho for baixo, eu posso estudar lá"? Conte aos colegas.

7 Se é preciso enfrentar uma fila e pegar uma senha com número baixo para conseguir vaga, algumas crianças ficarão sem estudar.

   a. Que item da Declaração dos Direitos da Criança não é plenamente cumprido na situação apresentada no texto? _____

   b. A sua família já enfrentou alguma situação semelhante à do texto? Conte aos colegas.

8 Cumprir os princípios da Declaração dos Direitos da Criança é dever de adultos, jovens e crianças. Converse com os colegas.

   a. O que você pode fazer para divulgar esses direitos no local onde mora?

   b. Você age de acordo com os princípios da Declaração, não discriminando outras crianças, por exemplo?

> No Brasil, desde 1990, o conjunto de leis do Estatuto da Criança e do Adolescente (ECA) garante direitos às crianças e aos adolescentes.

Produção de texto

▬ Panfleto informativo

Todas as crianças têm direitos garantidos por lei, mas nem sempre eles são respeitados. Por exemplo, há crianças que trabalham em carvoarias e canaviais, vendem balas e doces nas ruas, fazem entregas, etc. No entanto, nem todas as pessoas sabem ou percebem que essa exploração acontece.

Você e seus colegas vão produzir um panfleto com o objetivo de orientar as pessoas sobre os direitos das crianças e dos adolescentes.

Observe um exemplo de panfleto. Ele é organizado em três colunas para que o papel possa ser dobrado.

Panfleto distribuído pela prefeitura de Primavera do Leste, no Mato Grosso, com o objetivo de conscientizar a população sobre a prevenção e denúncia do trabalho infantil.

> **Panfleto** é um tipo de folheto que tem texto curto, com linguagem fácil, e apresenta recursos visuais. Todo panfleto é feito para ser distribuído a um público específico, pois seu objetivo é informar, conscientizar, esclarecer algum assunto de interesse da população.

Junte-se a alguns colegas e formem um grupo para elaborar o panfleto. O principal objetivo é divulgar os direitos das crianças e dos adolescentes e repudiar o descumprimento desses direitos.

Planejar e produzir

1 Retomem os dez princípios da Declaração dos Direitos da Criança. Informem-se também sobre o Estatuto da Criança e do Adolescente e quais os direitos que ele prevê.

2 Organizem o panfleto em três tópicos principais.

Você sabia?	Fique atento!	Faça a sua parte!
Introduzam o assunto mostrando a importância das informações que vocês querem abordar, contando ao leitor que todas as crianças têm direitos garantidos por lei e que eles devem ser respeitados.	Apresentem informações sobre a Declaração dos Direitos da Criança e também sobre o Estatuto da Criança e do Adolescente. Informem e mostrem que, em algumas situações, esses direitos não são respeitados.	Convoque o leitor a fazer respeitar todos os direitos das crianças e dos adolescentes e a denunciar, aos órgãos competentes, casos em que esses direitos são desrespeitados, como nas situações de exploração do trabalho infantil.

3 Façam um rascunho do texto de cada tópico. Escrevam textos curtos, objetivos, que vão direto ao assunto.

4 Definam e separem as imagens que serão usadas como apoio ao texto.

5 Criem um título que revele qual é o tema central do panfleto.

6 Dividam uma folha de papel sulfite em três partes, transcrevam o texto de cada tópico em sua respectiva coluna e colem as imagens. Se houver possibilidade, montem o panfleto usando o computador e a impressora.

Revisar, avaliar e reescrever

Itens a avaliar	Sim	Não
1. O panfleto está organizado em três tópicos?		
2. O tema proposto foi respeitado?		
3. As palavras estão escritas e acentuadas corretamente?		

Apresentem o panfleto aos colegas dos demais grupos e observem os panfletos deles. Depois, providenciem cópias dos panfletos para distribuí-las aos visitantes da exposição que será proposta no final desta unidade.

EM AÇÃO!

Nossa língua

▰ Verbo e construção de sentidos

A escolha do verbo ajuda a construir o sentido de um texto.

1 Observe como o uso de cada verbo sugere um sentido diferente para estas **ações** e associe as frases do quadro aos sentidos indicados a seguir.

> **A** A formiga **guardou** os grãos no formigueiro.
> **B** A formiga **perdeu** os grãos no formigueiro.
> **C** A formiga **misturou** os grãos no formigueiro.

☐ A formiga esqueceu os grãos em algum lugar do formigueiro.

☐ A formiga juntou grãos diferentes no formigueiro.

☐ A formiga deixou os grãos protegidos no formigueiro.

2 Em qual das frases a seguir o verbo dá a entender que a formiga é desleixada ou desorganizada. Por quê?

> **A** A formiga **arrumou** os grãos no formigueiro.
> **B** A formiga **largou** os grãos no formigueiro.

3 Leia as frases que seguem.

> **A** Juliana **comeu** o pudim.
> **B** Juliana **devorou** o pudim.
> **C** Juliana **experimentou** o pudim.

a. Em que frase o verbo indica que Juliana apenas provou o sabor do pudim?

b. Em qual frase o verbo apenas indica que ela se alimentou do pudim?

c. Na frase **B**, o que o verbo revela sobre como Juliana comeu o pudim?

4 Observe e leia esta sequência de quadrinhos.

> EU **ADORO** VER A CHUVA CAINDO.

> EU *GOSTO* DE VER A CHUVA CAINDO.

> EU **DETESTO** VER A CHUVA CAINDO.

a. Quanto tempo se passou entre a primeira e a última cena?

_____

b. Por que no final a menina afirma: "Eu **detesto** ver a chuva caindo"?

_____

c. A sequência dos verbos destacados indica que a menina:

☐ mudou de humor ao longo do tempo.

☐ faltou na escola por causa da chuva.

d. Que outros verbos há nos quadrinhos, além dos destacados? Circule-os.

5 Palavras que acompanham o verbo podem mudar o sentido da frase.

> **A** O professor **falou com** o diretor.
> **B** O professor **falou pelo** diretor.
> **C** O professor **falou sobre** o diretor.

■ Indique a que frase cada um destes sentidos corresponde.

☐ O professor falou no lugar do diretor, a pedido ou em nome dele.

☐ O professor conversou, dialogou com o diretor.

☐ O diretor era o assunto da fala do professor.

6 Um mesmo verbo pode expressar sentidos diferentes. Observe:

> **A** Pedro **anda** triste ultimamente.
> **B** Pedro **andou** dois quilômetros hoje.
> **C** Pedro **andará** de automóvel mais tarde.
> **D** Pedro **andou** por toda a Europa.

a. A que frases acima estes sentidos se relacionam?

☐ viajar ☐ ser transportado

☐ sentir-se, estar ☐ percorrer a pé

b. Em qual frase o verbo **andar** não indica ação, e sim estado?

_____

c. Em que tempo está o verbo **andar** em cada frase?

_____

7 Associe cada frase aos sentidos representados pelos verbos.

A Depois da corrida, **morri** de cansaço. ☐ parar de funcionar

B O vereador **morreu** no hospital. ☐ desaparecer, sumir

C O carro **morreu** na avenida. ☐ sofrer

D Aquela ideia **morreu**. ☐ falecer, finar-se

a. Em qual frase o uso do verbo representa um exagero? Por quê?

_____

b. Em qual frase o verbo **morrer** está relacionado a uma falha em motor, dispositivo ou mecanismo?

_____

8 Em qual destas frases o verbo indica alteração na voz?

☐ Henrique **conversou** com Maria.

☐ Henrique **dialogou** com Maria.

☐ Henrique **esbravejou** com Maria.

☐ Henrique **falou** com Maria.

9 Observe e leia esta tira.

Ziraldo. Revista *O Menino Maluquinho*. São Paulo, Globo, n. 10, 2005.

a. No primeiro quadrinho, qual é o sentido do adjetivo **importado**?

b. O verbo **importar** tem o mesmo sentido nos outros quadrinhos? Explique.

c. O que significa o gesto do pai do Menino Maluquinho?

10 Leia estas frases, atentando para o sentido dos verbos destacados.

> **A** Juliana **passou** gripe para a irmã.
> **B** Lúcio **passou** um café fresquinho agora mesmo.
> **C** No final da partida, Flávio **passou** a bola na hora certa.
> **D** Puxa! Hoje, o tempo **passou** voando.

a. Em qual das frases **passar** tem sentido de "jogar, lançar"?

b. Em qual das frases **passar** significa "transcorrer"?

c. Em qual das frases **passou** significa "transmitiu"?

11 Converse com os colegas sobre o sentido do verbo **contar** em cada frase.

a. Na hora da dificuldade, Alice **contou** com a amiga.

b. Alice **contou** carneirinho antes de dormir.

c. Alice nos **contou** um acontecimento da infância dela.

d. Alice não **contou** com tanta chuva no dia da viagem.

Construção da escrita

Uso de **por que**, **por quê**, **porque** e **porquê**

1 Observe e leia esta tira.

> MÃE, POR QUE VOCÊ E O PAPAI SÃO CASADOS?
>
> UÉ, PORQUE A GENTE SE AMA!
>
> QUER CASAR COMIGO TAMBÉM?

Ziraldo. Disponível em: <http://linkte.me/qc020>. Acesso em: 3 ago. 2016.

a. Que formas aparecem nos quadrinhos?

☐ por que   ☐ por quê   ☐ porque   ☐ porquê

b. Complete com as palavras **pergunta** ou **resposta**.

- Nos balões acima, **por que** foi usado em uma _____.
- E **porque** foi usado em uma _____.

> A forma **por que** equivale a "por qual razão, por qual motivo" e é usada, entre outros casos, em perguntas. Exemplo: Por que você chegou tão tarde?
>
> A forma **porque** equivale a "pois, uma vez que, para que" e é usada em respostas. Exemplo: Vou dormir porque estou com sono.

2 Leia estas frases e compare as palavras destacadas.

> **A** **Por que** os portugueses extraíam o pau-brasil?
>
> **B** Professor, **por que** os portugueses extraíam o pau-brasil?
>
> **C** Os portugueses extraíam o pau-brasil? **Por quê**?

a. Em qual frase a forma **por que** está diferente? Que diferença é essa?

_____

b. Com base no quadro, complete com **por quê** ou **por que**.

- A forma _____ é usada em perguntas no final de uma frase.
- A forma _____ é usada em perguntas no início ou no interior de uma frase.

3 Indique a forma pela qual as expressões destacadas podem ser substituídas.

A por que   **B** por quê   **C** porque

- VOCÊ ESTÁ CHATEADA? **POR QUAL MOTIVO?**
- ESTOU, **POIS** MEU BRINQUEDO QUEBROU.
- **POR QUAL RAZÃO** VOCÊS NÃO VÃO BRINCAR LÁ FORA?
- A GENTE NÃO VAI, **POIS** ESTÁ CHOVENDO.

4 Leia estas frases.

> Juquinha, não sei o **porquê** desse choro tão demorado.
> Ercília, apresente um **porquê** para essa bagunça toda.

a. Quais palavras podem substituir os termos destacados?

☐ motivo   ☐ condição   ☐ razão   ☐ finalidade

b. A forma **porquê** está acompanhada dos artigos **o** e **um**. Isso significa que ela é um:

☐ verbo   ☐ substantivo   ☐ adjetivo   ☐ pronome

A forma **porquê** equivale a "motivo, razão" e vem sempre antecedida dos artigos masculinos **o**, **os**, **um**, **uns**.

5 Complete a legenda abaixo de acordo com a palavra que falta em cada frase: **por que**, **por quê**, **porque** ou **porquê**.

a. Não sei o _____ de sua tristeza.

b. _____ você faltou na escola?

c. Faltei _____ estava doente.

d. Vai sair mais cedo? _____?

e. Clara, _____ você está nervosa?

f. Apresente um _____ para esse nervosismo.

g. Estude _____ você fará vários testes.

CAPÍTULO 3 Contribuir

Neste capítulo, você verá que todos nós podemos contribuir para melhorar o planeta, o ambiente que nos cerca, a sociedade, a vida das pessoas com as quais convivemos... e muito mais!

Mauricio de Sousa. Turma da Mônica.

Roda de conversa

1 Observe novamente o primeiro quadrinho.

   a. O que a mulher estava fazendo antes desta cena?

   b. O que a Mônica está recomendando no primeiro quadrinho? Com qual objetivo?

2 Se a recomendação feita no cartaz do quadrinho ao lado for seguida, que tipo de economia haverá além da financeira?

3 Observe a atitude do Cebolinha no terceiro quadrinho.

   a. Para que servem os cestos que aparecem neste quadrinho?

   b. O que é feito com o lixo colocado nestes cestos?

4 Observe a atitude do Dudu no quadrinho ao lado.

   a. O que Dudu está fazendo?

   b. De que modo essa atitude de Dudu contribui com o planeta e com a sociedade?

5 Cascão, o menino que aparece nos dois últimos quadrinhos, tem aversão a banhos e anda sempre sujo.

   a. Qual recurso do último quadrinho está relacionado a essa característica do Cascão?

   b. O que é possível deduzir da fala de Cascão no quinto quadrinho?

   c. Quais detalhes visuais do último quadrinho dão indícios de que Cascão não estava sendo sincero?

6 Você realiza alguma das ações dos quatro primeiros quadrinhos? Quais?

7 Cite outros modos de agir que podem contribuir com o ambiente e a sociedade em que vivemos.

Hora da leitura 1

Comprar uma roupa nova, o último CD de nosso cantor favorito, uma mochila diferente... fazer compras é gostoso, mas será que é só ir comprando tudo o que se quer?

Neste texto, você conhecerá Aninha, uma menina inteligente, que responderá a essa pergunta.

- O título do texto descreve que característica da personagem Pedro?
- O que será que Pedro compra?

Pedro compra tudo

Este é Pedro. É um cara superesperto. Com nove anos, já sabe se virar sozinho: toma ônibus para ir à escola e frita omelete para o almoço. Mas, como diz sua melhor amiga, a Aninha, o único problema é ser um menino consumista. [...]

Pois é. E nessa febre consumista, Pedro quer tudo que vê. Se a propaganda diz que é legal, está na moda, Pedro torra a mesada, sem se preocupar com o preço e a qualidade, nem se vai ser útil. E vive fugindo dos conselhos da Aninha, que só compra um produto se realmente for usar.

Outro dia, Pedro comprou um cinto só porque achou legal. Acabou não usando, já que o cinto não combinava com calça alguma, não era do seu tamanho e ainda por cima estava com defeito: a fivela, amassada. Pedro tentou desamassar e... TREC PLIN PLOFT! — quebrou a fivela. Fez aquele beiço.

— Tudo bem — disse, chacoalhando os ombros. — Eu não queria mesmo!

— Tsc tsc tsc — cruza os braços Aninha. — Ah, se você me ouvisse!

Pedro é capaz de gastar toda a mesada num só brinquedo e ainda quer mais. Agora ele queria o bonequinho do super-herói X, que em uma das lojas de brinquedos do *shopping* custava R$ 70,00. Não quis nem saber:

— Vou levar.

Foi até o caixa, pagou e saiu todo contente. Opa, deu meia-volta: lembrou que o super-herói X não é nada sem o supercarrinho do super-herói X, que custava R$ 80,00. Só que com o restante da mesada — R$ 30,00 — não dava para comprar nem as rodinhas de titânio de plástico.

— Paiê, acabou meu dinheiro. Dá mais?

— Não! Gastou, dançou. Não tem mais.

— Ah, papaizinho do coração, vaaaai. Só um pouquinho...

— Não, não e não.

— Sim, sim e sim!

— Tá bom, tá bom. Só desta vez, hein? Toma, e chega.

Eta paizão! E lá foi Pedro de volta para o *shopping*. Agora, sim, o super-herói X vai acabar com todos os vilões do mundo!

[...] Reparou que no *shopping* tinha outras lojas de brinquedo? Bem que Pedro poderia ter pesquisado um pouco.

Na loja B (o Pedro comprou na A), o super-herói X estava em promoção, a R$ 45,00. Já na loja C, o carrinho custava R$ 55,00, mas, se levasse o bonequinho junto, tudo sairia a R$ 90,00. Da mesada do Pedro, ainda sobrariam R$ 10,00 para tomar um lanche e um sorvete. E ele acabou gastando R$ 150,00!

Maria de Lourdes Coelho. *Pedro compra tudo (e Aninha dá recados)*. São Paulo: Cortez, 2010.

Linha e entrelinha

1 Palavras que imitam os sons são chamadas de **onomatopeias**. Quais onomatopeias há no texto e que som elas imitam?

exemplo de onomatopeia

_____

_____

_____

2 Segundo Aninha, Pedro é consumista. Com a ajuda de um dicionário, defina as palavras **consumidor** e **consumista**.

_____

_____

_____

3 Leia o texto a seguir.

A	B
▪ Não pensa antes de comprar. ▪ Preocupa-se com o que os outros vão pensar. ▪ Compra mesmo sem ter o dinheiro, podendo até se endividar. ▪ Quando vê um produto anunciado na televisão, tem vontade de sair correndo para comprá-lo.	▪ Compra o que precisa. ▪ Planeja, pesquisa e compara antes de comprar. ▪ Usa tudo o que tem e doa o que não usa. ▪ Compreende quando sua mãe diz que não tem dinheiro para comprar alguma coisa.

Cristina Von. *O consumo*: dicas para se tornar um consumidor consciente! São Paulo: Callis, 2009. p. 31-32.

a. Qual desses quadros se refere ao **consumidor consciente** e qual se refere ao **consumista**?

_____

b. Qual dos quadros se relaciona mais com Pedro e qual se relaciona mais com Aninha?

4 Copie o trecho do texto que indica que Aninha é consumidora, mas não é consumista.

_____
_____

5 Marque as opções que estejam de acordo com o texto.
Pedro é um consumista influenciado:

☐ pelos pais ☐ pela moda

☐ pela propaganda ☐ pelos colegas

6 Segundo o texto, Pedro comprou um cinto.

a. O menino fez uma boa compra? Por quê?

_____
_____
_____

b. Pedro comprou esse cinto por impulso ou por necessidade, isto é, porque estava realmente precisando de um cinto?

_____

c. No final, o cinto teve alguma utilidade para Pedro? Por quê?

_____
_____
_____

d. O cinto que Pedro comprou estava com defeito. Se ele tivesse solicitado a **nota fiscal**, o que ele poderia ter exigido da loja?

Nota fiscal: comprovante de compra; documento que relaciona os produtos vendidos e os valores pagos.

_____
_____
_____

e. O que Pedro deveria ter feito antes de comprar o cinto para não ter problemas depois?

_____
_____
_____

7 Pedro comprou brinquedos na loja **A**, usando o dinheiro da mesada.

a. Anote nos quadros os valores que Pedro recebeu do pai.

Mesada de Pedro	+	Mesada extra	=	Total recebido
R$ _____		R$ _____		R$ _____

b. Quanto custou cada brinquedo que Pedro comprou? Quanto ele gastou?

Boneco super-herói X	+	Supercarrinho	=	Total das compras
R$ _____		R$ _____		R$ _____

c. Anote quanto custava cada brinquedo nas seguintes lojas.

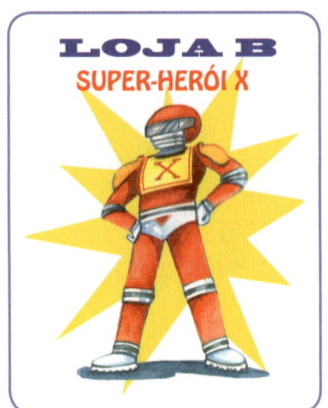

LOJA B — SUPER-HERÓI X

LOJA C — SUPERCARRINHO

LOJA C — PROMOÇÃO — LEVE SUPER-HERÓI X + SUPERCARRINHO

_____   _____   _____

d. Pedro realmente necessitava pedir mais dinheiro para o pai? Explique.

_____

8 Em sua opinião, a atitude do pai de Pedro foi adequada? Por quê?

_____

_____

9 Ao visitar as lojas do *shopping*, quais atitudes Pedro poderia ter adotado para economizar?

_____

_____

10 Converse com os colegas.

a. Em sua opinião, quem agiu melhor, Pedro ou Aninha? Explique.

a. Quanto às suas atitudes, você se parece mais com Aninha ou com Pedro? Comente.

Saber Ser

Produção de texto

▬ História em quadrinhos

As histórias em quadrinhos (HQs) narram fatos, utilizando, ao mesmo tempo, ilustração e texto. Por isso, para entender uma história em quadrinhos, além de ler os textos dos balões, é preciso observar com atenção as imagens.

Uma HQ com três ou quatro quadrinhos e desfecho geralmente cômico é chamada de **tira**. É o caso desta, em que aparece a personagem Magali.

Mauricio de Sousa. Turma da Mônica.

1 Quem é o homem no escritório no último quadrinho? Qual é o objetivo de Magali ao pedir aumento de salário para o pai dela? Conte aos colegas.

2 Expressões e movimentos ajudam a dar sentido à HQ. Converse com os colegas.

   a. O que é possível perceber pela expressão do pai no segundo quadrinho?

   b. Quais recursos foram usados para indicar o caminhar das personagens?

   c. O que representam as linhas abaixo do braço de Magali no primeiro quadrinho?

3 Identifique os recursos utilizados em cada quadrinho: balão de pensamento, onomatopeia ou balão indicando cochicho.

As histórias em quadrinhos variam na extensão. Leia esta HQ de página inteira e verifique os recursos nela empregados.

Mauricio de Sousa. Turma da Mônica.

4 Observe novamente o primeiro quadrinho da HQ.

a. O que representa a onomatopeia **CABRUM** nesse quadrinho?

_____

b. Que detalhe visual foi incluído no primeiro quadrinho para indicar que logo iria chover?

_____

c. O que a personagem Cascão demonstra nesse quadrinho? Por que ele estava assim?

_____

_____

d. O que representam os gestos feitos pelo vendedor no quadrinho ao lado? Com que intenção ele realiza esses movimentos?

_____

_____

e. O que representam as linhas retas e curvas repetidas em vários pontos do primeiro quadrinho?

_____

_____

5 O que representam as gotas próximas ao rosto do Cascão no primeiro, no terceiro e no quarto quadrinho?

_____

6 Se houvesse palavras no balão de fala do segundo quadrinho, o que provavelmente estaria escrito?

_____

7 Observe o quadrinho ao lado.

a. O que representa o símbolo que aparece no balão de fala nesse quadrinho?

_____

b. O que demonstra a expressão facial do Cascão nesse quadrinho?

_____

8 Observe o quadrinho ao lado.

a. O que a expressão facial do Cascão demonstra nesse quadrinho?

_____
_____

b. O que representa a cédula com asas?

_____

c. O que você entendeu a respeito do pensamento do Cascão nesse quadrinho?

_____
_____

9 Observe atentamente os detalhes do último quadrinho.

a. Nesse quadrinho, a quem Cascão se dirige ao falar? Comprove com uma palavra do balão de fala.

_____
_____

b. O que representa o gesto que Cascão faz usando o polegar?

_____

c. Qual detalhe do último quadrinho ajuda o leitor a construir a ideia de que o preço dos guarda-chuvas na segunda loja era menor do que na primeira?

_____

10 Em sua opinião, o vendedor da primeira loja agiu de forma honesta? Explique.

_____
_____
_____

11 Em relação ao consumo de produtos, que aprendizado podemos obter com a leitura dessa HQ?

_____
_____

12 Elabore um título bem adequado para essa HQ.

_____

Elabore uma tira ou uma HQ de uma página para criticar uma situação de consumismo ou dar exemplo do consumo consciente. A HQ criada será lida por várias pessoas, pois fará parte da atividade coletiva proposta no final desta unidade. Siga as orientações a seguir.

EM AÇÃO!

Planejar e produzir

1. Defina quais serão as personagens, onde a história acontecerá e que ação será mostrada em cada quadrinho.

2. Numa folha avulsa, faça a lápis um esboço dos desenhos, reservando espaço para os balões de fala e/ou de pensamento.

3. Defina o texto de cada balão. O tamanho do balão deve ser adequado ao tamanho do texto.

4. Caso seja possível, inclua onomatopeias, linhas de movimento e outros recursos gráficos ou visuais.

5. Feito o esboço, verifique se tudo deu certo: o tamanho e a uniformidade das letras, o traçado das ilustrações, etc.

Revisar, avaliar e reescrever

Itens a avaliar	Sim	Não
1. O assunto da HQ é o consumismo ou o consumo consciente?		
2. As letras estão uniformes, parecidas?		
3. O texto dos balões está legível e curto?		
4. Os textos e as ilustrações da tira se complementam?		

Agora, você vai finalizar a HQ. Faça assim:

- Passe caneta preta de ponta fina sobre as letras dos balões. Com a mesma caneta, contorne as imagens e as linhas de movimento.

- Para colorir o interior das ilustrações, use lápis de cor, giz de cera ou canetas coloridas.

Quando o professor solicitar, mostre seu trabalho aos colegas e deixe-o exposto na sala de aula para que todos leiam.

Hora da leitura 2

Tuca, uma das personagens do texto que você lerá a seguir, mudou de escola e ainda está se acostumando com essa nova realidade. Leia o título do texto e observe a ilustração abaixo.

■ Por que será que a maior parte dos alunos está rindo?

■ Como você imagina que Tuca está se sentindo na nova escola?

Na sala de aula

O professor de Geografia perguntou:

— Como é seu nome?

— Turíbio Carlos.

— Como?

— Turíbio Carlos. — Levantou. E levantou também um pouco a voz: — Mas lá em casa eles me chamam de Tuca.

— Quem sabe aqui na escola você também fica sendo Tuca?

E o Tuca arriscou:

— Eu topo.

O professor de Geografia resolveu:

— Então pronto. — E escreveu na ficha: — *Tuca*.

A turma riu: era a primeira vez que eles ouviam o Tuca falar: ele não puxava conversa, não entrava em grupo nenhum, e na hora do recreio ficava sempre estudando.

Foi só a turma rir que o Tuca se encolheu de novo: enterrou o cotovelo na carteira, botou a cara na mão, grudou o olho no caderno aberto e ficou achando que a classe tinha rido era do nome dele.

Quando a aula acabou, todo mundo saiu pro recreio, mas o Tuca nem se mexeu.

O Rodrigo foi comprar um sanduíche e voltou pra acabar um trabalho. Nem prestou atenção no Tuca; debruçou no caderno e começou a escrever.

O olho do Tuca foi indo pro sanduíche. Quando chegou lá: quem disse que ia embora?

O Rodrigo pegou o sanduíche, deu uma dentada e aí viu que o olho do Tuca tinha também mordido o pão.

A boca do Rodrigo foi mastigando.

O olho do Tuca mastigou junto.

A boca deu outra dentada; o olho mordeu também.

A boca foi parando de mastigar; o olho do Tuca foi ver o que que tinha acontecido: deu de cara com o olho do Rodrigo: se assustou: voltou correndo pro caderno.

De repente o Rodrigo fez um ar meio distraído e estendeu o sanduíche:

— Quer?

O Tuca ficou sem saber o que que respondia; acabou fazendo que sim. Pegou o sanduíche com as duas mãos. Olhou pro pão. Cravou o dente.

— Pode comer ele todo — o Rodrigo falou. E foi só acabar de falar que o sanduíche já tinha sumido.

O Rodrigo saiu da classe sem dizer nada. Voltou com mais dois sanduíches. Deu um pro Tuca. Se olharam. Comeram quietos. E pela primeira vez o Tuca falou com um colega:

— Nossa! Nunca vi tanta manteiga e tanto queijo num pão só.

Começaram a conversar. Primeiro de idade: o Rodrigo tinha 11 anos e o Tuca já ia fazer 14! O Rodrigo olhou espantado pra ele:

— É mesmo?!

— Não pareço não?

— Bom... — e o Rodrigo olhou pro pão. O Tuca era tão miúdo que ele até tinha pensado que os dois eram da mesma idade. E aí falaram de estudo.

— Sabe que eu era o 1º da classe lá na minha escola?

Outra vez o Rodrigo se espantou: naqueles primeiros dias de aula já tinha dado pra ver que o Tuca estava sempre por fora.

— Foi por isso que eu ganhei a **bolsa de estudo** pr'aqui.

O Rodrigo só disse: hmm.

O Tuca meio que riu:

— "Escola de rico" feito a gente diz. — Suspirou: o sanduíche tinha acabado. — Mas, sabe? Eu não sei como é que vai ser.

> **Bolsa de estudo:** ajuda econômica que se dá a uma pessoa para que ela estude. O aluno que recebe uma bolsa não precisa pagar a mensalidade da escola ou parte dela.

— O quê?

— Acho que eu não vou aguentar a barra: o estudo aqui é mais adiantado, é diferente, sei lá, eu só sei que não tá dando. E o pior é isso aqui — olhou pro caderno e espichou um queixo desanimado: a tal da matemática.

— Você não fez o trabalho que a gente tem que fazer?

— De que jeito? Eu não saco nada disso.

O Rodrigo olhou pro relógio:

— Eu tô quase acabando o meu. Quer que depois eu te dê uma explicação?

A cara do Tuca ficou tão contente que o Rodrigo até achou melhor fingir que não tinha visto: virou pro caderno e começou a escrever.

Naquele dia só deu tempo de dar uma explicação curta pro Tuca.

Mas no outro dia o Rodrigo usou a hora do recreio todinha pra explicar tudo melhor. Era a primeira vez que ele dava aula pra alguém. E pelo jeito gostou: nem viu o tempo passando. A campainha tocou e ele até se assustou:

— Já?!

E o Tuca falou:

— Puxa, cara, saquei tudo que você me ensinou; acho que você vai ter que ser professor.

E no dia seguinte lá estava o Rodrigo outra vez explicando.

E o Tuca se animando: "Agora, sim, tô sacando!".

Lygia Bojunga. *Tchau*. Rio de Janeiro: Casa Lygia Bojunga, 2003. p. 46-50.

Linha e entrelinha

1 Releia o início do texto e responda.

a. Em sua opinião, quando o professor de Geografia perguntou o seu nome, por que Tuca informou o apelido imediatamente após dizer que se chamava Turíbio Carlos?

_____

_____

b. A quem o menino se referiu ao usar a expressão "lá em casa"?

_____

2 Por que Tuca foi estudar na mesma escola em que Rodrigo estudava?

_____

_____

3 O que mais preocupava Tuca na nova escola?

_____

_____

4 Releia este trecho do texto.

> Foi só a turma rir que o Tuca se encolheu de novo: enterrou o cotovelo na carteira, botou a cara na mão, grudou o olho no caderno aberto e ficou achando que a classe tinha rido era do nome dele.
>
> Quando a aula acabou, todo mundo saiu pro recreio, mas o Tuca nem se mexeu.

a. De que forma a atitude de Tuca, descrita no primeiro parágrafo, contribuía para que ele permanecesse isolado?

_____

_____

_____

b. De acordo com o que é descrito no segundo parágrafo, como a turma poderia agir para ajudar Tuca a se entrosar?

_____

_____

5 No texto, há algumas passagens que mostram que Tuca não estava distante dos colegas apenas por ser novo na escola.

   a. Que outros motivos levavam Tuca a se afastar?
   _____
   _____
   _____

   b. Grife um trecho do texto que confirma a resposta que você deu ao item anterior.

6 Que impressão Rodrigo tinha de Tuca antes de eles se aproximarem?

   a. Impressão em relação à idade:
   _____

   b. Impressão em relação aos estudos:
   _____

7 Por que, no dia em que começou a se aproximar de Tuca, Rodrigo estava na sala de aula durante o recreio?
   _____

8 Releia este trecho do texto.

> A boca do Rodrigo foi mastigando.
> O olho do Tuca mastigou junto.
> A boca deu outra dentada; o olho mordeu também.
> A boca foi parando de mastigar; o olho do Tuca foi ver o que que tinha acontecido: deu de cara com o olho do Rodrigo: se assustou: voltou correndo pro caderno.

   a. O que significam as expressões "o olho mastigou junto" e "o olho mordeu também"?
   _____
   _____

   b. As expressões citadas acima representam:

   ☐ um acontecimento real.   ☐ uma maneira de falar.

   c. No último parágrafo desse trecho, não há vírgulas nem pontos para separar as ações. Essa sequência de dois-pontos transmite que efeito na leitura? Converse com os colegas.

d. Qual expressão pode resumir esse momento do texto?

☐ "Em boca fechada não entra mosquito."

☐ "Comer com os olhos."

☐ "Quem dá aos pobres empresta a Deus."

e. O que quer dizer o trecho "o olho do Tuca foi ver o que que tinha acontecido"?

_____

_____

f. O que aconteceu quando o olho de Tuca "deu de cara com o olho do Rodrigo"?

_____

_____

g. Se você fosse Rodrigo, também teria oferecido o sanduíche a Tuca? Explique.

_____

_____

9 No trecho "E foi só acabar de falar que o sanduíche já tinha sumido", o que se pode entender da ação de Tuca?

_____

10 Circule no texto a fala de Tuca que indica que a alimentação na casa dele não era farta?

11 Após a cena do sanduíche, Tuca e Rodrigo começam a se aproximar.

a. Qual atitude de Rodrigo iniciou a aproximação entre ele e Tuca?

_____

_____

b. Como foi a reação de Tuca quando Rodrigo se mostrou solícito, gentil?

_____

_____

12 Segundo o texto, Rodrigo havia percebido que, nas aulas, "o Tuca **estava sempre por fora**". Qual o sentido da expressão destacada?

_____

_____

13 Tuca diz: "— Acho que eu não vou aguentar a barra".

   a. Que sentido tem a palavra **barra** nessa frase?

   _____

   b. No texto, "aguentar a barra" representa uma gíria. Em qual destas frases de mesmo sentido também há uso de gíria?

   ☐ Acho que eu não vou aguentar essa situação.

   ☐ Acho que eu não vou aguentar o tranco.

   ☐ Acho que eu não vou suportar tanta dificuldade.

   c. Que sentidos pode ter a palavra **barra** em outros contextos?

   _____
   _____

14 A história narrada no texto se passa em quanto tempo?

   ☐ um dia   ☐ dois dias   ☐ três dias   ☐ quatro dias

15 O texto termina, mas a história continua.

   a. De acordo com as duas últimas frases do texto, qual você imagina que seja a continuação da história?

   ☐ Tuca não consegue superar suas dificuldades no estudo.

   ☐ Rodrigo e Tuca se afastam.

   ☐ Rodrigo traz lanches diariamente para Tuca.

   ☐ Tuca e Rodrigo tornam-se amigos.

   b. Que expressão **coloquial** usada por Tuca dá pistas de que, com a ajuda de Rodrigo, ele passou a compreender melhor Matemática? _____

   > **Coloquial:** típico da linguagem oral, informal.

16 Nessa história, Rodrigo se mostra sensível e solidário ao problema de Tuca. Converse com os colegas.

   a. Que ações de Rodrigo revelam isso?

   b. Ao colaborar com o colega, Rodrigo descobriu alguma coisa sobre ele mesmo. O que ele descobriu?

   c. Você também já aprendeu algo ao colaborar com alguém? Conte como foi.

Língua viva

Marcas da oralidade no texto escrito

A fala e a escrita se complementam. Elas se relacionam e se influenciam. Por isso, muitas vezes, ao redigir um texto, incluímos nele expressões típicas da fala. Retome o texto "Na sala de aula", em que aparecem algumas palavras usadas na linguagem oral, informal e espontânea do dia a dia.

1 As personagens do texto usam o verbo **estar** de maneira reduzida.

   a. Como esse verbo aparece na fala das personagens? _____

   b. Em sua opinião, por que foram usadas essas palavras reduzidas nas falas das personagens? Conte aos colegas.

2 Tuca diz a Rodrigo: "— Foi por isso que eu ganhei a bolsa de estudo pr'aqui". O que significa o termo **pr'aqui**? _____

3 Na frase de Tuca "— Eu topo.", a palavra **topo** é o mesmo que:

   ☐ rejeito ☐ discordo ☐ aceito ☐ abomino

4 Releia a fala de Tuca que aparece no balão ao lado.

> PUXA, CARA, SAQUEI TUDO QUE VOCÊ ME ENSINOU.

   a. O verbo **sacar** nessa frase é uma gíria. Que sentido ele tem nessa fala de Tuca?

   _____

   b. Que outra palavra usada por Tuca nessa mesma frase é uma gíria? Circule-a.

   c. Se Tuca estivesse conversando com uma pessoa mais velha e com quem não tivesse tanta intimidade, provavelmente não usaria essas gírias. Como seria essa fala de Tuca em uma situação mais formal?

   _____

   d. As gírias mudam de tempos em tempos e de região para região. Converse com os colegas: Que gírias vocês usariam nessa situação?

5 No texto, aparece várias vezes uma palavra que é muito usada na linguagem oral do dia a dia: **pro**. Ela é uma redução de quais palavras?

   ☐ para a ☐ para o ☐ para onde ☐ para mim

Língua viva

6 Circule a palavra que pode ser retirada desta frase sem que haja mudança no significado.

> O Rodrigo pegou o sanduíche, deu uma dentada e aí viu que o olho do Tuca tinha também mordido o pão.

> Em uma conversa, às vezes quem está falando recorre a expressões como: **aí**, **daí**, **então**, **né?**, **entende?**, **tá?**. O emprego repetitivo ou excessivo desses termos pode ser evitado na escrita, pois eles pouco ajudam na construção de sentido do texto, exceto quando usados intencionalmente para marcar, por exemplo, a fala de uma personagem em uma história, como aconteceu no texto "Na sala de aula".

7 Imagine que um aluno do 5º ano elaborou este bilhete.

> Carlos, meu amigo,
> Ontem, eu fui passear no parque com meus colegas da escola e aí nós resolvemos brincar de pega-pega perto do lago. Daí, pouco tempo depois, começou a chover e aí eu acabei escorregando e aí eu caí dentro do lago. O lago é fundo, daí eu estava me afogando, mas aí meus colegas chamaram o guarda e aí ele me salvou. Foi um sufoco.
> Liga pra mim!
> Clodoaldo

a. Sublinhe as expressões típicas da fala que aparecem no bilhete.

b. Em sua opinião, por que Clodoaldo usou repetidamente essas expressões?

c. Circule o pronome que Clodoaldo repete com insistência no bilhete.

d. Essas repetições ajudam a criar interesse no leitor pela história que Clodoaldo escreveu? Por quê?

e. Junte-se a um colega e reescrevam o bilhete no caderno, eliminando as repetições.

Nossa língua

▪ Advérbios

1 Leia estas adivinhas.

> **A** O que é que está **sempre** caindo, mas **nunca** se machuca?
>
> **B** O que é que tem escama, mas **não** é peixe, tem coroa, mas **não** é rei?
>
> **C** O que é que quanto **mais** cresce **menos** se vê?

a. Que resposta você daria para cada uma?

A _____ **B** _____ **C** _____

b. Complete a tabela abaixo com as palavras destacadas nas adivinhas, de acordo com a ideia que elas acrescentam ao verbo.

Negação	Tempo	Intensidade

As palavras destacadas nas adivinhas são chamadas de **advérbios**.

Os advérbios são palavras que exprimem ideia de circunstância, que, entre outras, pode ser de:
- **afirmação**: sim, certamente, realmente, etc.
- **dúvida**: talvez, acaso, porventura, provavelmente, etc.
- **exclusão**: exclusivamente, somente, salvo, só, apenas, etc.
- **inclusão**: até, ainda, mesmo, também, inclusivamente, etc.
- **intensidade**: bastante, bem, mais, menos, pouco, muito, tão, etc.
- **lugar**: abaixo, acima, adiante, além, lá, aqui, ali, perto, longe, etc.
- **modo**: assim, devagar, depressa, mal, melhor, pior, facilmente, etc.
- **negação**: não, nunca, absolutamente, etc.
- **tempo**: já, agora, nunca, amanhã, cedo, jamais, etc.

2 Circule os advérbios deste trecho do texto "Na sala de aula" e classifique-os.

> A cara do Tuca ficou tão contente que o Rodrigo até achou melhor fingir que não tinha visto.

3 Leia a tira e responda às questões a seguir.

Mauricio de Sousa. Turma da Mônica.

a. Que advérbio de intensidade do primeiro balão indica que a comida de Bidu ainda estava precisando de sal?

_____

b. Que advérbio do primeiro balão indica que a quantidade de sal que faltava era pequena? Classifique esse advérbio.

_____

c. Que advérbio indica como o menino deve mexer a comida do cachorro? Classifique esse advérbio.

_____

d. Que verbo e que advérbio indicam que o fogo estava com altura inadequada para preparar a comida?

_____

e. Classifique o advérbio citado no item **d**.

_____

f. Que advérbio do último balão indica o momento exato em que o menino fez tudo adequadamente? Classifique esse advérbio.

_____

g. Usando alguns dos advérbios do quadro abaixo, elabore uma frase que poderia ser usada para representar a fala de Bidu no primeiro quadrinho.

muito
pouco
bastante
menos

234

4 O anúncio abaixo exemplifica uma **propaganda enganosa**. Ele foi publicado em um livro que orienta sobre os perigos do consumismo.

LANÇAMENTO

SEM PULGAS, SEM SUJEIRA!

Até hoje ela não existia e você não precisava dela.

Mas pense bem:
- ★ Prática
- ★ Bonita
- ★ Várias opções de cores
- ★ Sem esforço para lavar seu cão

Além disso, está em promoção. Você compra uma e a segunda sai quase de GRAÇA.

E tem mais: se você ligar nos próximos 5 minutos, ganhará um xampu especial.

Propaganda enganosa: propaganda com informação total ou parcialmente falsa sobre um produto ou serviço, atribuindo-lhe qualidades que não possui e induzindo o consumidor a erro.

Cristina Von. *O consumo*. São Paulo: Callis, 2009. p. 8.

a. Qual circunstância o advérbio **hoje** expressa no anúncio?

_____

b. Qual advérbio do anúncio expressa a ideia de que, ao levar a segunda máquina, ela não sai totalmente gratuita?

☐ não ☐ quase ☐ mais

c. Qual advérbio da parte final do anúncio cria uma ideia de intensificação das vantagens para o comprador?

_____

d. Em sua opinião, uma máquina como a da ilustração seria segura para dar banho em cães? Por quê?

_____

_____

Construção da escrita

▰ Escreva em duas palavras

As palavras destacadas nas frases a seguir são escritas separadamente.

O caderno está **em cima** da carteira.

O poste fica **em frente** ao prédio.

Estava cansado, **por isso** deitei.

A chuva caiu **de repente**.

Em cima se escreve em duas palavras, mas **embaixo** é uma palavra só.

Dois gatos estão **em cima** da prateleira. Um gato está sozinho **embaixo** da mesa.

1 Observe a ilustração abaixo. Depois, complete as frases usando as palavras **em frente**, **embaixo** e **em cima**.

a. O ponto de ônibus fica _____ à escola.

b. O homem está _____ do abrigo.

c. O gato está _____ do muro.

d. O táxi parou _____ à escola.

2 Circule no quadro a palavra que pode substituir a expressão **em cima**, sem mudar o sentido desta frase:

O telefone fica **em cima** da mesinha.

dentro   fora   sobre   perto   longe

3 Indique quais expressões abaixo podem substituir as palavras destacadas nos cartazes.

A em cima   **B** de repente   **C** em frente   **D** por isso

PARQUE DE DIVERSÕES
SIGA ADIANTE

NÃO VENDO FIADO, PORTANTO NÃO INSISTA!

4 Que expressões dos tópicos da atividade 3 podem substituir as palavras destacadas nas frases a seguir?

a. Trabalhei muito, **então** estou cansado. _____

b. Ele saiu tão **rápido** que não pude falar nada. _____

c. O balão caiu **sobre** o telhado. _____

d. A prefeitura fica **diante** do museu. _____

⚡ EM AÇÃO!

Colóquio: direito e cidadania

1. Entendendo a atividade

Você e seus colegas participarão de um novo colóquio. Lembre-se:

> **Colóquio** é uma reunião em que se apresentam informações e se conversa ou debate sobre determinado assunto.

2. Organizando o evento

O assunto do colóquio é **direito e cidadania** e, paralelamente a ele, ocorrerá a exposição dos trabalhos realizados nesta unidade.

A exposição será feita nos locais da sala chamados de **cantinhos**.

A classe deverá ser dividida em três grupos, e cada grupo ficará responsável por organizar um dos cantinhos no local da sala que o professor indicar.

- **Grupo 1: Cantinho dos direitos humanos.** Nele, ficarão reunidos e afixados os cartazes sobre o texto "Os estatutos do homem" (página 177). O grupo responsável deve estudar os artigos da Declaração Universal dos Direitos Humanos, publicados pela ONU.

- **Grupo 2: Cantinho dos direitos das crianças.** Nele, ficarão reunidas e afixadas as produções de texto sobre trabalho infantil (página 197). O grupo responsável deve estudar o Estatuto da Criança e do Adolescente e os princípios da Declaração dos Direitos da Criança, estabelecidos pelo Unicef.

- **Grupo 3: Cantinho do consumo consciente e dos deveres do cidadão.** Nele, ficarão reunidas e afixadas as HQs sobre consumismo (página 223). O grupo responsável deve estudar os deveres do cidadão (pagar impostos, respeitar as leis, não jogar lixo na rua, não desperdiçar água nem energia elétrica, etc.).

Façam uma faixa de cartolina para identificar o nome e o local do cantinho. Deixem-na afixada acima dos trabalhos, como aparece abaixo.

3. Preparando-se

Os integrantes de cada grupo devem se preparar para o colóquio, retomando os textos estudados e pesquisando outros em livros e na internet. Depois, decidam o que falarão no dia do colóquio e quem apresentará as informações: se todos os integrantes ou apenas alguns. Cada grupo terá dez minutos para expor o tema e dez minutos para responder às perguntas dos visitantes ou ouvir as opiniões e os pontos de vista que eles têm a respeito do assunto.

4. Convidando

Elaborem convites ou comunicados e distribuam a familiares, colegas de outras classes e amigos, para que todos participem do colóquio e da exposição.

5. Durante o colóquio

Seguindo a orientação do professor, na sua vez, cada grupo expõe o assunto pelo qual ficou responsável. A seguir, responde às perguntas formuladas pelos convidados.

Na sequência, cada grupo, na mesma ordem, conduz os convidados para uma visita monitorada aos cantinhos, dando as devidas explicações sobre os trabalhos produzidos e respondendo às perguntas, se houver.

Para encerrar, mostrem aos convidados o painel sobre o Estatuto dos Animais, que a classe montou na página 179, e distribuam os panfletos sobre os direitos das crianças e dos adolescentes, produzidos na página 205.

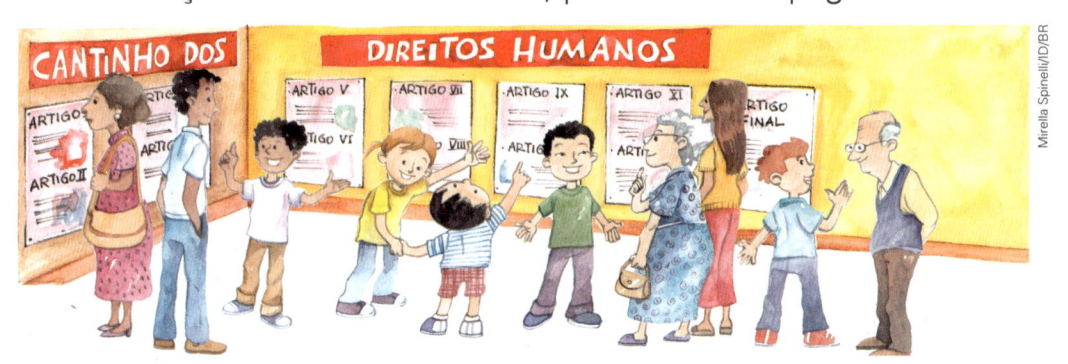

Avaliando a atividade

1. Todos os alunos contribuíram para o sucesso da atividade?
2. As apresentações ocorreram sem atropelos ou falhas?
3. As informações foram passadas com clareza para os convidados?
4. De que modo você contribuiu para a realização desse evento?
5. Cite algo importante que você aprendeu ao realizar essa atividade.
6. Você está disposto a exercer sua cidadania, exigindo seus direitos e cumprindo seus deveres? De que modo? Explique.

O que aprendi?

1 Leia este trecho de um poema e converse com os colegas.

Cidadania é quando...

Cada um de nós
em pequenos gestos
do dia a dia
pode semear
a cidadania.

Nílson José Machado. *Cidadania é quando...* São Paulo: Escrituras, 2012.

a. Nas ilustrações mostradas, o rapaz sentado e a moça estão, de acordo com o poema, "semeando cidadania"? Explique.

b. Conte aos colegas pequenos gestos que você pratica para "semear cidadania".

2 Observe a cena ao lado. Ela mostra desrespeito aos direitos da criança? Explique.

_____
_____
_____

3 Observe e leia esta tira.

— VOCÊ NÃO COME LOGO ESSA MAÇÃ?
— SABE AQUELAS LEIS DE DEFESA DO CONSUMIDOR?
— O QUE TEM?
— NÃO CONSIGO ACHAR A **DATA DE VALIDADE**!

Ziraldo. Disponível em: <http://linkte.me/qc020>. Acesso em: 20 jul. 2016.

a. Complete o segundo quadrinho com **por que** ou **porque**.

b. Que circunstância o advérbio **logo** expressa na tira? _____

c. Em que tempo está o verbo do segundo quadrinho? _____

d. No último quadrinho, o verbo **achar** está no infinitivo. Qual é o infinitivo dos demais verbos dos balões? _____

e. Qual destes verbos mudaria o sentido da frase se substituísse **achar** no último quadrinho?

☐ encontrar   ☐ localizar   ☐ identificar   ☐ compreender

4 Complete esta adivinha com **porque** ou **por que**.

_____ o pato tem ciúme do cavalo?
_____ ele tem quatro patas.

■ Conte aos colegas quais os sentidos da palavra **patas** nessa adivinha.

5 Complete estas frases com **houve** ou **ouve**, **haja** ou **aja**.

a. _____ o que houver, _____ com responsabilidade.

b. Ano passado, _____ um grande acontecimento naquele país.

c. Ele nunca _____ os meus conselhos.

d. Meu Deus! _____ paciência para ficar nessa fila enorme!

6 Observe e leia esta tira. Depois, converse com os colegas.

Ziraldo. *O Menino Maluquinho*: as melhores tiras. Porto Alegre: L&PM, 1995.

a. Que advérbio de tempo o guarda usou para expressar surpresa quanto ao horário em que o Menino Maluquinho estava brincando?

b. Que advérbio usado pelo menino se opõe ao que foi usado pelo guarda?

c. Os advérbios usados pelo menino no último quadrinho indicam que ele realmente levantou cedo para brincar? Explique.

d. Existe um verbo na tira que foi usado de modo reduzido, comum na linguagem oral do dia a dia. Que verbo é esse e como ele aparece na tira?

UNIDADE 4

Entrando na pré-adolescência...

Você já não é mais tão criança, mas também ainda não é um adolescente.
É dessa fase de transição que esta unidade trata.

- Em que lugar estão as pessoas representadas na cena ao lado? Qual destas figuras ajuda a perceber isso? Circule-a na cena.

- Quem é a moça que segura o microfone? Como você percebeu quem ela é?

- A que público você imagina que se destina esse programa?

- As opiniões e as experiências dos entrevistados podem ser úteis a outros adolescentes que assistem ao programa? Se sim, em quê?

Saber Ser

— COMO É SER PRÉ-ADOLESCENTE?

— ÀS VEZES TENHO VONTADE DE BRINCAR, MAS FICO COM VERGONHA.

— EU FICO CONFUSO. MINHA MÃE ÀS VEZES FALA QUE EU SOU MUITO CRIANÇA E ÀS VEZES QUE EU JÁ SOU GRANDE, DÁ PRA ENTENDER?

— A GENTE NESSA FASE NÃO É MAIS CRIANÇA, MAS TAMBÉM NÃO É ADOLESCENTE.

MARINA 10 ANOS

TIAGO 11 ANOS

LUÍS 11 ANOS

CAPÍTULO 1 — Saindo da infância

A adolescência é um período de transição entre a infância e a vida adulta e, geralmente, começa por volta dos 11 ou 12 anos de idade. A fase inicial desse período de transição é chamada de **pré-adolescência**. Esse momento é marcado por um conjunto de mudanças físicas, entre elas o crescimento acelerado do corpo, conhecido como **puberdade**.

Liliana e Michele Iacocca. *O planeta Eu*: conversando sobre sexo. São Paulo: Ática, 2010.

Roda de conversa

1 Tomás e Bianca parecem ter muitas dúvidas. Com quem eles podem esclarecê-las?

2 Assim como Tomás e Bianca, você também tem dúvidas a respeito das mudanças que ocorrem durante a adolescência? Quais?

3 Com quem você esclarece as dúvidas em relação ao seu corpo?

4 Observe imagens da Sabrina em diferentes etapas da vida.

a. Que fases da vida estão representadas nas imagens acima?

b. Em qual delas a pessoa depende mais de cuidados de um adulto e em qual é independente?

c. Em sua opinião, as transformações que ocorrem da infância para a vida adulta são somente físicas, isto é, no corpo? Explique.

5 Em sua opinião, as mudanças físicas pelas quais as crianças passam até chegar à vida adulta são as mesmas para meninos e meninas? Por quê?

6 Procure se lembrar de quando você tinha 6 anos.

a. Dessa fase até os dias de hoje, o que mudou no seu corpo?

b. Suas brincadeiras preferidas e atitudes do dia a dia mudaram? Explique.

c. Você tem hoje as mesmas responsabilidades em casa e na escola em relação ao que tinha antes?

d. Do que você gostava muito aos 6 anos e hoje não gosta mais?

e. O que deixava você muito bravo(a) e hoje já não deixa mais?

f. Você imagina por que essas mudanças aconteceram?

g. Como você se sente em relação a essas mudanças?

Hora da leitura 1

A seguir, você lerá um trecho de uma reportagem que foi publicada no suplemento infantil de um jornal. Nela, são apresentadas as opiniões e as experiências de alguns jovens que estão saindo da infância.

- O que está acontecendo na cena abaixo?
- O que será que estes jovens estão dizendo à repórter?

Crescimento
Passagem para a vida adulta

Leia o que crianças e especialistas pensam sobre as mudanças da puberdade.

Eles não se sentem mais crianças. Também não se acham adolescentes. "Somos uma espécie de pós-pirralhos", define Lucas, 11. "Às vezes, nós sentimos vontade de brincar, mas dá insegurança. O que os outros pensariam?", questiona Mariana, 10. "Quando uso sutiã, fico incomodada porque me aperta. Quando não uso, me sinto estranha", disse Priscila, 10.

A **Folhinha** conversou com mais de 30 crianças que têm entre 5 e 12 anos para saber como definem e também como sentem a passagem da infância para a adolescência, conhecida como puberdade.

Apelidos não faltaram, assim como confissões de sensações estranhas. "A minha irmã só me chama de PA, que quer dizer pré-adolescente", falou Lucas. "Será que meu amigo está sentindo as mesmas coisas que eu sinto agora, ou estou adiantado?", pergunta João, 11.

Após quase uma hora de debate, alguns parecem se encontrar. "Nessa fase, a criança já foi, e o adolescente ainda virá", disse Daniel, 11.

Quando meninas e meninos se reúnem, papos sobre o corpo são inevitáveis. "Todo mundo quer saber se somos avançados ou atrasados", disse João. Natália, 11, falou que fica incomodada nas lojas de roupas e nos parques. "Na montanha-russa, você não tem a altura certa para entrar." "Para mim, ser adolescente é saber conviver com as espinhas, os pelos e a força", disse João.

A GENTE TEM UM POUCO DE MEDO DE SER ADOLESCENTE. DÁ UMA CERTA INSEGURANÇA. É PARECIDO COM MUDAR DE COLÉGIO.

Luíza, 10

PARA MIM, SER ADOLESCENTE É DEIXAR DE SAIR COM OS PAIS PARA SAIR COM OS AMIGOS DA FACULDADE.

Bruno, 8

ANTES EU COLECIONAVA FIGURINHAS E AGORA NÃO GOSTO MAIS DISSO. ACHO QUE COLEÇÕES DE BRINQUEDINHOS SÃO COISAS SÓ PARA CRIANÇAS.

Felipe, 11

EU ACHO BOM CRESCER PORQUE A GENTE VAI PODER FAZER COISAS QUE CRIANÇAS NÃO PODEM, COMO DIRIGIR.

Ulisses, 7

Conjunto de transformações

Cada criança tem seu relógio interno. Umas se transformam rapidamente em adultos e outras demoram a crescer. Isso se deve às características genéticas dos pais.

Para os médicos, a puberdade é um conjunto de transformações pelas quais as crianças passam até virarem adultas. Na infância, os hormônios sexuais, como a testosterona e o estradiol, ficam adormecidos. A partir dos dez anos, em geral, começam a "explodir como vulcões". "Um dos sinais do início da puberdade é quando a transpiração começa a ter um cheiro diferente", diz Geraldo Medeiros, professor de endocrinologia da USP.

Endocrinologia: área da medicina que estuda as glândulas e as substâncias que elas produzem.

Ser criança é*

- chorar por tudo
- não perceber que está atrapalhando
- não ter consideração
- sempre precisar de ajuda
- não receber mesada
- ser sincero
- ser bobinho e ficar repetindo as coisas
- falar o que não sabe
- não precisar trabalhar
- ganhar mais carinho da mãe
- ganhar presentes
- estudar menos

Ser adolescente é*

- ter mais responsabilidades
- saber controlar mais o dinheiro
- ajudar os pais nas tarefas domésticas
- ter mais independência
- andar na rua sozinho
- tornar-se mais confiável
- receber mesada
- ajudar o irmão na lição
- arrumar o quarto
- ter mais liberdade

* Na opinião de crianças de dez a doze anos.

Katia Calsavara. *Folha de S.Paulo*, 29 maio 2004. Suplemento infantil Folhinha, p. 4-5.

Linha e entrelinha

1 Preencha esta ficha relacionada à reportagem lida.

Jornal que publicou o texto	
Quantidade de entrevistados	
Idade dos entrevistados	

2 Releia esta parte da reportagem.

> **Crescimento** **Passagem para a vida adulta**
>
> *Leia o que crianças e especialistas pensam sobre as mudanças da puberdade.*

a. Qual é o título principal da reportagem? Sublinhe-o.

b. Por que a palavra **crescimento** está com fundo vermelho e aparece antes da reportagem? O que ela representa?

_____

_____

c. Por que nesta parte há tamanhos de letra e cores diferentes?

_____

3 Releia o primeiro parágrafo do texto e responda ao que se pede.

a. A palavra **pirralho** significa criança, menino pequeno. O termo **pós** tem o sentido de depois, após. O que quer dizer **pós-pirralho**?

_____

b. Por que o trecho "Somos uma espécie de pós-pirralhos" está entre aspas?

_____

c. Na palavra **pré-adolescência**, que sentido tem o termo **pré**?

☐ anterior, antecipado   ☐ agora, nesse instante   ☐ posterior, após

d. O que indica o número colocado logo após o nome dos entrevistados? Por que é importante mencionar esse número na reportagem?

_____

_____

_____

4 Retome os depoimentos da página 247, que aparecem nos balões de fala.

a. Luíza acredita que os pré-adolescentes sentem medo de se tornar adolescentes. Que medos podem ser esses?

_____
_____

b. Que entrevistado revelou opinião diferente da de Luíza? Você concorda com o que ele disse? Por quê?

_____
_____

c. Qual entrevistado apresentou uma definição para a adolescência? Você concorda com ele? Explique.

_____
_____

d. E você, como definiria essa fase da vida? Conte aos colegas.

5 Preencha com o nome dos entrevistados, conforme os depoimentos presentes na reportagem.

Têm dúvidas, insegurança	Incomodam-se com as mudanças	Definem pré-adolescência ou adolescência

6 Releia o que disseram Mariana e João e converse com os colegas.

> **Mariana, 10:** "Às vezes, nós sentimos vontade de brincar, mas dá insegurança. O que os outros pensariam?"
> **João, 11:** "Será que meu amigo está sentindo as mesmas coisas que eu sinto agora, ou estou adiantado?"

a. Você pensa como Mariana?

b. O que João pode fazer para conseguir uma resposta à pergunta dele?

c. Na sequência da reportagem, João usa as palavras **avançados** e **atrasados** para se referir às mudanças no corpo. Com que sentido ele usou essas palavras?

7 Leia este trecho de outra reportagem.

> Os processos da puberdade têm um ritmo que varia de pessoa para pessoa, ou seja, não se preocupe em comparar seu corpo com o dos colegas.

Denise Brito. *Folha de S.Paulo*, 3 maio 2008. Suplemento infantil Folhinha.

a. Que parte do item "Conjunto de transformações", na página 248, tem o mesmo sentido do trecho acima?

_____

_____

b. De acordo com os dois trechos, as mudanças são iguais e ocorrem ao mesmo tempo para todos? Explique.

_____

_____

8 Leia este texto sobre a puberdade.

> As mudanças que acontecem na puberdade têm um só motivo: os hormônios. Eles são substâncias químicas produzidas naturalmente pelo nosso corpo com a função de ativar os órgãos. Existem vários tipos deles no corpo de todas as crianças. Por volta dos nove ou dez anos de idade, os hormônios entram em atividade e provocam transformações.

Denise Brito. *Folha de S.Paulo*, 3 maio 2008. Suplemento infantil Folhinha.

a. De acordo com a reportagem lida e com o texto acima, por volta de qual idade os hormônios entram em atividade?

_____

b. O que a atividade dos hormônios provoca?

_____

9 Releia os itens "Ser criança é" e "Ser adolescente é". Depois, converse com os colegas.

   a. Ser criança é estudar menos? Comente.

   b. Alguém só se torna confiável ao passar para a adolescência? Explique.

   c. O que é, para você, ser criança e ser adolescente?

Hora da leitura 2

Meninos e meninas que estão saindo da infância e entrando na adolescência ainda gostam de brincar, mas muitas vezes sentem vergonha disso e até brincam em segredo.

■ Você brinca com os mesmos brinquedos de quando tinha 5 ou 6 anos?

■ Se um amigo vai à sua casa, você o convida para brincar com esses brinquedos?

■ Leia o título do texto a seguir. Que mistério você imagina que será revelado?

O mistério dos brinquedos desaparecidos

Meninos e meninas que começam a sair da infância contam que ainda gostam de brincar — mas em segredo

Responda rápido: boneca ou *show* da **Avril Lavigne**? Carrinho ou *video game*? Bola ou bate-papo na internet? [...]

"Ou" é uma palavra que quer dizer "alternância, exclusão, dúvida e incerteza". É a palavra que bem define uma fase vivida por meninos e meninas com nove, dez e 11 anos de idade, quando a boneca, a bola e o carrinho já nem sempre estão nas listas de "melhores amigos", mas ainda não foram parar no fundo do armário ou no quartinho da bagunça.

É quando a palavra "criança" já começa a ficar pequena para alguém que esticou, mudou de preferências e começa a virar pré-adolescente, um ensaio para a adolescência. É ser "meio-termo, nem criança nem adolescente", define Sophia, 10.

E aí os objetos da infância — os brinquedos — até viram um segredo guardado a sete chaves. Assim acontece com Dora, 9, dona da boneca Lili, um presente da avó da menina, num tempo em que ela só gostava de bonequinhas.

Avril Lavigne: cantora canadense.

De vez em quando, lá está ela brincando com a Lili, seu brinquedo de estimação. Mas Dora conta isso meio baixinho: "Acho que não tenho mais idade para brincar de boneca, eu fico com vergonha". Para as amigas, ela explica que Lili é só "enfeite" do quarto. "Eu não sei se elas [as colegas] ainda brincam, vai que elas já pararam e só eu que brinco", raciocina. Às vezes criança e às vezes mocinha, Clara, 10, gosta de "trocar roupinhas da boneca" e curte o som de Avril Lavigne, cantora que arrastou a menina para seu primeiro *show* de *rock*. "Não brinco mais que a boneca é minha filhinha, essas coisas, mas gosto de escolher a roupa que ela vai usar", explica.

Gabriella, 11, conta que as meninas de sua idade têm mesmo vergonha de falar que gostam de boneca porque isso "é infantil". Ela mesma diz que hoje prefere ficar conversando com as amigas. Falando de quê? "Sobre... sobre... sei lá, às vezes, sobre meninos."

Já Thiago, 10, diz que não tem vergonha de inventar corrida com os carrinhos que coleciona. Coloca os carros em fila, faz barulho de motor em movimento: "Vruum, vruum, vruum!", e planeja: "Só vou deixar de brincar de carrinho com 12 anos, aí vou estar mais velho".

A menina Ana, 9, explica um pouco como são essas mudanças: "A gente vai crescendo e deixando os brinquedos de lado, porque cansa".

"Quase adolescente" tem Dia da Criança

O menino Kevin, 10, diz que a vantagem de ser pré-adolescente — ou "um quase adolescente" — é ter ainda Dia da Criança. Carrinho ou bonequinho de presente? Não, ele já encomendou para a avó um *game* de futebol.

Seu amigo de escola, Mathias, 9, está na mesma onda: vai ganhar um *video game* novinho. E não são só eles: Ana Carolina escolheu uma bolsinha, Sophia deseja um toca-MP3 e Thiago quer uma **fita** do Harry Potter. Ninguém pediu brinquedo.

Fita: equivale ao DVD de filme ou *video game*.

Gabriela Romeu. *Folha de S.Paulo*, 8 out. 2005. Suplemento infantil Folhinha, p. 4-5.

Linha e entrelinha

1 Marque o verbete que classifica o texto lido. Depois, sublinhe a acepção que melhor o define.

> **manchete** sf
> 1. Título em letras grandes, colocado na primeira página de jornal 2. Notícia resumida dada no começo de um noticiário. ☐

> **notícia** sf
> 1. Informação ou conhecimento sobre pessoa ou coisa. ☐

> **reportagem** sf
> 1. Conjunto de informações sobre um assunto, recolhidas por um jornalista e transmitidas por algum meio de comunicação 2. Conjunto dos repórteres. ☐

Geraldo Mattos. *Dicionário Júnior da língua portuguesa*. São Paulo: FTD, 2005. p. 390, 430 e 526.

2 De modo geral, os grandes jornais são divididos em cadernos e suplementos que tratam de assuntos como esporte, lazer, cultura, etc. Os dois textos que você leu neste capítulo foram publicados na Folhinha, que era um suplemento do jornal *Folha de S.Paulo*.

a. A quem interessam as publicações da Folhinha, ou seja, quem é o leitor desse suplemento?

_____

b. Por que esses textos foram publicados na Folhinha, e não em outro caderno ou suplemento do jornal?

_____
_____

c. Você conhece algum jornal com um suplemento semelhante a esse? Qual?

_____

3 Observe o título do texto que você leu.

> # O mistério dos brinquedos desaparecidos
> Meninos e meninas que começam a sair da infância contam que ainda gostam de brincar — mas em segredo

a. Que recursos visuais o jornal usa no título do texto para atrair o leitor?

_____

b. Circule a palavra no título que desperta a curiosidade no leitor.

c. É comum o título dessa reportagem aparecer em jornais? Explique.

d. Para que serve a frase que acompanha o título?

e. Marque a melhor opção. O texto lido:

☐ desvenda e explica o mistério anunciado no título.

☐ cria mais mistério ainda.

☐ oculta o comportamento dos pré-adolescentes.

4 Por que Dora costuma dizer às amigas que a boneca Lili é apenas um enfeite do quarto?

5 A atitude de Thiago é igual à de Dora? Comente.

6 Qual vantagem Kevin vê em ser pré-adolescente?

7 Segundo o texto, a palavra **ou** representa a pré-adolescência. O que essa palavra tem em comum com essa fase da vida?

8 No texto, há palavras e trechos escritos entre aspas.

a. Qual é a função das aspas em "criança", no terceiro parágrafo?

b. Qual é a função das aspas em "Acho que não tenho mais idade para brincar de boneca, eu fico com vergonha", no quinto parágrafo?

9 Dora tem 9 anos, e Thiago, 10. Cada um age de uma maneira em relação aos brinquedos que tem. E você, como age em relação aos seus brinquedos? Conte aos colegas.

Saber Ser

Produção de texto

▬ Entrevista

> **Entrevista** é a conversa com uma pessoa, na qual lhe é feita uma série de perguntas com o objetivo de obter informações de interesse público, profissional ou pessoal.

As entrevistas costumam ser divulgadas em rádio, televisão e também em jornais, revistas, *sites*, etc. Leia este trecho de uma entrevista concedida pelo ator mirim João Guilherme Ávila. A entrevista foi realizada por ocasião das gravações da telenovela infantojuvenil *Cúmplices de um resgate*.

Qual foi o personagem que mais marcou você?
O personagem que mais marcou minha vida acho que foi o Zezé [do filme *Meu Pé de Laranja Lima*], porque foi o meu primeiro trabalho em longa-metragem e porque me marcou como uma experiência nova de poder estar atuando, de entrar neste mundo artístico. Mas hoje, a maioria das pessoas me conhece como o Joaquim Vaz, de *Cúmplices de um Resgate*.

Você é músico desde que idade?
Bom, eu sempre gostei muito de cantar e de poder tocar algum instrumento, qualquer tipo. Mas só agora que eu estou levando isso a sério para a minha carreira.

Ser filho de músico o influenciou nesta escolha?
Eu vim de uma família de músicos, tanto por parte de pai, quanto por parte de mãe. Então, com certeza, de algum modo isso me influenciou.

Quais são os artistas que mais o influenciaram/inspiraram como músico e como ator?
Tem várias pessoas que influenciaram na minha carreira, mas tem duas pessoas de quem eu gosto muito. O Johnny Depp, pois eu acho a atuação dele fantástica, e o Luan Santana, que canta muito bem. Muitas músicas dele me emocionam.

O que você gosta de fazer nas horas vagas?
Nas minhas horas vagas eu gosto muito de andar de *skate* e jogar bola. E sempre com os amigos, de preferência, porque adoro muito estar com eles.

Foto do ator mirim João Guilherme Ávila.

Marilia Alencar. *Revista Atrevidinha*. Disponível em: <http://linkte.me/qw415>. Acesso em: 3 ago. 2016.

Observe que a entrevista é composta de perguntas e respostas, com tratamento visual diferente no texto para que o leitor possa distingui-las com facilidade.

Planejar e produzir

Agora é sua vez de realizar uma entrevista com um adolescente (três a cinco anos mais velho que você) para saber mais sobre a adolescência. A entrevista será retomada na atividade coletiva, no final desta unidade. Faça assim:

EM AÇÃO!

1 Junte-se a um colega e elaborem duas perguntas para compor a entrevista. Decidam o que querem saber do entrevistado.

2 Apresentem as perguntas ao professor e aos colegas. O professor anotará no quadro de giz as questões formuladas pelas duplas. Em seguida, coletivamente, selecionem e copiem as questões que farão parte da entrevista.

3 Cada dupla escolhe um entrevistado e combina com ele a data, o horário e o lugar em que a entrevista será realizada.

4 De preferência, gravem a entrevista para transcrevê-la depois, mas façam também anotações das respostas dadas pelo entrevistado.

> Se a resposta a alguma das questões não ficar clara, solicitem mais explicações, perguntando: "Você poderia explicar com mais detalhes?", "O que quis dizer com... ?".

5 Anotem o nome e a idade do entrevistado.

6 Transcrevam a gravação para uma folha avulsa, eliminando as repetições de palavras e as palavras próprias da linguagem oral, como: **né?**, **daí**, **aí**, **tá?**, **então**, **tô**.

7 Se a transcrição for feita à mão, usem canetas de cores diferentes para indicar as perguntas e as respostas. Se for feita no computador, usem **negrito** para indicar as perguntas.

Revisar, avaliar e reescrever

Itens a avaliar	Sim	Não
1. Há diferenciação visual entre perguntas e respostas?		
2. O registro das respostas está completo?		
3. Palavras próprias da linguagem oral foram eliminadas?		

Apresentem a entrevista aos colegas da classe, um componente da dupla lê as perguntas e o outro, as respostas.

Usos do dicionário

Detalhamento dos verbetes

1 Uma das informações apresentadas nos dicionários é a **etimologia**, isto é, a origem das palavras. Nos verbetes a seguir ela está entre parênteses.

acordeão s.m.
(fr. *accordéon*) Instrumento musical portátil munido de teclado cuja ação, associada à de um fole de vaivém, faz vibrar um jogo de palhetas metálicas; sanfona.

bandolim s.m.
(it. *mandolino*) Instrumento musical de quatro cordas duplas que se toca com palheta.

Minidicionário Larousse da língua portuguesa. São Paulo: Larousse, 2005. p. 10 e 84.

Preencha este quadro com as informações dos verbetes acima.

Palavra em português	Palavra de origem	Idioma de origem

2 Quando necessário, o verbete indica as áreas do conhecimento humano ou da ciência a que a palavra pertence. Veja um exemplo.

disco s.m. (gr. *diskos*, pelo lat. *discus*) **1.** Qualquer objeto chato e circular **2.** Placa circular em material termoplástico que contém uma gravação para reprodução fonográfica **3.** Superfície sensível de um astro, que parece mais ou menos circular • **Anat.** *Disco vertebral*, estrutura fibrocartilaginosa que une duas vértebras **Astron.** Componente achatado de uma galáxia espiral, que contém gases, poeira e estrelas **Inform.** Dispositivo, rígido ou flexível, que possui um suporte magnético onde se pode gravar informações e dados **Med.** *Hérnia de disco*, saliência anormal para dentro do canal raquidiano de um fragmento de disco intervertebral.

(área do conhecimento humano)

Larousse Ática: dicionário da língua portuguesa. Paris: Larousse; São Paulo: Ática, 2001. p. 157.

a. O que significa a sigla **s.m.** que aparece logo após a palavra **disco**?

b. Observe as abreviaturas que aparecem dentro dos parênteses. O que significa **gr.** e **lat.**?

c. Com base nas informações etimológicas do verbete, indique o percurso da palavra **disco** até chegar à nossa língua, preenchendo os quadros abaixo.

idioma	palavra

→

idioma	palavra

→

idioma	palavra
português	disco

d. A palavra **disco** é usada com diferentes sentidos em várias áreas do conhecimento. Escreva por extenso o nome destas áreas.

Anat. _____   Astron. _____   Inform. _____   Med. _____

3 Alguns dicionários apresentam os níveis da linguagem, isto é, os contextos ou situações de uso. Observe o verbete abaixo.

> **mano** (ma.no) **s.m. 1.** *fam* irmão **2.** *gír* pessoa com quem se mantém uma relação de amizade, afeto, etc.

(nível de linguagem)

Saraiva Júnior: dicionário da língua portuguesa ilustrado. São Paulo: Saraiva, 2009. p. 221.

a. A acepção 1 indica uso em que situação? _____

b. A acepção 2 representa que tipo de linguagem? _____

4 Quando uma palavra faz parte de uma **expressão idiomática**, os dicionários também apresentam o sentido dessa expressão.

> **Expressão idiomática:** expressão do nosso idioma com significado próprio, não construído pela relação de sentido das palavras que a formam.

> **pau** (pau) **s.m. 1.** Qualquer madeira ou pedaço de madeira (*Eu sou o pirata da perna de pau, do olho de vidro e da cara de mau!*) **2.** Nome dado a várias peças de forma redonda, compridas e estreitas (como *pau de bandeira*) **3.** *gír* Reprovação em exame (*Patrício levou pau na prova de Matemática porque não estudou direito.*) *quebrar o pau*: discutir *dar pau*: em *Inform.*, problema que impede o funcionamento de um programa ou do próprio computador.

Saraiva Júnior: dicionário da língua portuguesa ilustrado. São Paulo: Saraiva, 2009. p. 290.

a. A acepção 3 representa que tipo de linguagem? _____

b. Quais expressões idiomáticas aparecem no final do verbete? Circule-as.

c. A última expressão é usada em que área do conhecimento?

_____

Nossa língua

▬ Numeral

1 Você conhece esta cantiga de roda? Cante-a com os colegas.

> Teresinha de Jesus
> de uma queda foi ao chão.
> Acudiram três cavalheiros,
> todos três de chapéu na mão.
>
> O primeiro foi seu pai;
> o segundo, seu irmão;
> o terceiro foi aquele
> a quem Teresa deu a mão.

Domínio público.

a. Qual palavra da cantiga indica a quantidade de pessoas que ajudaram Teresinha? _____

b. Quais palavras informam a ordem em que essas pessoas ajudaram Teresinha? _____

As palavras que você apontou nos itens acima são chamadas de **numerais**, pois indicam quantidade definida ou ordem em uma sequência. Veja como os numerais se classificam.

Classificação	Indicam	Alguns exemplos
cardinais	quantidade definida	um, dois, três...
ordinais	ordem, posição em uma sequência	primeiro, segundo, terceiro...
multiplicativos	multiplicação de uma quantidade	duplo ou dobro, triplo...
fracionários	quantidade dividida	meio ou metade, terço...
coletivos	conjuntos numéricos	dezena, dúzia, centena...

2 Leia esta adivinha e anote sua resposta no quadro ao lado.

> O que é, o que é: árvore com doze galhos, cada galho com cerca de trinta frutas, cada fruta com vinte e quatro sementes?

Resposta
_____

Domínio público.

a. Quais são os numerais citados na adivinha? Sublinhe-os.

b. Todos esses numerais são:

☐ cardinais   ☐ fracionários   ☐ ordinais   ☐ multiplicativos

260

3 Observe e leia esta tira.

> OITOCENTOS E SETENTA E TRÊS MILHÕES...
>
> ... QUATROCENTOS E NOVENTA E UM MIL...
>
> ... SEISCENTOS E TRINTA E DOIS!
>
> ISSO FICA MAIS FÁCIL QUANDO OS NÚMEROS SÃO GRANDES.

Bill Watterson. *Os dias estão simplesmente lotados.* São Paulo: Best News, 1995. v. II. p. 68.

a. Por que foram usadas reticências nos três primeiros quadrinhos?

_____

_____

b. Usando apenas algarismos, escreva o número mencionado por Calvin.

_____

c. Por que, para Calvin, pular corda fica mais fácil com números grandes?

_____

_____

4 Escreva por extenso os numerais destas placas e classifique-os.

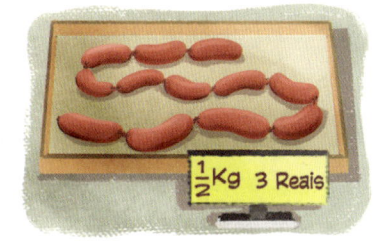

½ Kg 3 Reais

RUA 1º DE MAIO

DISTÂNCIA
FEIRA DE SANTANA 285 Km
SALVADOR 301 Km

_____

_____

5 Leia esta adivinha.

> Um palácio com doze damas   Todas elas usam meia
> Cada uma tem o seu quarto   E nenhuma usa sapato

Domínio público.

a. Identifique e classifique os numerais presentes na adivinha.

_____

_____

b. Decifre a adivinha e conte aos colegas.

6 Observe a ilustração e leia o bilhete que nela aparece.

a. Quem escreveu o bilhete que está afixado na porta?

_____

b. A quem se destina o bilhete?

_____

> Pedro,
> Vou rezar 1/3 para achar um 1/2 de você organizar o seu 4º!
> mamãe

c. Esses numerais estão substituindo palavras com sentidos diferentes dos numerais? Quais são esses sentidos?

_____
_____
_____
_____
_____

d. Escreva por extenso os numerais que aparecem no bilhete e classifique-os.

Numerais	Por extenso	Classificação
$\frac{1}{3}$		
$\frac{1}{2}$		
4º		

e. Qual característica de Pedro é possível deduzir por meio desse bilhete?

_____

f. Provavelmente, a porta que aparece nesta cena dá acesso a qual cômodo da casa das personagens? Explique.

_____
_____

g. Qual é a intenção da mãe de Pedro?

_____

> Algumas palavras nos remetem a uma quantidade exata. Por exemplo: **semestre** nos remete à ideia de seis meses; **triênio**, à ideia de três anos; **dezena**, a um conjunto de dez unidades...
>
> Palavras que, mesmo no singular, indicam um conjunto numérico exato de seres, coisas ou período de tempo são denominadas **numerais coletivos**.

7 Escreva que conjunto cada numeral coletivo representa.

a. A avaliação **bimestral** será amanhã. _____

b. Comprei uma **dúzia** de ovos. _____

c. Flávia ficará de **quarentena** no hospital. _____

d. Em 2001, iniciou-se um novo **milênio**. _____

e. Viajaremos no próximo **semestre**. _____

f. Moramos aqui há uma **década**. _____

g. Passamos uma **semana** na praia. _____

8 Nestas expressões os numerais não indicam quantidade, e sim, um sentido próprio. Associe as expressões ao sentido que elas têm.

A Um bicho de sete cabeças — com muitas regras ou luxo

B Aí são outros quinhentos — deixar muito bem guardado

C Cheio de nove horas — algo assustador, assombroso

D Trancar a sete chaves — uma nova situação

9 Você conhece esta versão da parlenda "Tangolomango"?

> Eram nove irmãs numa casa,
> uma foi fazer biscoito,
> deu o tangolomango nela
> e só ficaram oito
>
> Dessas oito que ficaram
> uma foi amolar canivete
> deu o tangolomango nela
> e só ficaram sete [...]

Domínio público.

a. Sublinhe e classifique os numerais que aparecem na parlenda.

_____

b. Junte-se a um colega e, em uma folha à parte, continuem essa parlenda até não sobrar nenhuma irmã. Comecem por: "Dessas sete que ficaram...".

c. Circulem os numerais usados e, depois, ensinem a parlenda aos colegas.

Construção da escrita

As palavras meio, meia

1 Substitua as expressões destacadas nestas frases por **meio** ou **meia**.

a. Quero apenas **metade da** melancia. _____

b. A gata está **um pouco** cansada. _____

c. Tati é uma menina **mais ou menos** engraçada. _____

2 Leia o que Mariana, Paulo e Daniel estão dizendo sobre o significado das palavras **meio** e **meia**. Depois, verifique se as respostas que você deu na atividade anterior foram adequadas. Se for necessário, refaça-as.

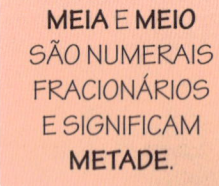

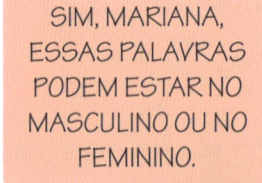

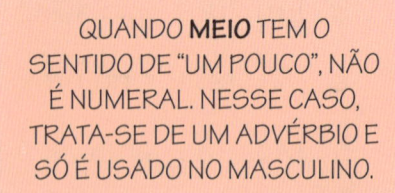

> MEIA E MEIO SÃO NUMERAIS FRACIONÁRIOS E SIGNIFICAM METADE.

Mariana

> SIM, MARIANA, ESSAS PALAVRAS PODEM ESTAR NO MASCULINO OU NO FEMININO.

Paulo

> QUANDO MEIO TEM O SENTIDO DE "UM POUCO", NÃO É NUMERAL. NESSE CASO, TRATA-SE DE UM ADVÉRBIO E SÓ É USADO NO MASCULINO.

Daniel

3 Que outro significado pode ser acrescentado à palavra **meia** neste verbete de dicionário?

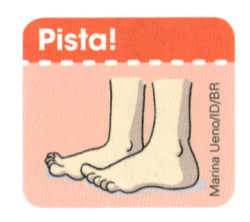

Pista!

> meia 1. (*numeral*) metade 2. (*substantivo*)
> _____

4 Observe a ilustração ao lado e responda: Você diria que é "meio-dia e **meio**" ou "meio-dia e **meia**"? Explique.

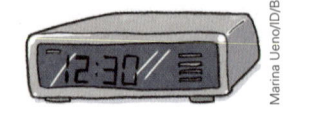

_____

_____

_____

5 Das palavras destacadas abaixo, qual é a única que não equivale à palavra **metade**? Marque a frase.

☐ Comprei **meia** dúzia de ovos.   ☐ Comi **meia** *pizza*.

☐ Tomei **meio** litro de suco.   ☐ Estou **meio** adoentada.

6 Observe e leia esta tira.

Laerte. *Classificados*: livro 2. São Paulo: Devir, 2002.

a. Nessa tira, a palavra **meio** equivale a **um pouco** ou a **metade**?

_____

b. Por que os siris foram para a cidade?

_____

7 Observe e leia esta outra tira.

Ziraldo. O Menino Maluquinho.

a. Quais numerais estão presentes na tira? Circule-os.

b. Indique, no contexto da tira, o sentido de:

meia	
pé-d'água	
matar dois coelhos com uma só cajadada	

8 Substitua as palavras destacadas nestas frases por aquelas que estão entre parênteses. Não se esqueça de fazer os ajustes necessários.

a. João está meio cansado hoje. (Ana) _____

b. Eu só quero meio **quindim**. (paçoca) _____

c. O sapato está meio velho. (a meia) _____

d. Comprei meio **quilo** de jiló. (porção) _____

CAPÍTULO 2 — O que está acontecendo?

O corpo humano se desenvolve e se transforma continuamente ao longo da vida, mas é na puberdade que essas transformações são mais intensas.

Lembre-se de que, na puberdade, as mudanças físicas são desencadeadas pelas alterações no nível de hormônios, que são substâncias químicas produzidas pelo corpo.

Leia o que Júnior, a personagem ilustrada abaixo, está contando e saiba o que está acontecendo com ele.

NOSSA! ATÉ ONTEM EU ERA UMA CRIANÇA.

AGORA, DE REPENTE, FALO E A MINHA VOZ PARECE A VOZ DE OUTRA PESSOA.

OLHO O MEU CORPO E PARECE O CORPO DE OUTRA PESSOA.

E AINDA HOJE ACORDEI COM MAIS TRÊS ESPINHAS.

E QUATRO FIAPOS DE BARBA.

NINGUÉM VAI ME RECONHECER DESTE JEITO.

CHEGA, JÚNIOR, VAI SE ATRASAR.

NEM A MINHA PRÓPRIA MÃE.

ATÉ ONTEM ELA ME CHAMAVA DE JUNINHO.

Liliana e Michele Iacocca. *O livro do adolescente*: discutindo ideias e atitudes com o jovem de hoje. São Paulo: Ática, 2002. p. 38.

Roda de conversa

1. Que mudanças Júnior notou no corpo?

2. As mudanças mencionadas por Júnior são físicas ou emocionais?

3. Por que essas mudanças estão acontecendo?

4. Que sentimento as mudanças no corpo de Júnior estão provocando?

5. Por que Júnior acredita que ninguém o reconhecerá?

6. Será que, para a mãe, Júnior realmente deixou de ser o Juninho? Explique.

7. Quais transformações vividas por Júnior acontecem com as meninas?

8. Observe esta outra situação.

> MÁRCIA, NÃO SEI O QUE ESTÁ ACONTECENDO COMIGO!
>
> ESTOU COM ESPINHAS, MEUS SEIOS ESTÃO CRESCENDO E...
>
> RELAXA, SÍLVIA! ISSO...

   a. Que idade você imagina que têm as personagens acima?

   b. O que significam as mudanças que estão acontecendo com Sílvia?

   c. O que você imagina que Márcia disse no último balão?

9. Assim como Júnior e Sílvia, você também já nota algumas mudanças no seu corpo ou no corpo de seus colegas? Comente.

Sugestão de leitura

O livro do adolescente: discutindo ideias e atitudes com o jovem de hoje, de Liliana e Michele Iacocca. Editora Ática.

Com cartuns e ilustrações inteligentes e bem-humoradas, o livro trata de comportamentos, sentimentos e atitudes típicas do universo dos adolescentes.

Hora da leitura 1

A seguir, você conhecerá mais detalhes sobre as mudanças que acontecem na passagem da infância para a adolescência.

- Será que essas mudanças começam a ocorrer na mesma idade com todas as pessoas?
- Que diferenças há nas mudanças pelas quais passam meninos e meninas?

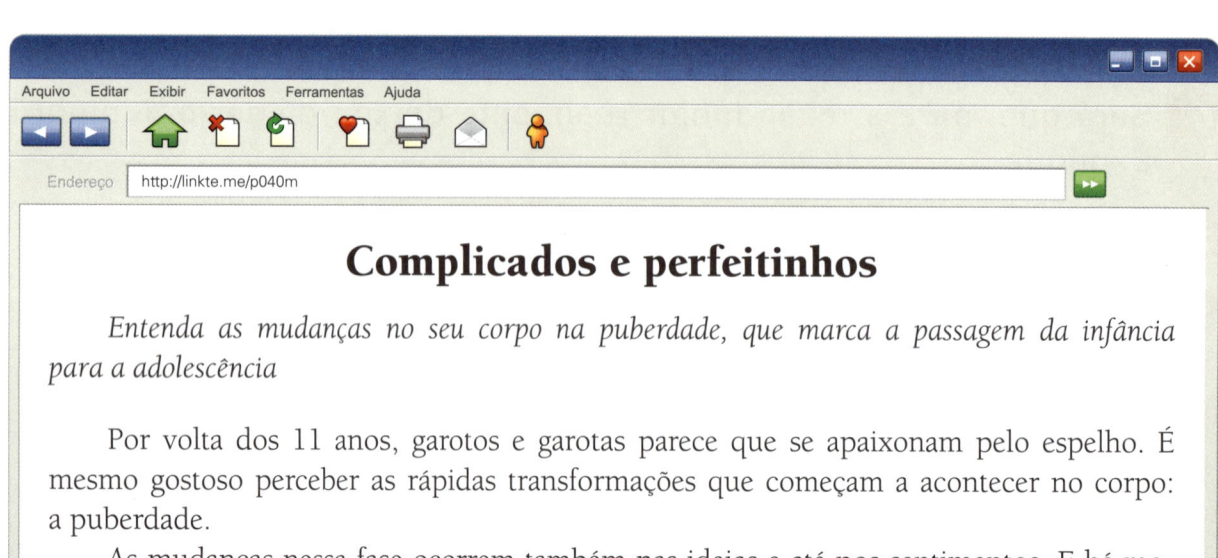

Endereço: http://linkte.me/p040m

Complicados e perfeitinhos

Entenda as mudanças no seu corpo na puberdade, que marca a passagem da infância para a adolescência

Por volta dos 11 anos, garotos e garotas parece que se apaixonam pelo espelho. É mesmo gostoso perceber as rápidas transformações que começam a acontecer no corpo: a puberdade.

As mudanças nessa fase ocorrem também nas ideias e até nos sentimentos. E há momentos de insegurança.

[...]

A preocupação excessiva com a aparência e o excesso de crítica são normais nessa idade, diz a psicóloga Marizilda Donatelli. "É duro mesmo. Esse momento é um desafio, e cada um enfrenta de um jeito", diz.

[...] Nos meninos, é um hormônio chamado testosterona que começa a aumentar. Nas meninas, são os estrógenos e a progesterona. É o aumento da quantidade dessas substâncias que provoca as seguintes mudanças no seu corpo:

No menino e na menina

- É comum que os hormônios acabem desequilibrando a oleosidade da pele e isso leva ao entupimento das **glândulas sebáceas** e ao aparecimento da acne, as espinhas. Para resolver o problema, basta procurar um **dermatologista**. [...]

Meninas

- A partir dos nove anos, a estatura (altura) aumenta rapidamente e é comum ver, numa sala de aula, as meninas ficarem bem maiores que os meninos (mas é por pouco tempo...).

> **Glândula sebácea:** glândula que fica na pele e regula a oleosidade.
> **Dermatologista:** médico especialista em problemas da pele.

- Começam a crescer as mamas.
- Surgem os pelos **pubianos** e nas axilas.
- Pode ocorrer alteração no humor, ou seja, sem motivo nenhum, se sentir triste ou irritada, um pouco antes da primeira menstruação.
- Chega a primeira menstruação [...]. A partir daí, diminui o ritmo do crescimento da altura.

Pubiano: relativo à parte do corpo humano localizada abaixo do abdome, onde ficam os órgãos genitais.

Meninos

- A partir dos 11 anos, a estatura (altura) aumenta com velocidade muito grande e, nessa fase, os meninos ultrapassam o tamanho das meninas (e ainda continuam crescendo por muito mais tempo que elas).
- O crescimento do corpo começa pelas extremidades [...]. Por isso é comum os meninos ficarem com um pezão e mãos que parecem enormes.
- Surgem os pelos pubianos, nas axilas e no rosto.
  [...]
- A voz começa a mudar e, durante a transição, fica desafinando; demora uns seis meses.

Denise Brito. *Folha Online*. Folhinha. Disponível em: <http://linkte.me/p040m>. Acesso em: 4 ago. 2016.

Endereço http://linkte.me/y6h69

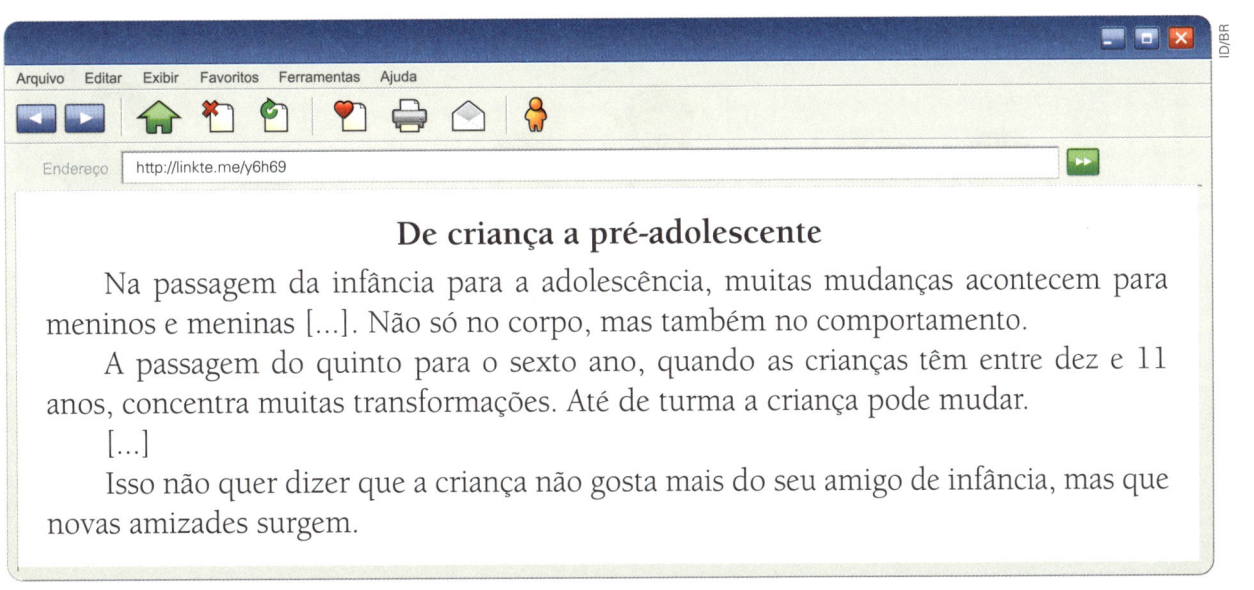

De criança a pré-adolescente

Na passagem da infância para a adolescência, muitas mudanças acontecem para meninos e meninas [...]. Não só no corpo, mas também no comportamento.

A passagem do quinto para o sexto ano, quando as crianças têm entre dez e 11 anos, concentra muitas transformações. Até de turma a criança pode mudar.

[...]

Isso não quer dizer que a criança não gosta mais do seu amigo de infância, mas que novas amizades surgem.

Cleide Floresta. *Folha de S.Paulo*. Folhinha. Disponível em: <http://linkte.me/y6h69>. Acesso em: 4 ago. 2016.

Linha e entrelinha

1 A quem o título "Complicados e perfeitinhos" se refere?

_____

2 Pinte o trecho do texto em que há uma referência direta ao leitor.

3 Responda com base neste trecho do texto: "Por volta dos 11 anos, garotos e garotas parece que **se apaixonam pelo espelho**".

   a. O trecho destacado indica que os garotos e as garotas dessa faixa etária:

     ☐ se apaixonam facilmente.   ☐ ficam mais vaidosos.

   b. Por que isso acontece?

_____

   c. Sublinhe no texto o trecho que indica que as mudanças que ocorrem durante a puberdade não são apenas físicas.

4 As mudanças no corpo durante a puberdade:

   ☐ são muito simples para meninos e meninas.

   ☐ não são simples e cada pessoa as enfrenta de uma forma diferente.

5 De acordo com o texto, que hormônios são responsáveis pelas mudanças que ocorrem durante a puberdade no corpo:

   a. dos meninos? _____

   b. das meninas? _____

6 Catarina e Pedro estudam juntos e têm 11 anos. Catarina entrou na puberdade aos 10 anos e Pedro ainda não entrou.

☐   ☐   ☐

   a. Qual destas imagens representa como Catarina e Pedro estão atualmente?

   b. Que trecho do texto "Complicados e perfeitinhos" indica que a diferença de altura que ocorreu entre Catarina e Pedro pode ser temporária?

_____

7 Anote as principais mudanças físicas, citadas no texto, que ocorrem com meninos e meninas no período da pré-adolescência.

_____
_____
_____
_____

- Dessas mudanças, quais ocorrem tanto nos meninos quanto nas meninas? Anote-as no caderno.

8 Observe e leia esta tira e converse com os colegas.

Ziraldo. O Menino Maluquinho.

a. De acordo com Julieta, como é o quarto de um adolescente?

b. Em sua opinião, todos os adolescentes mantêm o quarto como o do Menino Maluquinho? Comente.

9 A palavra **adolescência** vem do latim *adolescere*. Descubra o sentido dessa palavra latina, aplicando o código abaixo.

adolescere (verbo)

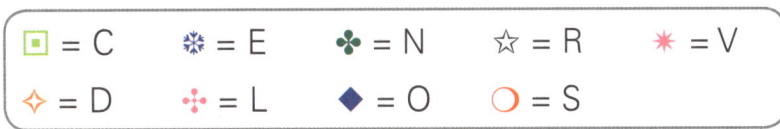

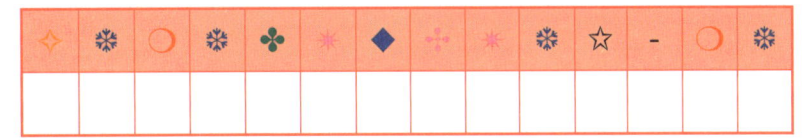

▫ = C ❄ = E ♣ = N ☆ = R ✶ = V
✧ = D ✜ = L ◆ = O ○ = S

10 Converse com os colegas.

a. Por que é importante estar informado sobre as mudanças pelas quais seu corpo está passando ou passará em breve?

b. Quais atitudes ajudam a vencer as sensações incômodas, as preocupações e os medos referentes à puberdade e à adolescência?

Hora da leitura 2

Carol é uma menina de 11 anos que usa a agenda como diário para registrar os principais acontecimentos da vida dela. Leia a seguir o que ela anotou sobre as mudanças que vem observando no próprio corpo.

- Que informações as pessoas costumam escrever em diários?
- A respeito de quais mudanças você imagina que Carol escreveu?

A agenda de Carol

Meu nome é Carol e eu tenho 11 anos. [...] Sabe, eu comecei a escrever meio por acaso. Pra desabafar, pra rir, pra chorar, pra contar tudo o que se passava comigo. É como se ela fosse a minha amiga mais secreta. Nunca pensei em mostrar a minha agenda pra ninguém. Ela sempre foi um lugar onde eu podia colocar pra fora tudo que tinha dentro de mim, tudo que se passava pela minha cabeça, aquilo que existe no meu lugar mais escondido. E sem medo de ser julgada, sem medo do que os outros vão pensar. [...] Um dia resolvi começar a escrever o que eu estava sentindo. Foi incrível. Não sei bem como isso funciona, mas parece que, enquanto eu escrevo, as coisas vão ficando menos confusas, como se eu fosse desembaraçando todos os nós que têm na minha cabeça. Cada linha que escrevia, um nó a menos. Simples, né? Me dava um alívio danado. Então, eu fui crescendo com essa mania: mania de escrever só pra mim. [...]

O que está acontecendo com o meu corpo, que muda sem parar?

Domingo, 10 de março

Tô me sentindo muito estranha. Sabe, diário, estava me olhando no espelho e não gostei nada do que vi. Meu corpo está muito esquisito. A toda hora, diferente. Tem uns pelinhos que estão nascendo e o meu peito também está começando a crescer... Tô ficando com muita vergonha. A única vantagem disso tudo é que eu acho que não é só comigo. A Bia, mesmo, ela já está até usando sutiã. Um dia ela me mostrou. Era rosa, achei bonitinho. Quando tem Educação Física na escola, a gente sempre se troca no vestiário e depois da aula vai tomar banho. Fica todo mundo se olhando, se comparando... eu pelo menos fico olhando discretamente. Tem umas meninas que olham mesmo, escancarado, dá a maior vergonha. Eu sempre me visto no cantinho, de costas. Acho isso muito esquisito, ficar todo mundo pelado, uma na frente da outra. Só porque é menina. E daí??? Acho isso a maior invasão. Morro de vergonha. Ficar mostrando as partes íntimas pras outras não tem nada a ver. Já não ando me sentindo bem com o meu corpo e ainda tenho que ficar pelada na frente da turma inteira... Nada a ver!

Sem falar nas calças que eu tenho que não dão nem mais para usar. Não passam do quadril. Tá tudo muito esquisito. Antes, eu colocava com a maior facilidade. Agora tenho que ficar rebolando, igual a uma imbecil, pra calça entrar. A minha mãe?? Ela não tá nem aí, pra variar. Quando eu falo que preciso comprar roupa, ela não entende. Diz que eu tô com o armário cheio; aí, quando eu explico que as calças não estão mais dando, ela acha que eu tô inventando. Uma droga!! [...]

Segunda-feira, 11 de março

Hoje foi fogo! Depois da aula de Educação Física, os meninos ficaram com um cheiro horrível. E como a aula termina na mesma hora e vai todo mundo pro bebedouro e pro vestiário junto, dá vontade de morrer! Todos suados e aquele cheiro fortíssimo. Isso tem acontecido de uns tempos pra cá. Antes não era assim. A gente brincava, corria, suava e não tinha cheiro. Será que é por causa dos pelinhos que estão nascendo em todo mundo?? Mas, se for, bem que a galera podia usar um desodorante básico, né?? Ia facilitar a vida da gente. O João Ameba, então, não dá nem pra comentar! O cara corre igual a um louco, chega ao final com a camisa molhada. Sem brincadeira, não dá pra chegar perto dele. Não sei como a professora aguenta. Eu então odeio gente fedorenta. O cara não se manca. Eu sei que eu não tenho esse cheiro horrível, já fiz o teste em mim. Um dia, no vestiário, bem escondido, levantei e cheirei bem debaixo do meu braço. Estava tudo em ordem. Ai, mas tem horas que eu queria ficar congelada no tempo porque dentro de mim está tudo cada vez mais estranho, no meu corpo, na minha cabeça... Quer saber, diário?? Pelo menos essa história do cheiro, eu vou resolver agora mesmo. Manhêêê...

Terça-feira, 12 de março

Sabe que a minha mãe, de vez em quando, até que manda bem??? Já entendi, diário!! É que o suor em contato com as bactérias do ar produz um odor. A mamãe falou que todo mundo devia usar desodorante mesmo, de preferência um sem perfume que não agride a pele. Ela falou ainda que estamos passando por muitas mudanças e há um monte de hormônios em ebulição na gente. Deve ser por isso que, às vezes, eu sinto um redemoinho dentro de mim, como se tudo se mexesse ao mesmo tempo e eu tivesse ficado maluca de vez. Por que ninguém me avisou que crescer era tão difícil e complicado??? Já estou com saudades de quando eu era pequena e todos ficavam me paparicando e cuidando de mim o tempo todo. Agora não. O pior é que tenho a sensação de que as coisas ainda vão se complicar mais. Ou melhor, eu acho que não é só sensação não, vai ser o que vai acabar acontecendo. Socorro!!!

Inês Stanisieri. *A agenda de Carol*. Belo Horizonte: Leitura, 2007.

Linha e entrelinha

1 Qual era o objetivo de Carol ao escrever o diário?

☐ Explicar para as amigas o que estava sentindo.

☐ Registrar seu cotidiano e seus sentimentos.

☐ Registrar as lembranças de outra pessoa.

2 Segundo Carol, qual é a vantagem de escrever um diário?

_____

_____

3 No texto, a menina parece conversar com alguém.

a. Com quem ela conversa? _____

b. Transcreva um trecho do texto que exemplifica sua resposta.

_____

4 Quem são os possíveis leitores de um diário?

☐ Os amigos e parentes da pessoa que escreveu o diário.

☐ Qualquer pessoa.

☐ A própria pessoa que escreveu o diário.

5 Releia estes trechos do diário de Carol.

> Tô me sentindo muito estranha.

> Mas, se for, bem que a galera podia usar um desodorante básico, né??

> Eu então odeio gente fedorenta. O cara não se manca.

a. De acordo com esses trechos, a linguagem usada por Carol no diário é:

☐ formal   ☐ informal   ☐ difícil e complicada

b. Que palavras dos trechos acima comprovam isso? Circule-as.

6 Quais mudanças físicas Carol percebeu no próprio corpo?

_____

7 Que sensações Carol tem experimentado em relação a essas mudanças?

_____

8 Às vezes, Carol se sente agitada, como se tivesse um redemoinho dentro dela. A que ela atribui essa sensação?

_____

9 Carol anotou no diário que, no vestiário da escola, as meninas ficam se olhando, se comparando.

a. Em que dia foi feita essa anotação no diário?

_____

b. Pinte no texto o trecho em que aparece essa informação.

c. Carol também olha e se compara com as demais meninas? Que trecho do diário comprova sua resposta?

_____

d. Em sua opinião, por que as meninas ficam se olhando e se comparando? Conte aos colegas.

10 Leia estas sugestões para adolescentes e pré-adolescentes.

> - Não fique se comparando o tempo todo com os amigos. Cada um vai se desenvolver de forma diferente e em velocidade variada.
> - Não se considere melhor ou pior do que seus colegas devido ao seu tamanho.
> - Sempre que puder, converse sobre suas dúvidas com seus pais, colegas e adultos nos quais você confia.

Rosely Sayão. *Folha de S.Paulo*, 29 maio 2004. p. 5. Suplemento infantil Folhinha.

a. Qual dessas orientações as colegas de Carol não seguem ou desconhecem? Circule-a.

b. Qual dessas atitudes Carol teve no dia 12 de março? Sublinhe-a.

c. Você acrescentaria alguma outra sugestão? Qual?

_____

_____

_____

11 Os colegas de Carol estavam com odor desagradável no corpo.

　a. Por que antes eles não ficavam com odor tão forte?

　_____

　b. O que causa esse odor?

　_____

　c. O que a mãe de Carol recomenda para diminuir esse problema?

　_____
　_____

　d. Que outros cuidados você recomendaria a quem está com esse problema?

　_____
　_____

12 Como Carol estava se sentindo em relação à mãe no dia 10 de março? Por quê?

_____
_____

13 O sentimento da menina era o mesmo no dia 12 de março? Explique.

_____
_____

14 Com base nesse comportamento, o que é possível concluir em relação aos sentimentos de pré-adolescentes?

_____
_____
_____

15 Converse com os colegas.

　a. Em sua opinião, o que adolescentes e pré-adolescentes podem fazer para entender, aceitar e apreciar as mudanças físicas e psicológicas pelas quais estão passando? Converse sobre isso com os colegas.

　b. Carol questiona: "Por que ninguém me avisou que crescer era tão difícil e complicado???". Você também está achando difícil e complicado crescer? Por quê?

Produção de texto

■ Diário pessoal

Neste capítulo, você leu trechos do **diário pessoal** de Carol. Um diário pessoal é composto das anotações dos acontecimentos mais importantes vividos por quem o escreve.

Registrar acontecimentos em um diário pessoal é uma prática de escrita por meio da qual o autor faz anotações sobre os fatos particulares vividos no cotidiano, empregando linguagem informal e intimista. Em geral, os registros nesse gênero textual se constituem de relato de fatos, desabafos, impressões pessoais, confissões, dentre outros.

As anotações feitas em diários ajudam a preservar os fatos vividos e evitam que, com o tempo, eles se percam em nossa memória.

Leia trechos do diário de um adolescente chamado Pedro.

Terça-feira, 31 de março. 22:47

O Augusto me ligou. Me convidou para seu aniversário na sexta-feira. Perguntei quem ia e ele disse que todos da classe. Coisa meio besta esse negócio de aniversário. A gente chega com cara de bobo pra dar um presente que o aniversariante provavelmente nem vai usar.

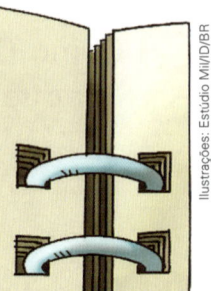

Sexta-feira, 3 de abril. 14:02

Um monte de gente da classe vai dar um vale-disco pro Augusto. Coisa mais sem surpresa!
Comprei um "copo do babão". Quando ele beber água, plef! A água escorre na roupa. Não sei se ele tem senso de humor. Eu, pelo menos, tenho.

Sábado, 4 de abril. 11:07

Acordei tarde.
A festa do Augusto foi dividida em: metade das meninas num canto, metade dos meninos no outro.
A nossa conversa foi sobre elas; a conversa delas deve ter sido sobre nós.
O Augusto serviu coca no "copo do babão" para o Zeca. Ele babou de montão e nós tiramos uma dele. As meninas quiseram ver o copo e saber quem tinha dado. Por três minutos inteiros fui o rei da festa.

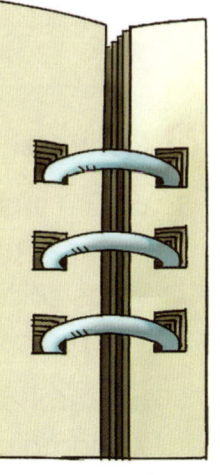

Telma Guimarães Castro Andrade. *O diário (nem sempre) secreto de Pedro*. São Paulo: Atual, 2009.

Converse com os colegas.

1 Qual foi o principal acontecimento registrado por Pedro nestes dias?

   a. 31 de março   **b.** 3 de abril   **c.** 4 de abril

2 Pedro não registrava apenas a data em que ocorriam os fatos. Ele anotava outros detalhes cronológicos também. Quais são esses detalhes?

3 Pedro não contou apenas o que aconteceu, mas registrou também seus sentimentos e suas impressões sobre os fatos. Qual trecho do diário de Pedro comprova essa afirmação?

Planejar e produzir

Lembre-se de fatos importantes e agradáveis que já aconteceram com você e seus colegas e que você gostaria que nunca fossem esquecidos.

Escolha um desses acontecimentos para registrá-lo na forma de diário pessoal.

Se você não se recorda mais do dia exato, anote apenas mês e ano.

A linguagem usada em um diário pessoal é espontânea e informal, como se você estivesse contando algo a um amigo com o qual tem intimidade. Demonstre naturalidade ao contar os fatos.

Escreva o texto a lápis. Quando terminar, revise-o. Depois o diário será retomado na atividade coletiva do final desta unidade.

EM AÇÃO!

Revisar, avaliar e reescrever

Itens a avaliar	Sim	Não
1. Você anotou quando o fato ocorreu?		
2. Você escolheu um acontecimento realmente marcante?		
3. Você usou linguagem adequada para um diário pessoal?		

Agora que você avaliou o seu texto, passe-o a limpo, usando caneta.

No final do texto, escreva: "Texto produzido em" e anote a data.

Se desejar, ilustre-o com desenhos ou colagens.

Quando o professor solicitar, conte aos colegas o fato registrado, usando o texto como apoio à memória.

Língua viva

Variedades linguísticas

No Brasil, a grande maioria das pessoas fala a mesma língua, isto é, a língua portuguesa. No entanto, por diversos motivos, a língua não é usada do mesmo modo por todos. A idade, o local onde se mora, a época em que se vive, os grupos com os quais se convive e a situação podem contribuir para que haja diferenças na forma de falar e de escrever. Essas variações que a língua apresenta são chamadas de **variedades linguísticas**.

Discriminar uma pessoa pelo modo como ela fala é preconceito. Todas as variedades da língua são válidas, desde que permitam a interação entre pessoas.

1 Embora em nosso país a língua falada seja a mesma, há expressões que são usadas mais frequentemente em uma determinada região ou estado. Leia alguns exemplos ao lado.

a. O que essas palavras expressam?

_____

_____

b. Essas interjeições são usadas em todos os estados brasileiros? Explique.

_____

_____

c. Você conhece outra expressão usada na região em que você mora? Qual? Conte aos colegas.

2 Assim como nesta tira, certos grupos criam uma liguagem própria.

Fernando Gonsales. *Níquel Náusea*: botando os bofes de fora. São Paulo: Devir, 2002. p. 25.

a. Que tipo de linguagem as personagens usam nos três primeiros quadrinhos?

☐ linguagem poética ☐ gíria ☐ linguagem infantil

b. A palavra **podicrê**, usada na tira, foi formada pela junção de quais palavras?

_____

c. Por que uma das personagens, apesar de usar a mesma palavra que o grupo, não conseguiu interagir com ele?

_____

_____

3 As palavras e expressões destacadas nas frases a seguir são gírias utilizadas, principalmente, por grupos de jovens.

a. Qual é o sentido de cada expressão destacada?

- Vamos **dar um rolê**? _____
- Esse filme é **maneiro**! _____
- Que *bike* **da hora**! _____
- Júlia e Maria estão **trocando uma ideia**. _____

b. Você usa alguma dessas palavras ou expressões que são gírias em seu dia a dia? Quais? Em que contexto? Conte aos colegas.

4 Certas variedades podem ser decorrência de uma situação.

Fernando Gonsales. *Níquel Náusea*: os ratos também choram. São Paulo: Bookmakers, 1999.

a. Que tipo de linguagem os casais estão usando na situação apresentada?

☐ linguagem científica ☐ gíria ☐ linguagem afetiva

b. Nessa situação, **tadê**, **toisinha** e **toração** estão substituindo quais palavras?

_____

Nossa língua

▬ Preposição

1 Leia as frases abaixo. Nelas, as palavras destacadas ligam dois verbos e contribuem para dar sentido às frases.

> **A** O pianista parou **de** tocar piano.
> **B** O pianista parou **para** tocar piano.
> **C** O pianista parou **após** tocar piano.
> **D** O pianista parou **sem** tocar piano.

a. Marque a alternativa mais adequada em relação aos sentidos das frases acima.

☐ Todas as frases do quadro têm o mesmo sentido.

☐ Cada frase do quadro tem um sentido próprio.

b. Quais palavras contribuíram para diferenciar o sentido das frases acima?

_____

_____

c. As palavras destacadas dão diferentes sentidos às frases. Em que frase:

- o pianista parou de fazer algo e também não tocou piano? ☐
- o pianista estava tocando piano, mas deixou de tocar? ☐
- o pianista parou de fazer algo e começou a tocar? ☐
- o pianista parou de tocar e depois parou de fazer outra coisa? ☐

2 As palavras destacadas nas frases da atividade 1 servem para ligar termos de uma mesma frase. Decifre este código e descubra como essa classe de palavras é chamada na gramática da Língua Portuguesa.

[🔩 - GO] + [👍 - TIVO] + [CAL - 🩳]

☐☐☐|☐☐☐☐☐|☐☐☐

3 O professor do 5º ano relacionou as preposições no quadro de giz e pediu aos alunos que as listassem em ordem alfabética. Como ficará a lista de preposições?

ante	por	sem	contra
com	a	entre	perante
em	até	sob	após
de	trás	para	desde
sobre			

_____

_____

4 Para memorizar todas as preposições, é possível usar uma melodia conhecida e recitar as preposições em lugar da letra da canção. Veja como.

Escravos de Jó
Escravos de Jó
Jogavam caxangá
Tira, põe
Deixa ficar
Guerreiros com guerreiros
Fazem zigue, zigue, zá

Cantiga popular.

Canção da Prepô
A, ante, após
Até, com, contra, de
Desde, em,
Entre, para, per
Perante, por
Sem, sob, sobre, trás

Autor desconhecido.

■ Com a ajuda do professor, cante com os colegas a canção "Escravos de Jó" e, a seguir, a "Canção da Prepô".

As **preposições** são palavras que unem dois termos estabelecendo uma relação entre eles.

5 Complete o texto abaixo com as preposições mais adequadas.

Todos nós temos o direito _____ viver uma vida gostosa, saudável e realizadora. Se não fosse _____ vivermos bem, por que motivo viríamos _____ este mundo, não é mesmo?
    Mas viver bem requer um aprendizado: o _____ respeitarmos _____ nós mesmos e o _____ respeitarmos os outros.

Beatriz Monteiro da Cunha. *A ONU declarou*. São Paulo: Evoluir, 2001. p. 3.

6 Associe cada cena à frase que a descreve, de acordo com o sentido da preposição.

A   B   C

☐ O esportista falou **com** as crianças.
☐ O esportista falou **sobre** as crianças.
☐ O esportista falou **para** as crianças.

> Às vezes, as preposições se juntam a outras palavras, ocorrendo a **contração**. Veja alguns exemplos:
>
> **da** = **de** + a   **dele** = **de** + ele   **na** = **em** + a   **nesse** = **em** + esse

7 Complete estas quadrinhas com as contrações necessárias.

Toda vez que o galo canta
_____ retiro onde moro (em + o)
Me lembro _____ meu benzinho (de + o)
Saio _____ terreiro e choro (de + o)

Eu joguei meu limão verde
_____ moça na janela (em + uma)
O limão caiu _____ chão (em + o)
E eu caí no colo _____ (de + ela)

O rosto _____ menina (de + aquela)
é branco como algodão
tem a beleza dos pássaros
voando bem longe _____ chão (de + o)

Lá em cima _____ mesa (de + aquela)
Coloquei caldeirão de ferro
Quem falar _____ minha vida (de + a)
Vai parar lá _____ inferno (em + o)

Domínio público.

> A preposição **per** é uma forma muito antiga, que tem o mesmo sentido de **por**, e entra na composição das palavras **pelo(s)** e **pela(s)**.
> ■ **per** + o(s) = **pelo(s)**   ■ **per** + a(s) = **pela(s)**
> Exemplo: Fiz isso **pela** nossa amizade!

Construção da escrita

▪ Pontuação

Recursos como pausa, ritmo e entonação pertencem à linguagem oral. Na linguagem escrita, para substituir tais recursos, contamos com os sinais de pontuação, que são usados para dar sentido aos textos e para eliminar ambiguidades.

1 Leia em voz alta esta conversa imaginária entre duas abelhas que se encontraram ao voar em direção a uma flor.

— Bz bzzz bzzz?
— **Bzzz! Bz bzz bzzz?**
— Bzzz! Bzzzz bzzzzz.
— **Bzzz!**
— Bzzz...

a. Por que há travessão ⎯ no início de cada frase?

_____

b. Você leu todas as frases do mesmo modo? O que determinou a entonação durante a leitura?

_____

c. Em qual trecho dessa conversa há uma resposta e uma pergunta ao mesmo tempo?

_____
_____

d. Em sua opinião, o que representam as reticências ... presentes na última linha?

_____
_____

e. O que você imagina que uma abelha disse para a outra? Conte aos colegas.

2 Complete com o sinal de pontuação mais adequado.

a. Puxa, que vento forte ☐

b. Fábio, vamos brincar na pracinha ☐

c. O cachorro está latindo alto ☐

d. Por gentileza, onde fica a rua Riachuelo ☐

3 Leia em voz alta a frase a seguir. Depois, responda às questões.

> Pedro toma banho quente e sua mãe diz ele quero banho frio.

Sua: forma verbal de **suar** (transpirar).

a. Você entendeu essa frase? Que sentido ela tem?

_____

b. Em sua opinião, o que falta nessa frase?

_____

c. Reescreva a frase, pontuando-a para que ela tenha sentido.

_____

4 Observe e leia esta tira em que aparece o Menino Maluquinho.

Ziraldo. O Menino Maluquinho.

a. Por que foram usadas reticências do primeiro para o segundo balão?

_____

b. No segundo quadrinho, a vírgula serviu para separar itens de uma lista. Que tipo de itens formaram essa lista?

_____

c. Copie o texto do terceiro quadrinho e inclua o sinal de pontuação que falta.

_____

d. Por que, no último quadrinho, foi usado ponto de exclamação?

_____

e. O emprego do ❗ no último quadrinho indica que o menino falou com:

☐ muita ênfase ☐ pouca ênfase ☐ nenhuma ênfase

f. O que propicia o humor na tira?

_____

_____

5 Observe estas imagens e leia as frases.

A Não para!

B Não, para!

Bia Mendes. *Cuidado com o coco*: acentos, vírgulas e hifens no lugar certo. São Paulo: Panda Books, 2008. p. 14.

a. As duas frases apresentam:

☐ o mesmo sentido   ☐ sentidos diferentes

b. Em qual das frases o menino está com medo e quer parar de brincar com o carrinho de rolimã?

_____

c. Em qual das frases o menino está gostando da brincadeira e não quer que o carrinho pare?

_____

d. Que elemento da frase foi imprescindível para determinar a diferença de sentidos?

_____

e. O sinal de exclamação no final das frases expressa a ideia de que:

☐ a frase **A** foi pronunciada com mais intensidade que a frase **B**.

☐ a frase **B** foi pronunciada com mais intensidade que a frase **A**.

☐ ambas foram pronunciadas com intensidade.

6 Explique a diferença de sentido na resposta de Paulo.

A
— Paulo, você quer suco de laranja?
— Aceito, obrigado!

B
— Paulo, você quer suco de laranja.
— Aceito obrigado!

_____

_____

CAPÍTULO 3 — Novas emoções

Durante a pré-adolescência, a relação com os amigos vai se tornando cada vez mais importante.

Nessa fase, também, podem começar a surgir sentimentos de paixão e forte atração por uma pessoa em especial.

Leia esta história em quadrinhos e veja o que ocorreu com as personagens Suriá e Felipe.

Laerte. *Suriá*: a garota do circo. São Paulo: Devir, 2000. p. 62.

Roda de conversa

1 Possivelmente, Suriá e Felipe estão indo ou voltando de qual lugar? Como é possível saber?

2 Em sua opinião, qual é a idade de Suriá?

3 Você imagina qual é a idade de Felipe?

4 Quem são os outros meninos e as outras meninas que aparecem no último quadrinho?

5 No último quadrinho, por que o balão de fala está direcionado para todas as crianças?

6 Por que as letras do último balão são maiores e mais escuras?

7 Por que as crianças que aparecem no último quadrinho estavam escondidas?

8 O que indica a fala dessas crianças?

9 Releia o segundo e o terceiro quadrinhos reproduzidos na página anterior.

  a. Que pessoas sabiam do sentimento de Suriá por Felipe?

  b. Quem já sabia o que Felipe sentia por Suriá?

  c. Em sua opinião, como essas crianças ficaram sabendo disso?

  d. Por que, ao saber do interesse que Suriá e Felipe tinham um pelo outro, os amigos deles não guardaram segredo?

10 Após combinar o namoro, o que Felipe e Suriá fazem?

11 Após essa atitude, Suriá faz uma pergunta para Felipe.

  a. O que ela pergunta?

  b. Essa pergunta indica que Suriá sabia bem o que é namorar? Explique.

  c. E Felipe, tinha noção clara do que é um namoro? Explique.

12 Para os amigos de Felipe e Suriá, qual deveria ser o próximo passo?

13 A continuidade da história fica por conta do leitor.

  a. Que final você daria à história, se ela tivesse mais um quadrinho? Haveria beijo ou não?

  b. Em sua opinião, Suriá e Felipe têm idade apropriada para namorar? Explique.

Sugestão de leitura

***Go Girl! 23 — Namorado?*, de Meredith Badger. Editora Fundamento.**

Mia e Jack são vizinhos e gostam das mesmas coisas. Jack é o melhor amigo de Mia. Eles estão sempre juntos e, por isso, todo mundo fica dizendo que eles estão namorando, mas ela gosta do Jack apenas como amigo. Uma menina e um menino não podem ter uma simples amizade?

Hora da leitura 1

A partir de um determinado momento, começam a aparecer novas ideias em seus pensamentos e novos sentimentos.

- Para você, qual é a diferença entre namoro e amizade?
- Em sua opinião, há um momento certo para o adolescente começar a namorar? Qual seria?

Leia este texto que procura explicar a diferença que existe entre namoro e amizade.

O que é namoro

O namoro é o primeiro passo para a vida afetiva a dois. Essa época pode ser muito boa, cheia de descobertas e emoções novas. Ao mesmo tempo, algumas vezes você poderá ter dificuldade em entender os seus sentimentos e as atitudes dos outros. Você poderá se encantar por alguém e daí a alguns dias nem entender como isso aconteceu. É possível que você se envolva perdidamente com uma pessoa e algum tempo depois esteja profundamente apaixonado(a) por outra.

Outras vezes, você inicia um namoro com tal envolvimento que até os amigos e a turma são abandonados enquanto dura o romance.

Não é que você seja irresponsável ou que essas paixões sejam maluquices. Elas fazem parte da adolescência. Também é natural que você se apaixone por alguém que nunca viu pessoalmente, ou que nunca prestou atenção em você.

A intensidade dos sentimentos e a rapidez com que essas emoções se transformam dificilmente serão vividas na vida adulta. Como tudo na adolescência fica exagerado, só com o tempo você perceberá que fazem parte da vida algumas situações que parecem trágicas: levar um "fora" do namorado, ou um "não" da menina que o atrai, ou sobrar numa festa.

Você não vai conquistar todas as pessoas que desejar e verá que isso não significa que você é melhor ou pior como ser humano.

Querida Marta,

Acabei de ler e fico tendo também que escutar sobre as paixões que todos têm. Eu não penso nessas coisas e no meu quarto não tenho vontade de pôr pôster de ninguém. Para falar a verdade, sempre me sinto por fora. Será que sou normal?

Beatriz

(14 anos e alguns meses)

Querida Beatriz,

Não é porque as paixões e paixonites fazem parte da adolescência que você deveria estar tendo uma. Provavelmente você ainda viverá uma situação dessas, mas as pessoas também são diferentes e vivem em momentos diversos e à sua maneira os sentimentos de encantamento.

Qual é a hora certa?

Não existe uma época exata para começar a namorar. Você é que vai sentir quando é a hora. O namoro é o encontro de duas pessoas que querem se conhecer melhor, vão ter uma aproximação física e um envolvimento emocional diferente do que o provocado por uma amizade.

É uma ótima possibilidade quando um menino e uma menina que se simpatizam começam a namorar e podem explorar juntos essa amizade [...].

Com 12 ou 13 anos ainda é rara a situação de namoro mais prolongado. É uma fase mais de conhecimento do outro sexo e de avaliação e afirmação de si mesmo no grupo: os amigos e as amigas têm maior peso do que qualquer namorado. Com o avançar da adolescência, a turma vai perdendo espaço e o envolvimento com uma outra pessoa vai se tornando mais importante.

Marta Suplicy. *Sexo para adolescentes*. São Paulo: FTD, 1998.

Linha e entrelinha

1 Esse texto foi escrito, principalmente, para pessoas de qual fase da vida?

☐ infância ☐ adolescência ☐ maturidade ☐ velhice

2 Em sua opinião, por que é importante tratar desse assunto com o público dessa faixa etária? Conte aos colegas.

3 O texto lido apresenta informações sobre um assunto específico ou notícias sobre atualidades?

_____

4 No texto, foi reproduzida a carta de uma adolescente.

a. Qual o nome e a idade dela? _____

b. Qual é a dúvida da adolescente?

_____

5 Em sua opinião, com qual objetivo foi reproduzida a carta de uma adolescente no livro de onde o texto foi extraído?

_____
_____
_____

6 Segundo o texto, há uma idade certa para a pessoa começar a namorar? Explique.

_____
_____
_____

7 Marque a opção que está de acordo com as informações do texto.

☐ Na adolescência, os sentimentos são mais intensos e mais duradouros que na vida adulta.

☐ Na adolescência, os sentimentos são mais intensos e se modificam mais rapidamente que na vida adulta.

8 Com base no texto, como você definiria namoro e amizade?

_____
_____

9 Compare a resposta que você deu à questão anterior com as de antes da leitura do texto. Mudou alguma coisa? Por quê? Conte aos colegas.

10 Circule as palavras do texto que indicam um diálogo direto com o leitor.

11 Com base no texto, decifre e escreva qual cor representa o **namoro** e qual representa a **amizade** nos pratos das balanças, conforme o peso atribuído a essas relações em cada faixa etária.

Até cerca de 13 anos.

Após 13 anos de idade.

12 Observe e leia esta tira.

Ziraldo. *As melhores tiradas do Menino Maluquinho*. São Paulo: Melhoramentos, 2005. p. 55.

a. O que está acontecendo com o Menino Maluquinho?

b. O que a expressão facial dele demonstra?

c. As palavras ditas pelo Menino Maluquinho no último quadrinho representam dor? Comente.

13 Converse com seus colegas.

a. Meninos e meninas se interessam por namoro na mesma idade? Por quê?

b. Neste momento de sua vida, o que é mais importante para você: namorar ou conviver com os colegas e amigos?

Hora da leitura 2

Às vezes, na pré-adolescência, surgem paixões repentinas, exageradas e pouco possíveis. Foi isso o que aconteceu com Gregório, um menino de 9 anos de idade, personagem principal do texto que você lerá a seguir.

- Observe a ilustração desta página. Em que lugar você imagina que Gregório está? O que, provavelmente, ele foi fazer nesse local?
- Pelo símbolo próximo à cabeça de Gregório, o que ele deve estar sentindo?
- Pelo título, é possível imaginar qual é o desejo de Gregório?

Todo mundo namora menos eu

Então é isso, estou apaixonado. E ela está aqui, bem na minha frente, aos meus pés. Por alguns segundos a Terra para de girar e eu perco a respiração. Aos meus pés, sim, ela está aos meus pés: a vendedora de sapatos da loja do *shopping* perto de casa... É ela.

— Gregório! — exclama papai, me sacudindo pelos ombros. — A moça está pedindo para você tirar os tênis... Você é surdo, é?

Pobre papai, hoje ele vai ficar de cabelos brancos! E não vai se recuperar jamais. E mamãe? Uma mulher vai roubar o seu filhinho. Uma mulher...

Um sorriso indescritível, um olhar que me cega, uma voz que me deixa sem voz... Durante toda a minha vida, vou me lembrar deste instante: estou sentado, só de meias. Ela chega com duas caixas de papelão nos braços, se ajoelha, me olha, sorri para mim. E por fim me diz:

— Trinta e nove. Já está usando número de gente grande. Quantos anos você tem?

Ela pergunta a minha idade. Ela se interessa por mim. Por mim! Por mim, que sou minúsculo perto dela, por mim, que sou ridículo perto de sua beleza, por mim, que ouso vir até aqui comprar um par de tênis de uma princesa. E sem dinheiro. Com meu pai e com o dinheiro do meu pai.

Sou um serzinho de cabeça grande, parecido com um girino, magro como um palito de fósforo, sou ainda uma larva, um bicho raquítico, uma migalha, um nadica de nada, e ela, ela fala comigo...

— Tenho onze anos.

Onze — sussurro, quase sem mexer a boca. Ainda bem que papai não ouviu nada. Não tenho onze anos, tenho exatamente nove. Sei que não é muito... É muito pouco para este mulherão de vinte anos.

Ela me olha de novo com seus olhos de anjo. Ela tinha acabado de colocar dois tênis nos meus pés, um vermelho e um azul.

— Eles ficam superbem em você — diz. — Qual você prefere, o vermelho ou o azul?

Que loucura. Uma completa loucura. Ela fala comigo... Comigo! Os vermelhos ou os azuis. Olha para mim. Sorri. Os vermelhos. Os azuis. Vermelhos, azuis. E eu olhando para os meus pés.

— E aí? — impacienta-se meu pai.

Ele ignora o que está acontecendo entre estes dois seres tão diferentes. Ele ignora todo o lance que está em jogo. O amor acaba de nascer, aqui, agora. Numa loja do *shopping center*, num sábado à tarde, como tantos outros.

Olho para cima. Seus cabelos estão ao alcance das minhas mãos, ruivos, quase vermelhos. Longos. E que cheiro bom. Meu rosto fica corado, vermelho, e eu respondo:

— Os vermelhos.

Depois, tudo acontece muito rápido, tudo se desmancha, tudo se evapora. Ela tira os tênis dos meus pés, meu pai paga e vamos embora. Será que algum dia vou vê-la de novo? Será que ela vai se lembrar de mim?

[...]

Acho que tenho alguma chance: a vendedora de sapatos do *shopping* perto de casa não é um amor inacessível.

[...]

Tenho uma ideia para vê-la de novo. Vou comprar outro tênis. Não posso esperar este ficar velho.

Alex Cousseau. *Todo mundo namora menos eu*.
São Paulo: SM, 2005. p. 5-13.

Linha e entrelinha

1 Com base no texto, preencha o quadro.

Quando aconteceu?	
Onde se passa a história?	
Quem são as personagens?	
O que aconteceu?	

2 Releia o quarto parágrafo e responda.

a. Quem está contando a história?
_____

b. Quem conta também participa da história ou apenas observa e relata os fatos?
_____

c. Que palavras confirmam a resposta que você deu ao item anterior?
_____

d. Qual é o tipo de narrador presente nesse texto?
_____

> **Lembre-se!**
> **Narrador-personagem:** participa da história.
> **Narrador-observador:** apenas narra os fatos, sem participar deles.

3 Por que o pai foi obrigado a sacudir Gregório em um determinado momento?
_____
_____

4 Por que Gregório mentiu a idade que tinha para a vendedora da loja?
_____

5 No sétimo parágrafo, Gregório se descreve.

a. No texto, que recurso Gregório utiliza para se descrever?

☐ desenhos ☐ gestos ☐ comparações

b. Escreva o nome de cada um destes elementos aos quais Gregório se refere.

_____   _____   _____

c. Complete a frase abaixo.

> Por meio dessas comparações, Gregório está afirmando que tem a cabeça _____ e o corpo _____.

d. O que isso revela sobre a imagem que Gregório faz de si mesmo?

_____

6 Atraído pela vendedora, Gregório elabora pensamentos poéticos, porém exagerados. Dê um exemplo.

_____

7 Segundo Gregório, a vendedora tinha um sorriso indescritível. O que significa a palavra **indescritível**?

_____

8 Para Gregório, o amor entre ele e a vendedora não é inacessível. O que isso significa?

_____

9 Você concorda ou discorda desta afirmação de Gregório? Comente.

> Não se deve acreditar que existam paixões impossíveis. No amor, tudo é possível.

Alex Cousseau. *Todo mundo namora menos eu*. São Paulo: SM, 2005. p. 11.

_____

10 Retome os três últimos parágrafos do texto.

a. Que ideia Gregório teve? O que ele pretendia com o plano que elaborou?

_____

b. O símbolo **[...]** indica que uma parte do texto original foi omitida. Em sua opinião, entre o antepenúltimo e o último parágrafo há um espaço grande de tempo? Explique com um detalhe do texto.

_____

11 Gregório foi precipitado, não refletiu, imaginou que a vendedora estava interessada nele, que ela iria roubá-lo dos pais, etc. Que risco corremos quando somos precipitados?

Produção de texto

Carta do leitor

De modo geral, os jornais e as revistas reservam um espaço para publicar cartas de seus leitores. O assunto e a finalidade dessas cartas, geralmente, são bem variados: reclamar, elogiar, comentar, protestar, informar, etc.

1 Leia esta carta do leitor enviada para um jornal da cidade de São Paulo e converse com os colegas.

Vou de ônibus

Ridícula a matéria sobre os jovens que nunca andaram de ônibus. Não faz parte do cotidiano da maioria das pessoas que leem o jornal e sim de uma minoria elitista que parece viver num universo paralelo.

P. G. C.

Folha de S.Paulo, São Paulo, 28 nov. 2005. Suplemento Folhateen.

a. Qual foi o objetivo do leitor ao enviar essa carta para o jornal?

b. Qual é o significado da palavra **elitista**?

c. Por que o leitor fez essas observações?

2 Leia esta carta do leitor enviada a um jornal do estado de Pernambuco.

É fogo!

Viajo sempre para a Mata Norte e passo por Paudalho, Carpina, Limoeiro, São Lourenço, etc., e vejo com tristeza o fogo tomando conta da vegetação, principalmente a que fica às margens da estrada. O fogo queimou fruteiras, dizimou ninhos de passarinhos e matou certamente outros animais, desequilibrando o meio ambiente.
São incêndios criminosos feitos por perversos. [...] Qual o órgão que fiscaliza?

J. M. V. B. – PE

Jornal do Commercio, Recife, 26 fev. 2006.

■ O que o leitor está denunciando nessa carta? Conte aos colegas.

A seção de cartas do leitor em uma revista ou um jornal representa um espaço para que o leitor opine publicamente a respeito de um determinado assunto. As cartas dos leitores podem conter sugestões, denúncias, elogios, críticas, etc.

Nas publicações destinadas a crianças e adolescentes, as cartas dos leitores, geralmente, tratam de assuntos relacionados às vivências das pessoas dessas faixas de idade.

3 Leia as cartas abaixo e conclua com os colegas qual foi o objetivo de escrita de cada uma delas.

Amiga dos gatos

Olá, turma da *CHC*! Eu adoro as suas revistas e também as seções *Bate-Papo*, *Quando crescer* e *Bichos ameaçados*. Queria que vocês publicassem uma matéria sobre gatos porque eu amo gatos! [...] Um grande beijo e abraços! Parabéns pelas revistas!

A. S. S.

Revista *Ciência Hoje das Crianças*, Rio de Janeiro, SBPC, p. 29, maio 2010.

Adoro ler

Oi, turma da *CHC*! Tenho 12 anos e estou escrevendo para falar que adorei a matéria na revista 184 sobre a antiga civilização celta. Se possível, queria que publicassem uma matéria sobre os grandes autores brasileiros, pois eu adoro ler livros de literatura brasileira.
Beijos e abraços para toda a turma [...]! Tchau!

D. R. A. M.

Revista *Ciência Hoje das Crianças*, Rio de Janeiro, SBPC, p. 28, abr. 2010.

Em algumas publicações, também há espaço para que os leitores esclareçam algumas de suas dúvidas. Leia o exemplo a seguir.

Quem criou o futebol?

I. H. S. A.

O futebol como é jogado hoje foi criado pelos ingleses, no século 19. Em 1848, em Cambridge, times de estudantes começaram a definir as primeiras regras do esporte, que já mudaram bastante. Mas jogos de bola com os pés já eram praticados, desde a Antiguidade, por japoneses, chineses, gregos e romanos.
O esporte chegou ao Brasil em 1894, trazido pelo paulistano Charles Miller (1874- -1953), que estudou na Inglaterra e foi um ótimo artilheiro.

Revista *Recreio*, São Paulo, Abril, n. 512, p. 5, 28 dez. 2009.

4 Quem, provavelmente, respondeu à pergunta da pessoa que escreveu a carta acima, destinada a uma revista? Conte aos colegas.

Em algumas revistas destinadas a jovens e adolescentes há uma divertida e diferente seção de carta do leitor. Nessa seção, os leitores relatam situações em que **pagaram mico**. Veja alguns exemplos.

Pagar mico: passar vergonha, viver uma situação constrangedora.

Entrei no banheiro cantando uma música da Katy Perry, baixinho e, como estava vazio, comecei a cantar muito mais alto. Pelo meu barulho, não percebi que as meninas da turma dos maiores entraram no banheiro e comecei a berrar. Quando saí de lá, estava todo mundo rindo da minha cara. Fiquei com tanta vergonha que fui correndo para a sala.

Revista *Atrevidinha*, 7 jul. 2014. Disponível em: <http://linkte.me/g05a6>. Acesso em: 5 ago. 2016.

Em um passeio da escola, eu estava sentada no ônibus com uma amiga conversando quando, de repente, passamos por uma lombada e eu caí no corredor do ônibus.
Fiquei presa pelo cinto e não conseguia me mexer, enquanto todo mundo chorava de dar risada.

Revista *Capricho*, 6 nov. 2015. Disponível em: <http://linkte.me/cz9o6>. Acesso em: 5 ago. 2016.

Peguei o ônibus com a minha mãe para ir para casa e, na hora de descer, tropecei na escada e caí de joelhos no chão. Como se já não fosse muito mico, a minha bolsa ainda ficou presa na porta e tive de correr atrás do ônibus, gritando para o motorista parar, abrir e liberar a minha bolsa.

Revista *Atrevidinha*, 7 ago. 2014. Disponível em: <http://linkte.me/p209f>. Acesso em: 5 ago. 2016.

Agora, é sua vez de elaborar uma carta para uma revista. Mas em vez de criticar, elogiar, denunciar ou sugerir algo, você vai contar um fato engraçado que tenha vivido, para ser publicado na seção "Pagando mico!".

Planejar e produzir

1. Recorde uma situação bem engraçada em que você "pagou mico".

2. Escreva a carta em 1ª pessoa (**eu**), contando como e o que aconteceu. Use linguagem espontânea, informal, descontraída.

3. Lembre-se de que você está escrevendo para uma revista. Por isso, a carta deve ser curta e objetiva, pois essa seção nos jornais e nas revistas não dispõe de muito espaço.

4. Assine a carta com seu nome ou só com as iniciais, anote a sua idade, a cidade e o estado em que você mora.

Revisar, avaliar e reescrever

Itens a avaliar	Sim	Não
1. Os fatos contados representam uma situação vexatória?		
2. O texto está curto e objetivo?		
3. O relato foi feito em 1ª pessoa?		
4. Você colocou seus dados pessoais no fim da carta?		
5. O texto está bem-humorado?		

Quando o professor solicitar, leia a carta para os colegas e divirta-se ouvindo com atenção a leitura que eles farão da carta que escreveram. Quando todos tiverem lido, a classe vai classificar cada carta conforme a lista ao lado e o grau de vexame de cada situação contada.

O conjunto de cartas do leitor produzido por você e por seus colegas será retomado na atividade coletiva do final desta unidade.

Se desejar, envie a carta para uma revista, como as citadas na seção.

Micômetro
- King Kong
- Micaço
- Mico
- Miquinho

Revista *Atrevidinha*, São Paulo, Escala, n. 120, 2014.

Nossa língua

Interjeição

1 Observe e leia esta tira da personagem Senninha.

Senninha/Instituto Ayrton Senna.

a. O que a palavra **uau** expressa no contexto da tira?

_____

b. Que palavra Senninha usa para cumprimentar a menina? Circule-a.

> As palavras **uau** e **oi** são **interjeições**.
> As interjeições expressam sentimentos, emoções, apelo, sensações, estados de espírito, etc.

Veja algumas interjeições e o que elas expressam.

Circunstâncias	Interjeição
alegria, satisfação	ah!, eh!, oba!, viva!, oh!, eh!, eba!, opa!
alívio	ufa!, arre!, ah!
animação	avante!, coragem!, vamos!, força!, ânimo!
desejo	oh!, oxalá!, pudera!, tomara!
dor	ui!, ai!, oh!, ah!
admiração, espanto	ah!, ih!, oh!, caramba!, puxa!, nossa!, uau!
impaciência	hum!, puxa!, raios!, droga!
saudação	ave!, salve!, viva!, olá!, oi!, adeus!, tchau!
silêncio	psiu!, pst!, silêncio!, chega!
terror, medo	uh!, credo!, cruzes!, barbaridade!
agradecimento	grato!, obrigado!, valeu!, muito obrigado!

2 Anote o sentimento que estas interjeições expressam.

A OBA! **B** NOSSA! **C** DROGA!

_____

3 Que sensações a interjeição "**ah!**" expressa em cada situação abaixo?

a. **Ah!** Minha bicicleta nova chegou! _____

b. **Ah!** Quem me dera ganhar uma bicicleta! _____

c. **Ah!** Como dói este ferimento! _____

d. **Ah!** Que chato esperar! _____

e. **Ah!** Que bom falar com você! _____

4 Observe as interjeições usadas nos quadrinhos.

A DROGA! **B** PUXA! **C** CALMA! SEGURE AQUI! SOCORRO!

a. O que expressa a interjeição "**calma**" no último quadrinho?

_____

b. Qual das interjeições utilizadas nas cenas demonstra desespero e medo?

_____

c. O que expressa a interjeição da cena **A**?

_____

d. Qual das interjeições acima expressa, ao mesmo tempo, espanto, surpresa e admiração? O que levou a personagem a expressar essas sensações?

_____

_____

e. Qual frase nas cenas acima não contém interjeição? Circule-a.

5 Na tira a seguir aparecem Junim e o Menino Maluquinho.

Ziraldo. *O Menino Maluquinho*. São Paulo, Globo, n. 16, mar. 2006.

a. Que reclamação Junim faz no primeiro quadrinho?

_____

b. Que interjeição Junim usa no primeiro quadrinho para reforçar essa insatisfação? Nesse contexto, que sentido tem a interjeição usada?

_____

c. A reclamação de Junim era procedente? Explique.

_____

d. Que interjeição Junim emprega no último quadrinho? Que sentimento ela expressa?

_____

e. Que som a palavra **VUP!** imita no segundo quadrinho?

_____

6 Observe e leia esta tira.

Turma da Orelhinha. Disponível em: <http://linkte.me/hi726>. Acesso em: 11 jul. 2016.

a. Por que a menina saiu correndo?

_____

b. Que sentimento ela expressa no último quadrinho? _____

c. Escreva no último quadrinho uma interjeição que combine com a cena.

7 Observe e leia esta tira.

Ziraldo. O Menino Maluquinho.

a. O que Julieta expressa por meio da interjeição "**puxa**"?

_____

b. E por meio da interjeição "**argh!**"?

_____

c. Por que Julieta e o Menino Maluquinho não gostaram do presente que aparece no último quadrinho?

_____
_____

8 Nesta tira, Maluquinho está adoentado e recebe a visita dos amigos.

Ziraldo. O Menino Maluquinho.

a. Que sentimento Maluquinho demonstra com a interjeição "**oba!**"?

_____

b. Que outras interjeições aparecem na tira? O que elas expressam?

_____
_____

9 Converse com os colegas. Por que a maior parte das interjeições vem acompanhada de ponto de exclamação?

305

Construção da escrita

■ Acentuação e produção de sentido

1 Observe estas cenas e leia as frases em voz alta.

Marli é a **secretária** da escola.   Marli trabalha na **secretaria** da escola.

a. As palavras destacadas em cada frase são pronunciadas:

☐ igualmente   ☐ de modo diferente

b. As palavras em destaque apresentam o mesmo sentido? Explique.

_____

c. Que elemento foi importante para diferenciar essas duas palavras?

_____

2 Em qual destas frases a palavra destacada deve ser acentuada?

☐ Eliana **fotografa** toda a cidade.

☐ Eliana é a única **fotografa** da cidade.

> A **acentuação** pode determinar o sentido de algumas palavras de nosso idioma que são escritas da mesma forma. Por isso, na língua escrita, é importante acentuar as palavras para que o leitor possa construir sentidos adequados ao que se quer comunicar.

3 Leia as frases e acentue as palavras, quando necessário.

a. Faça uma **analise** destas obras de arte.

b. **Analise** estas obras de arte.

c. A **baba** está ninando a criança.

d. Emiliana **baba** enquanto dorme.

306

4 Observe a capa deste livro.

a. Pensando na acentuação, que palavra do título do livro mudaria de sentido se fosse acentuada?

_____

b. O que você entendeu do título?

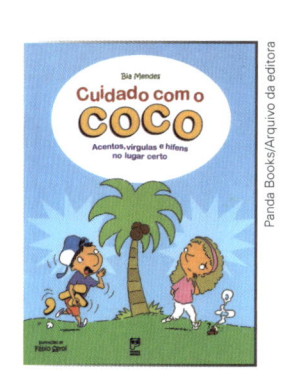

_____

_____

c. Observe abaixo duas cenas extraídas desse livro. Que palavras completam cada frase?

Carolina, cuidado com o _____. Carolina, cuidado com o _____.

Bia Mendes. *Cuidado com o coco:* acentos, vírgulas e hifens no lugar certo. São Paulo: Panda Books, 2008. p. 27.

5 Leia as frases e acentue as palavras destacadas, quando necessário. Se precisar, consulte um dicionário.

a. O **forro** do salão de **forro** precisa ser consertado.

b. **Esta** não é a minha toalha. Não sei em que lugar deixei a minha. Você sabe onde ela **esta**?

c. Selma não tem **pratica** em natação, mas **pratica** ciclismo quase todos os dias.

d. Nessa **fabrica**, todos os dias, se **fabrica** um conjunto de peças destinado a outras empresas.

6 Escreva uma frase para cada uma das palavras indicadas abaixo:

a. **sabiá** (ave, pássaro) _____

b. **sabia** (do verbo **saber**) _____

c. **sábia** (feminino de **sábio**) _____

7 Em qual das palavras destacadas na frase a seguir deve ser colocado o sinal gráfico chamado til ~ ? Leia a frase e use o til quando for necessário.

— Pode parar, Márcio! Toda **manha** você faz **manha** para não ir à escola.

EM AÇÃO!

Exposição de murais
"Nem criança nem adolescente: pré-adolescente"

1. Entendendo a atividade

Nesta unidade, você leu reportagens, entrevistas, diários e entrou em contato com o pensamento, as inquietações e os sentimentos de crianças e de pré-adolescentes.

Agora é hora de compartilhar com os familiares e a comunidade o que você aprendeu e refletiu a respeito da pré-adolescência. Para isso, você e seus colegas vão organizar murais com as produções realizadas pela turma ao longo da unidade.

2. Organizando os trabalhos

A classe se organizará em três grupos. Cada grupo ficará responsável pela montagem de um dos murais abaixo, de acordo com o que foi produzido durante a unidade.

- **Grupo 1**: Entrevista, proposta na página 257.
- **Grupo 2**: Diário pessoal, proposto na página 279.
- **Grupo 3**: Carta do leitor, proposta na página 301.

3. Preparando o material

Cada grupo recolhe de toda a sala o material pelo qual ficou responsável e realiza uma última leitura e revisão para garantir que não há problemas, por exemplo, de grafia. Verifiquem também se em todos os trabalhos há o(s) nome(s) do(s) autor(es).

Depois, se for possível, pesquisem em livros, revistas e na internet imagens e outros textos que ampliem o assunto para fazer parte do mural.

4. Convidando os visitantes

É preciso divulgar com antecedência a exposição dos murais. Para isso, elaborem convites e os distribuam para pessoas da comunidade escolar, vizinhos, familiares, amigos, colegas de outras salas, etc.

No convite, anotem: nome da exposição, data, horário, local e quem está convidando (no caso, vocês, alunos do 5º ano). Veja o modelo ao lado.

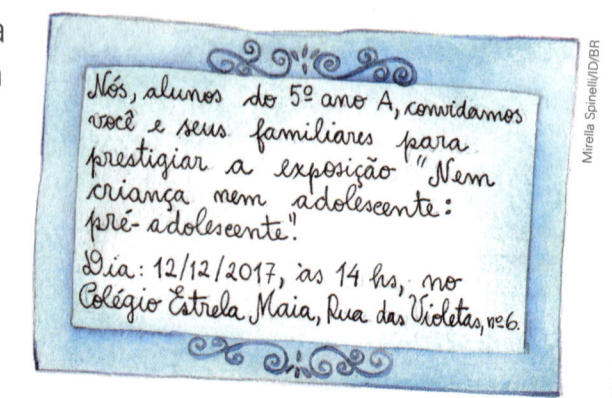

> Nós, alunos do 5º ano A, convidamos você e seus familiares para prestigiar a exposição "Nem criança nem adolescente: pré-adolescente".
> Dia: 12/12/2017, às 14 hs, no Colégio Estrela Maia, Rua das Violetas, nº 6.

Mirella Spinelli/ID/BR

5. Montando os murais

Verifiquem qual é a melhor disposição dos trabalhos no mural de seu grupo e, em seguida, montem o mural. Na parte superior, acima de todos os trabalhos, coloquem um título indicando o que contém o mural: entrevistas, diários pessoais e cartas do leitor.

Os murais devem ser atraentes e interessantes para motivar os convidados para a leitura. Por isso, é preciso que estejam bem organizados, que haja espaço entre uma folha e outra, além de imagens.

Como suporte para os trabalhos, é possível usar papel *kraft*, cartolinas coladas, papelão liso, etc.

6. No dia do evento

Durante a realização da exposição, os componentes do grupo se posicionam ao lado de cada mural para explicar os trabalhos e esclarecer aos visitantes eventuais dúvidas.

Avaliando a atividade

1. Todos os participantes do seu grupo contribuíram igualmente para a montagem dos murais e para a apresentação dos trabalhos?
2. Como foi sua contribuição para a realização do evento?
3. Todos os murais estavam atraentes e motivaram a leitura?
4. Os visitantes demonstraram interesse pelos trabalhos?
5. Foi possível esclarecer as dúvidas e os questionamentos dos visitantes?
6. Seu conceito inicial a respeito da pré-adolescência mudou após a realização dos estudos da unidade e da montagem desta atividade? Comente.

O que aprendi?

1 Leia o texto a seguir.

O período que vai dos dez aos catorze anos pode ser divertido. Mas é muito provável que fisicamente ele acabe sendo o mais desconcertante de toda a sua vida. Tudo porque, nele, você deixa de ser criança para se transformar num adulto. Grandes mudanças passam a acontecer com você, tanto em sua mente quanto em seu corpo.

[...]

Todas as mudanças pelas quais você está passando, e ainda irá passar, são perfeitamente normais. Não há do que se envergonhar e, menos ainda, do que ter medo.

Peter Mayle. *O que está acontecendo comigo?* São Paulo: Nobel, 1984.

a. O período inicial da passagem da infância para a adolescência é chamado de:

☐ maturidade ☐ puberdade ☐ juventude

b. Segundo o texto, por que esse período pode ser **desconcertante** (embaraçoso, surpreendente)?

_____

_____

c. De acordo com o texto, as mudanças que ocorrem nessa fase são:

☐ físicas ☐ psicológicas ☐ físicas e psicológicas

2 Associe cada cena a uma das frases, observando o sentido de cada preposição.

A **B** **C**

☐ Arnaldo riu **de** Beatriz.
☐ Arnaldo riu **para** Beatriz.
☐ Arnaldo riu **com** Beatriz.

3 No quadrinho ao lado, são citadas duas transformações que ocorrem no corpo dos meninos durante a pré-adolescência. Sublinhe-as.

■ Escreva duas das mudanças que ocorrem no corpo das meninas durante a puberdade.

_____
_____
_____

Disponível em: <http://www.ivo-viuauva.com.br/?p=759>. Acesso em: 4 mar. 2013.

4 Complete com **meio** ou **meia**.

a. Hoje, acordei_____ indisposta.
b. Como sou estudante, pago_____ entrada no cinema.
c. Depois de tanto pedalar, fiquei_____ cansado.
d. Puxa! Já comi_____ tigela de doce!
e. Esta roupa ficou_____ estranha em você.
f. Por favor, quanto custa_____ dúzia de ovos?

5 Observe e leia esta tira.

Ziraldo. *O Menino Maluquinho*: as melhores tiras. Porto Alegre: L&PM, 1995.

a. Quais sinais de pontuação estão faltando no balão de fala da personagem Julieta no primeiro quadrinho? ☐ ☐

b. O que estas interjeições expressam no contexto dos quadrinhos acima?

| oba | _____ | ei | _____ |

c. Que palavra da tira é uma contração? Ela é a junção de quais palavras?
_____

d. Por que a fala do Maluquinho no primeiro balão termina com reticências?
_____
_____

Material para consulta

Substantivos e adjetivos: flexão de número

Terminados em	Plural	Exemplos
-a, **-e**, **-i**, **-o**, **-u**	acrescenta-se **-s**	lat**a** — lat**as**; cop**o** — cop**os**; bel**o** — bel**os**
ditongo	acrescenta-se **-s**	m**ãe** — m**ães**; p**ai** — p**ais**; her**ói** — her**óis**
-m	troca-se **-m** por **-ns**	álbu**m** — álbu**ns**; armazé**m** — armazé**ns**
-r, **-z**,	acrescenta-se **-es**	flo**r** — flo**res**; gi**z** — gi**zes**
-al, **-el**, **-ol**, **-ul**	troca-se **-l** por **-is**	quint**al** — quint**ais**; az**ul** — az**uis**; an**el** — an**éis**; anz**ol** — anz**óis**
-il (oxítonos)	troca-se **-l** por **-is**	barr**il** — barr**is**; cant**il** — cant**is**; civ**il** — civ**is**
-il (paroxítonos)	troca-se **-l** por **-eis**	fóss**il** — fóss**eis**; répt**il** — répt**eis**; fác**il** — fác**eis**
-s (oxítonos)	acrescenta-se **-es**	burguê**s** — burgue**ses**; gá**s** – ga**ses**
-s (paroxítonos)	são invariáveis	pire**s**; víru**s**; lápi**s**
-s (proparoxítonos)	são invariáveis	ônibu**s**
-ão	**-ãos**, **-ões**, **-ães**	m**ão** — m**ãos**; pi**ão** — pi**ões**; c**ão** — c**ães**

Observação:

Há substantivos terminados em **-ão** que apresentam mais de uma forma de plural: aldeão (aldeões, aldeães, aldeãos); charlatão (charlatões, charlatães); ancião (anciãos, anciães); corrimão (corrimões, corrimãos); vilão (vilãos, vilões).

Substantivos e adjetivos: flexão de gênero

1. Terminados em **-o**, em geral, formam o feminino, trocando-se **-o** por **-a**.

   gat**o** — gat**a**   manhos**o** — manhos**a**   garot**o** — garot**a**

   > **Observação**: o mesmo ocorre para alguns substantivos terminados em **-e**:
   > mestr**e** — mestr**a**

2. Terminados em **-u**, formam o feminino com acréscimo de **-a**:

   per**u** — per**ua**   cr**u** — cr**ua**

   > **Algumas exceções**: r**éu** — r**é**; m**au** — m**á**; jud**eu** — jud**ia**; pleb**eu** — pleb**eia**

3. Terminados em **-or**, formam o feminino com acréscimo de **-a**:

   escrit**or** — escrit**ora**   cant**or** — cant**ora**   dout**or** — dout**ora**

   > **Algumas exceções**: at**or** — at**riz**; imperad**or** — impera**triz**; cantad**or** — cantad**eira**

4. Terminados em **-ês** formam o feminino com acréscimo de **-a**.

   portugu**ês** — portugu**esa**   campon**ês** — campon**esa**

5. Terminados em **-ão**, formam o feminino de três formas diferentes:

   a. substituindo **-ão** por **-oa**: patr**ão** — patr**oa**; le**ão** — le**oa**

   b. substituindo **-ão** por **-ona**: chor**ão** — chor**ona**; figur**ão** — figur**ona**

   c. substituindo **-ão** por **-ã**: alem**ão** — alem**ã**; irm**ão** — irm**ã**

   > **Exceção**: bar**ão** — baron**esa**

6. Há substantivos em que o masculino e o feminino possuem radicais diferentes. **Radical** é a parte fixa da palavra.

   marido — mulher   genro — nora   carneiro — ovelha
   macho — fêmea   mãe — pai   cavalheiro — dama
   bode — cabra   zangão — abelha   cavaleiro — amazona
   homem — mulher   javali — gironda   padrinho — madrinha

7. Alguns casos especiais: rei (rainha); galo (galinha); avô (avó); czar (czarina); frade (freira); cão (cadela); herói (heroína); conde (condessa); consul (consulesa); profeta (profetisa); diácono (diaconisa).

Material para consulta

Pronomes de tratamento

Pronome	Abreviatura	Emprego
Você(s)	v.	tratamento informal, familiar
Senhor(es), Senhora(s)	Sr., Srs., Sr.ª, Sr.ªˢ	tratamento respeitoso
Vossa(s) Senhoria(s) Vossa(s) Eminência(s)	V. S.ª, V. S.ªˢ V. Em.ª, V. Em.ªˢ	- para autoridades - em correspondência comercial - para cardeais
Vossa(s) Excelência(s)	V. Ex.ª, V. Ex.ªˢ	para altas autoridades civis e militares
Vossa(s) Reverendíssima(s)	V. Rev.ᵐª, V. Rev.ᵐªˢ	para sacerdotes
Vossa(s) Excelência(s) Reverendíssima(s)	V. Ex.ª Rev.ᵐª, V. Ex.ªˢ Rev.ᵐªˢ	para bispos e arcebispos
Vossa Santidade	V. S.	para papas
Vossa(s) Alteza(s)	V. A., VV. AA.	para príncipes e duques
Vossa(s) Majestade(s)	V. M., VV. MM.	para reis e imperadores
Vossa(s) Magnificência(s)	V. Mag.ª, V. Mag.ªˢ	para reitores de universidades
Vossa(s) Meritíssima(s)	sempre por extenso	para juízes de direito

Verbos (modo indicativo)

1ª conjugação — verbos terminados em AR (amar)

Presente	
eu	amo
tu	amas
ele/ela	ama
nós	amamos
vós	amais
eles/elas	amam

Pretérito	
eu	amei
tu	amaste
ele/ela	amou
nós	amamos
vós	amastes
eles/elas	amaram

Futuro	
eu	amarei
tu	amarás
ele/ela	amará
nós	amaremos
vós	amareis
eles/elas	amarão

2ª conjugação — verbos terminados em ER (correr)

Presente	
eu	corro
tu	corres
ele/ela	corre
nós	corremos
vós	correis
eles/elas	correm

Pretérito	
eu	corri
tu	correste
ele/ela	correu
nós	corremos
vós	correstes
eles/elas	correram

Futuro	
eu	correrei
tu	correrás
ele/ela	correrá
nós	correremos
vós	correreis
eles/elas	correrão

3ª conjugação — verbos terminados em IR (dividir)

Presente	
eu	divido
tu	divides
ele/ela	divide
nós	dividimos
vós	dividis
eles/elas	dividem

Pretérito	
eu	dividi
tu	dividiste
ele/ela	dividiu
nós	dividimos
vós	dividistes
eles/elas	dividiram

Futuro	
eu	dividirei
tu	dividirás
ele/ela	dividirá
nós	dividiremos
vós	dividireis
eles/elas	dividirão

Material para consulta

Numerais

Cardinais	Ordinais	Multiplicativos	Fracionários
um	primeiro	(simples)	–
dois	segundo	dupla, dobro	meio
três	terceiro	triplo, tríplice	terço
quatro	quarto	quádruplo	quarto
cinco	quinto	quíntuplo	quinto
seis	sexto	sêxtuplo	sexto
sete	sétimo	sétuplo	sétimo
oito	oitavo	óctuplo	oitavo
nove	nono	nônuplo	nono
dez	décimo	décuplo	décimo
onze	décimo primeiro	undécuplo	onze avos
doze	décimo segundo	duodécuplo	doze avos
treze	décimo terceiro	–	treze avos
catorze	décimo quarto	–	catorze avos
quinze	décimo quinto	–	quinze avos
dezesseis	décimo sexto	–	dezesseis avos
dezessete	décimo sétimo	–	dezessete avos
dezoito	décimo oitavo	–	dezoito avos
dezenove	décimo nono	–	dezenove avos
vinte	vigésimo	–	vinte avos
trinta	trigésimo	–	trinta avos
quarenta	quadragésimo	–	quarenta avos
cinquenta	quinquagésimo	–	cinquenta avos
sessenta	sexagésimo	–	sessenta avos
setenta	septuagésimo	–	setenta avos
oitenta	octogésimo	–	oitenta avos
noventa	nonagésimo	–	noventa avos
cem	centésimo	cêntuplo	centésimo
duzentos	ducentésimo	–	ducentésimo
trezentos	trecentésimo	–	trecentésimo
quatrocentos	quadrigentésimo	–	quadringentésimo
quinhentos	quingentésimo	–	quingentésimo
seiscentos	sexcentésimo	–	sexcentésimo
setecentos	septingentésimo	–	septingentésimo
oitocentos	octingentésimo	–	octingentésimo
novecentos	nongentésimo ou noningentésimo	–	nongentésimo
mil	milésimo	–	milésimo
milhão	milionésimo	–	milionésimo
bilhão	bilionésimo	–	bilionésimo

Numerais coletivos

Ano	conjunto de doze meses
Bíduo	conjunto de dois dias
Biênio	conjunto de dois anos
Bimestre	conjunto de dois meses
Centena ou cento	conjunto de cem unidades
Centenário, centúria ou século	conjunto de cem anos
Década ou decênio	conjunto de dez anos
Dezena	conjunto de dez unidades
Dístico	conjunto de dois versos
Dúzia	conjunto de doze unidades
Grosa	conjunto de cento e quarenta e quatro unidades
Milênio	conjunto de mil anos
Milhar ou milheiro	conjunto de mil unidades
Novena	conjunto de nove dias
Par	conjunto de duas unidades
Quarentena	conjunto de quarenta dias
Quarteirão	conjunto de vinte e cinco unidades
Quatriênio	conjunto de quatro anos
Quina	conjunto de cinco números
Quinquênio ou lustro	conjunto de cinco anos
Quinzena	conjunto de quinze dias
Resma	quinhentas folhas de papel
Semana	conjunto de sete dias
Semestre	conjunto de seis meses
Septênio	conjunto de sete anos
Sexênio	conjunto de seis anos
Sextilha	conjunto de seis versos
Terceto	conjunto de três versos
Terno	conjunto de três elementos
Trezena	conjunto de treze dias
Tríduo	conjunto de três dias
Triênio	conjunto de três anos
Trimestre	conjunto de três meses
Trinca	conjunto de três elementos iguais
Vintena	conjunto de vinte unidades

Material para consulta

TABELA DE ACENTUAÇÃO GRÁFICA OBRIGATÓRIA

SÍLABA TÔNICA \ TERMINAÇÕES	-a(s), -e(s), -o(s)	-ei(s), -eu(s), -oi(s) (ditongos abertos)	-em, -ens	-i(s), -u(s)	-um, -uns	r, x, n(s), l, ps, ão(s), ã(s) e ditongos orais
Monossílabas tônicas	já, dá-la, dê, pés, pôs, pó	réis, céu, dói				
Oxítonas	fazê-la, fará, ralés, avós, avô	anéis, chapéu, corrói	retém, porém, parabéns			
Paroxítonas				bílis, júri, vírus	álbum, álbuns, fórum, fóruns	caráter, tórax, próton(s), retrátil, bíceps, órfãos, órfã, pônei. A terminação **-ens** não é acentuada: edens.
Proparoxítonas	Todas são acentuadas (exemplo: *pássaro*), inclusive as aparentes, ou seja, as que podem ser consideradas paroxítonas terminadas em ditongo oral crescente (exemplo: *cárie*).					

Regras de acentuação

■ Acentuam-se as palavras:

- monossílabas tônicas terminadas em: **-a(s)**, **-e(s)**, **-o(s)**, **-ei(s)**, **-eu(s)**, **-oi(s)**

- oxítonas terminadas em: **-a(s)**, **-e(s)**, **-o(s)**, **-ei(s)**, **-eu(s)**, **-oi(s)**, **-em**, **-ens**

- paroxítonas terminadas em: **-i(s)**, **-u(s)**, **-um**, **-uns**, **-r**, **-x**, **-n(s)**, **-l**, **-ps**, **-ão(s)**, **-ã(s)** e ditongos orais

- proparoxítonas (todas)

■ Outras regras de acentuação:

Acentuam-se as vogais i e u:
quando são a segunda vogal tônica de um hiato; formam sílaba sozinhas ou seguidas de **s**; não são seguidas pelo dígrafo **nh**; não são repetidas (*i-i* ou *u-u*) e não são, quando em palavras paroxítonas, precedidas de ditongo (*a-í, ba-la-ús-tre, e-go-ís-ta, fa-ís-ca, vi-ú-vo, he-ro-í-na, sa-í-da*)

Acentuam-se as formas verbais:

- **pôde** (pretérito perfeito do indicativo de **poder**) e **pôr** (verbo)

- da terceira pessoa do plural do presente do indicativo dos verbos **ter** e **vir** (**têm** e **vêm**) e de seus derivados (*contêm, intervêm*)

Bibliografia

AMORIN, M. *O pesquisador e seu outro*: Bakhtin nas Ciências Humanas. São Paulo: Musa, 2004.

AMOSSY, R. (Org.). *Imagens de si no discurso*: a construção do *ethos*. São Paulo: Contexto, 2011.

ANDRADE, L. A. *Professores-leitores e sua formação*. Belo Horizonte: Ceale/Autêntica, 2004.

AZEREDO, J. C. *Gramática Houaiss da língua portuguesa*. São Paulo: Publifolha, 2008.

BAKHTIN, M. *Marxismo e filosofia da linguagem*. São Paulo: Hucitec, 2009.

____. *Estética da criação verbal*. São Paulo: Martins Fontes, 2011.

BATISTA, A. A. G. *O texto escolar*: uma história. Belo Horizonte: Ceale/Autêntica, 2004.

____. *Aula de português*: discurso e saberes escolares. São Paulo: Martins Fontes, 2001.

____; VAL, M. G. C. (Org.). *Livros de alfabetização e de português*: os professores e suas escolhas. Belo Horizonte: Ceale/Autêntica, 2004.

BELINTANE, C. *Oralidade e alfabetização*: uma nova abordagem da alfabetização e do letramento. São Paulo: Cortez, 2013.

BRANDÃO, H. N. (Org.). *Gêneros do discurso na escola*. São Paulo: Cortez, 2012.

BRASIL. Saeb. *Matrizes curriculares de referência*. Brasília: MEC/Inep, 1999.

____. Secretaria de Educação Fundamental. *Parâmetros curriculares nacionais*: educação infantil. Brasília: MEC/SEF, 1997.

____. *Parâmetros curriculares nacionais*: Língua Portuguesa, 1ª a 4ª séries. Brasília: MEC/SEF, 1997.

____. *Parâmetros curriculares nacionais*: Língua Portuguesa, 5ª a 8ª séries. Brasília: MEC/SEF, 1997.

____. Ministério da Educação. Instituto Nacional de Estudos e Pesquisas Educacionais Anísio Teixeira (Inep). *Enem*: documento básico. Brasília: MEC/SEF, 2002.

____. Ministério da Educação. Secretaria de Educação a Distância. *Salto para o futuro*: áreas do conhecimento no Ensino Fundamental, n. 18. Brasília: TV Escola, 2007.

____. Ministério da Educação. Secretaria de Educação Básica. Diretoria de Apoio à Gestão Educacional. *Pacto nacional pela alfabetização na idade certa*. Brasília: MEC/SEB, 2012. Anos 1-3.

BRONCKART, J. P. *Atividade de linguagem, textos e discursos*. São Paulo: Educ, 2008.

BUIN, E. *Aquisição da escrita*: coerência e coesão. São Paulo: Contexto, 2003.

CAGLIARI, L. C. *Alfabetização e linguística*. São Paulo: Scipione, 2010.

CHARTIER, R. (Org.). *Práticas da leitura*. São Paulo: Estação Liberdade, 2000.

CHIAPPINI, L.; GERALDI, J. W. (Org.). *Aprender e ensinar com textos dos alunos*. São Paulo: Cortez, 2011.

____; CITELLI, A. (Org.). *Aprender e ensinar com textos não escolares*. São Paulo: Cortez, 2013.

COLL, C. *Psicologia e currículo*. São Paulo: Ática, 2000.

____ et al. *O construtivismo na sala de aula*. São Paulo: Ática, 2006.

____ et al. *Os conteúdos na reforma*. Porto Alegre: Artmed, 1998.

COSCARELLI, C. V. (Org.). *Novas tecnologias, novos textos, novas formas de pensar*. Belo Horizonte: Autêntica, 2003.

COSTA, S. R. *Interação e letramento escolar*: uma (re)leitura à luz vygotskiana e bakhtiniana. Juiz de Fora: UFJF; São Paulo: Musa, 2000.

DIONISIO, A. P.; BEZERRA, M. A. (Org.). *O livro didático de português*: múltiplos olhares. Rio de Janeiro: Lucerna, 2001.

____. *Gêneros textuais e ensino*. São Paulo: Parábola, 2010.

ECO, U. *Seis passeios pelos bosques da ficção*. São Paulo: Cia. das Letras, 1994.

EVANGELISTA, A. A. M. et al. *A escolarização da leitura literária*: o jogo do livro infantil e juvenil. Belo Horizonte: Ceale/Autêntica, 2003.

FAZENDA, I. *Interdisciplinaridade*: qual o sentido? São Paulo: Paulus, 2003.

FERREIRO, E.; TEBEROSKY, A. *A psicogênese da escrita*. Porto Alegre: Artmed, 1999.

FOUCAULT, M. *Arqueologia do saber*. Rio de Janeiro: Forense Universitária, 2012.

GERALDI, J. W. (Org.). *O texto na sala de aula*. São Paulo: Ática, 2006.

KATO, M. *No mundo da escrita*: uma perspectiva psicolinguística. São Paulo: Ática, 2011.

KAUFMAN, A. M.; RODRIGUEZ, M. H. *Escola, leitura e produção de textos*. Porto Alegre: Artmed, 1995.

KLEIMAN, A. (Org.). *Os significados do letramento*: reflexões sobre a prática social da escrita. Campinas: Mercado de Letras, 2001.

KLEIMAN, A.; MORAES, S. E. *Leitura e interdisciplinaridade*: tecendo redes nos projetos da escola. Campinas: Mercado de Letras, 1999.

KOCH, I. V. *A inter-ação pela linguagem*. São Paulo: Contexto, 1995 (Coleção Repensando a Língua Portuguesa).

____. *O texto e a construção dos sentidos*. São Paulo: Contexto, 2007.

____; TRAVAGLIA, L. C. *Texto e coerência*. São Paulo: Cortez, 2011.

LAJOLO, M. *Do mundo da leitura para a leitura do mundo*. São Paulo: Ática, 1999.

____; ZILBERMAN, R. *Literatura infantil brasileira*: história e histórias. São Paulo: Ática, 1991.

MAINGUENEAU, D. *Novas tendências em análise do discurso*. Campinas: Pontes/Unicamp, 1997.

____. *Cenas da enunciação*. São Paulo: Parábola, 2008.

MARCUSCHI, L. A. *Produção textual, análise de gêneros e compreensão*. São Paulo: Parábola, 2008.

____. *Da fala para a escrita*: atividades de retextualização. São Paulo: Cortez, 2010.

MORAIS, A. G. (Org.). *O aprendizado da ortografia*. Belo Horizonte: Ceale/Autêntica, 2003.

OLIVEIRA, M. K. *Vygotsky*: aprendizado e desenvolvimento, um processo sócio-histórico. São Paulo: Scipione, 2010.

ORLANDI, E. P. *A linguagem e seu funcionamento*: as formas do discurso. Campinas: Pontes, 2009.

____. *Discurso e leitura*. São Paulo: Cortez, 2012.

____. *Análise do discurso*: princípios e procedimentos. Campinas: Pontes/Unicamp, 2012.

PAIVA, A. et al (Org.). *Literatura e letramento*: espaços, suportes e interfaces – o jogo do livro. Belo Horizonte: Ceale/Autêntica, 2003.

____. *Democratizando a leitura*: pesquisas e práticas. Belo Horizonte: Ceale/Autêntica, 2004.

PERRENOUD, P. *Construir as competências desde a escola*. Porto Alegre: Artmed, 1999.

____ et al. *As competências para ensinar no século XXI*. Porto Alegre: Artmed, 2002.

PERRINE, M. A. *Gramática descritiva do português*. São Paulo: Ática, 2000.

____. *Gramática do português brasileiro*. São Paulo: Parábola, 2010.

POSSENTI, S. *Discurso, estilo e subjetividade*. São Paulo: Martins Fontes, 2008.

____. *Questões para analistas do discurso*. São Paulo: Parábola, 2009.

RAMOS, J. M. *O espaço da oralidade na sala de aula*. São Paulo: Martins Fontes, 1999.

RIBEIRO, V. M. *Letramento no Brasil*. São Paulo: Global, 2004.

ROCHA, G. *A apropriação das habilidades textuais pela criança*: fragmentos de um percurso. Campinas: Papirus, 1999.

ROJO, R. (Org.). *Alfabetização e letramento*. Campinas: Mercado de Letras, 2003.

____; BATISTA, A. A. G. (Org.). *Livro didático de língua portuguesa, letramento e cultura da escrita*. Campinas: Mercado de Letras, 2003.

SOARES, M. *Alfabetização*: a questão dos métodos. São Paulo: Contexto, 2016.

____. *Alfabetização e letramento*. São Paulo: Contexto, 2003.

____. *Letramento*: um tema em três gêneros. Belo Horizonte: Ceale/Autêntica, 1998.

____. *Linguagem e escola*: uma perspectiva social. São Paulo: Ática, 2000.

SOLÉ, I. *Estratégias de leitura*. Porto Alegre: Artmed, 1998.

TEBEROSKY, A. *Aprendendo a escrever*: perspectivas psicológicas e implicações educacionais. São Paulo: Ática, 1997.

TRAVAGLIA, L. C. *Gramática e interação*: uma proposta para o ensino de gramática. São Paulo: Cortez, 2005.

____. *Gramática*: ensino plural. São Paulo: Cortez, 2011.

____. *Na trilha da gramática*: conhecimento linguístico na alfabetização e letramento. São Paulo: Cortez, 2013.

VYGOTSKY, L. S. *Pensamento e linguagem*. São Paulo: Martins Fontes, 2008.

____. *A formação social da mente*. São Paulo: Martins Fontes, 2007.

ZABALA, A. *A prática educativa*. Porto Alegre: Artmed, 1998.

ZILBERMAN, R.; SILVA, E. T. (Org.). *Leitura*: perspectivas interdisciplinares. São Paulo: Ática, 1998.